學紫微斗數 這本最神準

飛星四化

突破傳統命理，
精準預測吉凶和正確時機

鄭穆德老師 著

U0058758

推薦序一：傳承與創新

本書沿續鄭穆德老師於2006年出版的《紫微斗數開館的第一本書》，至今相隔十年，這期間，鄭老師陸續寫了《一看就懂！大師面相學》及《算運：史上第一本命理算運書》兩本書，前者單就面相論命論運，較易理解，一般人皆可參閱，但後者算運論述吉凶，已將算運的重要性和「時空與現象」點出，教導大家如何看斗數命盤來判斷將發生何事和應變？這樣算運才有實義，鄭老師的《紫微斗數開館的第一本書》揭起紫微斗數新思維、新理論，時隔十年，本書更直搗紫微斗數核心，飛星四化提升運用方法及論理能力，批判傳統見解，點出謬誤之處，引導同好增強功力，本書除了講解「飛星四化」學術理論外，更以看命盤說故事方式，條理分明的解說「飛星四化」之運用，並佐以實例，讀者易學易懂，當然需要有紫微斗數基礎，才容易入門窺其堂奧。

一般人觀看武俠小說或武俠戲劇爲何會入迷，除了曲折懸疑的劇情與人性剖析外，在於武功，而武功展現於外就是招式，效果則看功力，紫微斗數是中國千年秘技，與西洋的星座學同樣都存有或然率與統計概念，然紫微斗術的變化更深奧，歷年來著書者衆，但皆是重複的內容或語句論述不同而已，亦即空有華麗的武功招式，只是武術表演，令人賞心悅目，卻不堪一擊，如同電影《法櫃奇兵》中，主角持手槍擊發一槍，便輕易殺死拿刀晃炫招式的敵人，若注重效果者要和「截拳道」一樣，以直接快速、具暴發力的攻勢壓制對手，鄭老師撰寫本書態度一如初衷，以最直接方式切入人們想要知道的解答，而非拐彎抹角回答不確定的話語，而鄭老師一直鑽研與不斷反覆挑戰舊論，故本書有許多批判，相信鄭老師也樂於別人來挑戰。

鄭老師一直強調是在教人或幫人「算運」，而非「算命」，因命中註定這句話讓很多命理師在回應算不準時有了託辭，諸如每個人對於富貴的標準不一，世上很多富豪仍覺得自己不夠富有，而部分流露街頭的人，若能有溫飽蔽體的基本需求就覺得富有，故若算命得知命定之事，只是徒增困擾，若知運勢爲何，則可先行規劃而趨吉避凶。當然運勢外觀呈現的吉凶要靠運用才能取得對自己最好的結果。此書在「傳承與創新」上寫得很用心，對斗數有興趣的讀者一看便知其高下，若要更加深自己的功力，應研讀本書並請教鄭老師。

前台中彰化檢察官　黃鼎鈞律師

推薦序二：傳統與科學命理之別

認識鄭穆德老師之前，我對於算命與命理學始終抱著質疑的態度，因爲算命先生說的內容不是幾乎無法驗證（例如把遇到是困境解釋爲是前世今生的因果），就是大多模稜兩可（例如把碰到的問題解釋成犯小人、命中有桃花等等），而這些無法驗證或模稜兩可的內容會讓聽者自己順勢再加油添醋並合理化自己當下面對的處境。例如，因爲婚姻問題而求助於算命師，算命師把來算命者的八字一排，發現夫妻宮裏沒有主星或有不好的主星，就順勢說了這位來算命的顧客在婚姻生活裡會因爲夫妻宮沒有主星或有不好的主星而容易有桃花、衝突、小人及口角等問題，這時上門算命的顧客幾乎都會覺得算命師實在太神了，居然輕易就算出自己的婚姻狀況，然而會因爲婚姻問題而選擇算命或求助神佛的，幾乎在婚姻生活裡都是在經營婚姻生活中遇到重大瓶頸或挫折者，套句婚姻諮商師的用語，這樣的夫妻幾乎都存在價值觀歧異與溝通不良的情形。而因職場上遇到挫折或陷入徬徨求助算命的人也差不多，常見的算命師會把來算命者的問題導向是因爲八字命盤裡面有缺陷，有不好的星宿影響，所以會犯小人、沒有順遂的事業運，然後會建議算命者要去進行一些儀式，例如去補個財庫金；然而有職場問題的人，從統計數據上觀察，常見的因素包括因爲人際關係、工作量大、工作時間長、缺乏適當運動或休閒活動、必須兼顧家庭等面向而讓一般人產生壓力，長久累積壓力的結果，就會造成憂鬱、身體疼痛、容易失去耐性等現象。因此，這時去求助算命或神佛，其實跟去諮商的意義應該是一樣的，都是爲了要能進行自我體察、自省、尋求平靜與療癒。

我認識鄭穆德老師已經十幾年了，在認識鄭老師之前，我眞的還沒遇過有一位命理學的老師居然肯花了數十年的時間去鑽研各大命理學派的理論與差異，甚至還做了不同派別之間的歸納與分析表，就是因爲鄭老師這種近乎龜毛的研究方式讓我開始產生了好奇心，我開始想要了解究竟傳統的命理學跟鄭老師所創立的華山派命理學有什麼不一樣？從鄭老師的第一本書《紫微斗數開館的第一本書》開始，我還眞的是每本書都讀過，也許是基於律師背景的訓練，我認眞將每本書都做簡單的眉批筆記。老師的書讓我大開眼界：「原來命理學的研究也可以用這麼有邏輯及科學的方法進行論證研究。」

鄭老師的這本新書，我有幸受邀寫其中一篇序文，因此能在第一時間就拿到這本書的初稿。對於想進一步了解命理學發展或研究的人而言，這本書堪稱是不可或缺的經典書籍。這本書讓筆者再次驚豔於命理學的精深與鄭穆德老師的無私利他格局。鄭穆德老師以科學角度、歸納公式的方法解釋了許多命理學的理論，以及分析「傳統的命理老師」、「宗教的信徒說法」與「華山派命理學」的內容差異外，也不藏私地道盡了「華山學派獨創命理學」以及「命理老師應該學會的事」，顯見鄭穆德老師是肩負著企圖將命理學由「現象學」提升到「空間學」，讓命理學從「命中註定」提升到「富貴壽丁」，從傳統的「算命」提升到「算運」的使命與責任，這種利他態度與格局，著實令人讚賞。筆者認爲這本書的問世，不但對於正從事或打算從事命理研究產業的人有莫大提升專業素養能力的作用外，對於如筆者一樣的一般讀者而言，除了能一睹傳統命理學與現代科學命理學問的差異外，也能一窺奧妙精深的華山派命理學內容。

犯罪學博士　張捷安律師

推薦序三：飛星四化之元始

我2006年於台北市建築師公會隨鄭穆德老師學習紫微斗數，老師講述「算運時空學」的學問，與一般專家或權威人士算命論述完全不同；感念老師研究學理、人證、物證、實驗等方法來論運之精神，新北市建築師公會於2012至2014年特別敦聘鄭老師蒞臨公會講授紫微斗數，老師對紫微斗數之飛星四化的獨到看法、深遠見解和個人不藏私的風範，必能吸引更多知識分子共同參與討論研究，對讀者更是提升紫微斗數功力的最優秀經典。

華山派命理學基礎五大類別，一是星辰（論述現象學），二是飛星四化（論述空間學），三是生年四化（論述時間學），四是自化（論述吉凶學），五是左右昌曲（論述宗教學）的內容，精算出未來人、事、物的結果，並預測未來發生的時間與吉凶。華山派命理學必學習三大公式與順序：

一、先學會命理相關知識，是由天時、地利、人和所組成。

二、再學會命理最專業的學術，乃預測未來人、事、物的結果。

三、最後學習相關命理做比較，知道命理分算命與算運。

而在華山派命理學基礎五大類別中，「飛星四化」占據最重要的位置，除了精準掌握個人每一事件之未來結果，更是命理學最高段「擇日學」必須應用的公式。所以會飛星四化表示紫微斗數已入門；會飛星四化表示清楚算運的內容；會飛星四化表示算運能精準到位；會飛星四化表示會算運。

飛星四化的基礎原理如下：

一、飛星四化彌補了星辰派的迷思：飛星四化的重點在宮位，飛星四化論述十二宮位，才能論述所有發生的每一件事。

二、飛星四化創造了空間學的誕生：飛星四化論述兩個宮位合起來的事，命理學才有了空間學，讓斗數有了立體學問。

三、飛星四化讓命理有了時間與凶吉：飛星四化應用「體與用」的公式，讓紫微斗數有了時間；讓紫微斗數有凶吉。

讓紫微斗數從「現象學」的學問向上提升到基礎的「空間學」、「時間學」、「吉凶學」與高階的「內容學」、「轉運學」、「改運學」、「宗教學」。這是命理學劃時代的進步，讓問命者可以知道「前因後果」與「來龍去脈」的學問，讓問命者可以一層又一層往下追根究柢的學問。

鄭老師擁有權忌不服輸的個性，不斷致力於紫微斗數科學化，並致力於改革傳統簡單、籠統、不準的算命方式，轉化為系統化、公式化、立體化的「算運模式」，在此也祝福老師如願完成現代化、科學化的華山命理學，有朝一日能夠位列學術研究之桂冠，並與廣大群眾分享領先時代的觀念。

文化大學建築暨都市設計系講師　蔡仁捷建築師

推薦序四：命理學之真善美

佛家在談論因果，有所謂「業決定理，如是因感如是果。」及「預知前世因，今生受者是。」之相關論證。今生所受的業因，一切的現象、思維以及習氣都其來有自，但由於業果的理路極其深澀隱晦。因此，用生辰八字排列出的命盤，來呈現生命的意義與其來龍去脈；就需要有賴具專業性、系統性及智慧推證的「命理學」。

鄭老師所創的華山派就兼具這樣的使命，有別傳統命理學，能滿足現代社會多元化思維，跳脫般命理「簡單、籠統，不準」的既有印象。老師也更期待有更高學識人士加入，加速實踐現代命理學的科學化。透過這種傳統命理的再進化，使得「命理學」由簡易的「現象學」提升至立體派的「空間學」架構，這架構將「算」一種「命」的概念，精進到由現象、時間、吉凶、內容、影響、改運、轉運、宗教等八種類的算「運」。

而其中「改運」、「轉運」、「宗教」，這三項命盤所呈現之吉凶與時空關係是最難判定的，之亦是推論最難理解的部分，屬於高位階的命理學，這並非坊間一般常態所談的求神、問卜、灌頂、法會、甚至通靈等宗教儀軌的作法，而是去追尋由命盤上所呈現的密碼，推衍出極深隱含的義理與智慧，找尋生命的出路與最佳途徑，是最能幫助我們獲得人生，最大利基與利益的方法。

例如：改運，當壞運持續中，我們必須做哪件事？才能讓壞運快速降低或中止。

轉運，當好運來臨前，我們必須做哪件事？才能讓好運加倍及快速來臨。

宗教，當探討到前世今生，了解前世今生的緣、業、情、債是在什麼大運的時刻，是了債、了業的時空裡？是什麼生肖，讓你折磨最深的人？這些前世今生的因果，透過佛法教理，運用於命理中，在人生面臨逆境時，能不怨天尤人，破除自我局限，了解到福禍相倚災厄當下，福報已生的觀念，進而去建構善法欲的因，而後成逆增上緣的心，在了業與了債的時空中，抱持著一顆感恩、捨我其誰的心情與思惟，就已經把債還清了一大半；也就是把起心動念的善因，自然而然改變為善果將命理帶進宗教世界，是最令人產生感同身受之體悟。

鄭老師為人謙虛、治學嚴謹、通文達理，對「命理學」長期以來一直追尋著眞理的擇善與堅持，一生致力、投入於改革傳統算命與創新算運。鄭老師常說：「讓看命盤說故事，開啓命理界試圖打開，卻開不了的鑰匙，讓人、事、物之定位有了方向，也讓學習命理的人體會及欣賞『命理學之美』，展現出現代命理學嚴謹及創新」。最後，也期望如鄭老師所願，將現代科學命理，能登上學術之林，發光發熱；並希望透過本書的典範式引導辨證，使讀者可以更易且有效的通達知曉，許多命運學道理與生命的意義。

內政部國家公園計劃委員　簡俊卿建築師

推薦序五：知命立命

孔子說：「不知命無以爲君子」，換句話說：「要爲君子，必須知命」，知命即知我之命，透過八字、卜卦、紫微斗數等等之術，皆可知我之命，知命之後即應立命，因立命之後即可安身，而安身是每一人所冀求，安身之後即可追求財富、事業、婚姻、健康等等之個人附加價值而開拓人生。但何謂立命？立命，即知命之後予以運作自己之命，知道自己之命後要如何予以運作？此即算運。每人於運作自己之命時，往往會受外在環境人事物影響，因而影響個人窮通禍福（吉凶），趨吉避凶更是每一人所期望，這部分可由「算運」得知。讀者非常有福，鄭老師以窮究紫微斗數三十餘載的閱歷，將其教學經驗所得的祕訣（即書中之公式），毫無保留的公開在這本書，值得讀者一窺究竟。

所有的五術皆起源於易經，易經有如大樹幹，八字、卜卦、紫微斗數、陽宅等等五術有如枝葉從樹幹生起，探討各枝葉之精良與否？可從樹幹著手。六千八百多年前伏羲氏坐於方壇之上，聽八風之氣即天、地、山、澤、雷、風、水、火而作八卦，是爲八卦之始祖，此八卦爲先天八卦，首次「八」的概念即從此起；三千二百多年前，周文王被囚於羑里而將「先天八卦」發展爲「後天八卦」，並將八卦重疊爲六十四卦而成易經，開創華夏文明。

易學博大精深，九仞宮牆難窺其堂奧，舉易經其中一錯綜複雜的卦理而言，錯綜、綜卦的象是將六十四卦任一本卦倒過來即到對面看而成，錯卦的象是陰陽爻錯即卦中每一爻陰陽相反而成，錯綜爲看問題的面向不同，所見即不同。複雜，複為重複之意，雜指彼此相互的關係，亦即交互卦的道理，二、三、四爻為內互，三、四、五爻為外互亦稱交，外互與內互重疊即為互卦，即是六爻內部的變化。看事情，看了一面正面後要到對面看即綜卦，對面看完還要看反面，每一爻陰陽反即錯卦，反面看完再看旁邊的事物，此旁邊即錯卦的綜卦，如此四面看事物應已可以，但這樣事物還未看透徹，要看透徹事物還要看內部的變化，內部的變化又形成一個卦即互卦，此互卦又有重複的錯綜四面可看，連同前面本卦四面，則每一卦（含內在的互卦）共有八面，此八面看事物即易經「錯綜複雜」能將事物看清、看透徹的道理。

鄭老師這一本新書的主軸圍繞在八種算運法——現象、時間、吉凶、內容、影響、改運、轉運、宗教，藉著這八種面向將一個人的「運」算得透徹且面面俱到，何以致此？乃因其與易經錯綜複雜的卦理相通。現象層有如易經六十四卦的任一本卦，本卦的卦意即為「現象」，為命中的事，現象層即為正面看卦象，此為第一種面向看事情。看完正面跑到對面（此時產生時間）去看此卦即為綜卦，「時間」即是我現在決定的事，此為第二種面向看事情。看完對面再從本卦反過來看即錯卦，反過來看即是知道此決定的事有何吉凶，在算運中「吉凶」即是我會發生甚麼事，此為第三種面向看事情。看完反面再看旁邊，即錯卦的綜卦，從旁邊看可看出「內容」，內容為我應該怎麼做？此為第四種面向看事情。至此四面看事情應該已俱足，但事情仍未透徹，還要再看內部的變化，以使看事情更周全。此內部變化在易經中為互卦，在鄭老師新書中為「影響」，影響即內部出了變化顯現於外，故「影響」相當於易經中的「互卦」，我們在算運當中要看出對我們以後有甚麼影響？此為第五種面向看事情。互卦再重複一次錯綜，再到對面看即是綜卦，反面看即錯卦，可看出內部變化的好壞，意即「影響」有好壞，壞的要思考：「壞運持續中，要做那一件事？才能讓壞運快速降低或終止」，即算運中的「改運」，此爲第六種面向看事情。好的則要思考：「好運未來前，要做那一件事？才能讓好運加倍或快速來臨」，即算運中的「轉運」，此爲第七種面向看事情。此時再進一步從旁邊看，即互卦的錯卦的綜卦，此「影響」爲前世今生，可追溯到七世因緣，人的力量很渺小而無法抗拒天命，唯有順天命、做對的事才能構成善因緣，善因緣才有美好的人生，善因緣在鄭老師算運中屬「宗教」層次，此爲第八種面向看事情。至此八面看事情、八面算運已非常完備，可將來問事者的「運」，算得非常清楚與透徹，給予問事者一盞非常明亮的燈，指引其明確的人生方向。

從以上的解析，可知鄭老師這本新書的中心思考主軸與易經錯綜複雜的卦理若合符節，因此擲地有聲！在書中鄭老師不斷教導讀者算運要有多層次思考，不可偏於一隅，才會不厭其煩的提出算運應有八種面向，以異於一般傳統命理老師僅在第一層「現象」思考而已，並諄諄提醒讀者要成爲一位專業的命理老師：「學習命理相關知識比命理本身重要一百倍」，學命理的三大順序：一、先學會命理相關知識。二、再學會命理專業的學術。三、最後學習相關命理做比較。以上爲學習命理的終南捷徑。書中命理相關知識俯拾即是，讀者可消化後自己善用，才不枉鄭老師推廣華山派紫微斗數正知正見的一番苦心。在書中還有很多口訣（即書中的公式），古人云：「千里訪明師，萬里求口訣。」，有心學命理的讀者，若能每人人手一冊加以研讀，假以時日，不難成爲命理界紫微斗數高手，並能不負孔子所告誡：「不知命無以爲君子」，而成爲可以知命、立命以匡惑者，自己能不惑。

台北市易經社創社社長　王基陵建築師

推薦序六：斗數與我

民國九十年我在台中市建築師公會創立了易經社，在因緣際會下請鄭穆德老師來上紫微斗數，第一次上課就客滿，鄭老師上課應證了很多事情，讓學習更吸引人。那時從華山派基礎篇開始教，期間老師也成立的「華山派四化命理研究協會」社團，一路跟著老師學習，看著老師從「四化體用」到空間學與時間學。學華山派紫微斗數我應用到本身的命盤與親友的命盤，再加上老師的指點後眞的受益無窮。初學紫微斗數命理者，按照公式規則下學習，一定會有初步的認識，再深入探討會有不解或矛盾的地方，建議不懂的地方還是請教老師。很多人不信命理，天下很多事情，發生的時機卻很巧，不同的方法有相同的道理，這次老師出書將「四化的用神」歸類，有定數「在相對關係」下就有定位，爲人生規劃生活的不同點，有一層又一層的數理規劃，抓住有力的時空點來做對的因緣。來因宮與因果之事……等，老師都可以講出很多的道理，包含人生哲理及生活條件，結合時空學實在是命理創舉與創新發明，貢獻良多嘉惠大衆，祝出書成功。

台中市易經社創社社長　周芸鋒建築師

自序：華山派的誕生

華山派的誕生，源起於傳統命理學不能滿足現代人多元化的思維。

華山派的名稱，源起於強調「傳承」、「競爭」、「科學」、「算運」的現代命理學。

傳統命理學已經流傳了千年之久，在某些傳統命理老師長期誤解命理學爲簡單的常識、心理、習俗、宗教，長期誤導傳統命理之「改運、補運、祭祀、斬桃花、擺放物品、配戴飾品……」的功效，推銷與命理無關的東西聲稱能幫助衆生，讓現在命理學已漸漸變成了裝神弄鬼的行業。華山派命理學的誕生源起於對傳統命理學之憂心與期待。憂心的是「簡單、籠統、不準」的算命方式不能滿足現代人多元化的思維；期待的是高知識人士的加入可以加速現代科學命理的來臨。而華山派名稱源起於一脈相傳之正統「傳承」自居；讓各派命理間形成的「競爭」的環境，加速傳統命理學的進化；讓「科學」的命理更貼近現代人多元化的想法，讓「算運」的思維，現象、時間、吉凶、內容、影響、轉運、改運、宗教成爲一門科學的知識。

傳統派「算命」：

一、「算」命中註定的事，只看到現象。

但是，完整命理學包括現象、時間、吉凶、內容、影響、改運、轉運、宗教等八種，現象只占

「算命」的八分之一；而「現象」又分命格、個性、方向、五行、卦理、數字、顏色、生肖、宗教、祭品……等等18種以上的項目。這是傳統命理老師慣用的「現象算命法」。利用「最基礎的算命」只論適合往東、往西、往南、往北的方向走，但「不會」時間與吉凶；利用「最簡單的算命」只論個人適合什麼顏色、五行、數字、喜好……等等，但「不會」時間與吉凶；利用「最籠統的算命」只論命中註定上班格、老闆格、生意格……等等，但「不會」時間與吉凶。如此簡單又籠統的論述命理，哪有不準之理？由以上得知，「算命」其實只是一種不精準的分析，千萬不可信以為眞，娛樂性遠大於準確性，好玩而已。如星座、卜卦、八字、面相、手相、姓名學、塔羅牌、求神問事、生命靈數……等等算命方式。

二、只「算」一種面向。

「傳統派」——「想」的功夫，算命準確度只有30%以下。

「想」升官、發財、創業、投資、考試、生子、置產、成名、平安……。

「宗教派」——「求」的功夫，算命準確度只有30%以下。

「求」升官、發財、創業、投資、考試、生子、置產、成名、平安……。

「華山派」——「會」的功夫，算命準確度90%以上

「會」升官、發財、創業、投資、考試、生子、置產、成名、平安……。

三、關於各大門派的分析。

「傳統派」——只是好意想幫助求助的人，希望應用各種方式幫助求助者達成心願。

——這是「念力」的表現，其作用是心願「想」達成。

「宗教派」——只是好意想借助神佛之力，希望應用各種方式幫助求助者達成心願。

——這是「願力」的表現，其作用是心願「求」達成。

「華山派」——這是知天命，盡人事，在對的時間做對的事，幫助求助者達成心願。

——這是「業力」的表現，其作用是心願「會」達成。

華山派「算運」：

一、「算」現在想問的事。

1.我會發生什麼事？

2.我應該怎麼做？

3.對我以後有什麼影響？

二、「算運」：「算」八種。

1.「現象」——論述命中註定的事。

例如：天生有房子的命。

2.「時間」——論述現在決定的事。

例如：今年想買房子。

3.「吉凶」——是吉？是凶？

例如：今年買房子會發生什麼事？

4. 「內容」——吉時，怎麼更上一層樓？凶時，怎麼趨吉避凶？

例如：今年買公司與住家在一起的房子，可以讓事業更上一層樓。

5. 「影響」——買房子對以後有什麼影響？

例如：今年六月搬新家可以傳宗接代。

6. 「改運」：壞運持續中，我必須做「那一件事」，才能讓壞運快速降低或中止。

7. 「轉運」：好運未來前，我必須做「那一件事」，才能讓好運加倍或快速來臨。

8. 「宗教」：論述前世今生之因緣果報，讓七世因緣形成今生討債與報恩的生肖。

總之，傳統派錯誤的「誤導」或「誤用」比胡扯亂算更嚴重一百倍，讓傳統命理學一直活在「簡單、籠統、不準」之陰影中而成爲被恥笑的對象。華山派命理學的誕生正肩負著歷史的重責大任，讓命理學由單一的「現象學」提升到立體的「空間學」；讓命理學由第一層的「命中註定」提升到第五層的「富貴壽丁」；讓命理學由算一種的「命」提升到算八種的「運」；讓命理學由簡單籠統的「算命」提升到精準掌握每一事件的「算運」；讓有效的「改運」與「轉運」能幫助衆生獲得人生最大的利益。命理學是一層又一層往下「追根究柢」的功夫，也是精準掌握「前因後果」與「來龍去脈」的學問，這是華山派命理學最引以爲傲的學術成就。

鄭穆德

目錄

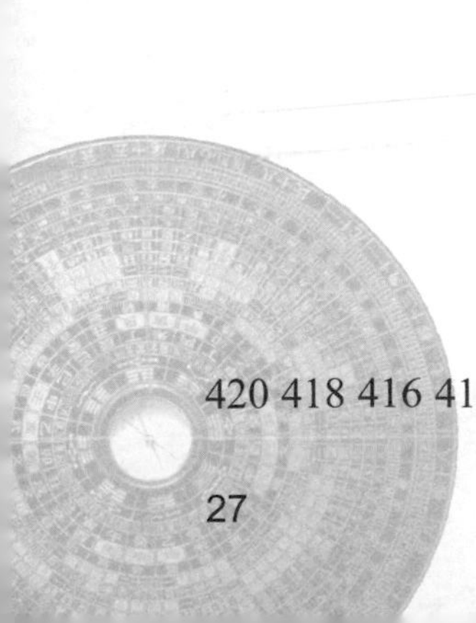

壹、導讀：宮位沒有星辰，怎麼算命？

命宮沒有星辰，怎麼辦？是不是很快會沒命？

夫妻宮沒有星辰，怎麼辦？是不是找不到正緣？

官祿宮沒有星辰，怎麼辦？是不是會沒有事業？

子女宮沒有星辰，怎麼辦？是不是會沒有子女？

命盤上某宮位沒有主星，怎麼辦？這是初學紫微斗數的人都會遇到的問題，當傳統派遇到某宮位沒有主星時，只會籠統回答以下的問題：

命宮沒有星辰，表示命中有意外。問題是：「誰沒有發生過意外？」

夫妻宮沒有星辰，表示前世是薄情郎。問題是：「誰知道前世的事？」

官祿宮沒有星辰，表示命中要靠自己。問題是：「誰不是靠自己？」

子女宮沒有星辰，表示前世做了傷天害理的事。問題是：「誰知道前世的事？」

其實，所有的命盤中有六分之五的人會一個宮位以上沒有主星，只有六分之一的人每個宮位都有主星。但長久以來，星辰算命法因爲傳統派找不到答案，讓相信命理的人漸漸的越來越失望。最後，有的人選擇放棄學習，有的人選擇跟著鬼扯，但也有的人選擇不再相信命理。所以，怎麼完整清楚的算命？就成了華山派命理學的責任。而飛星四化就是唯一可以揭開千古之謎的學術。

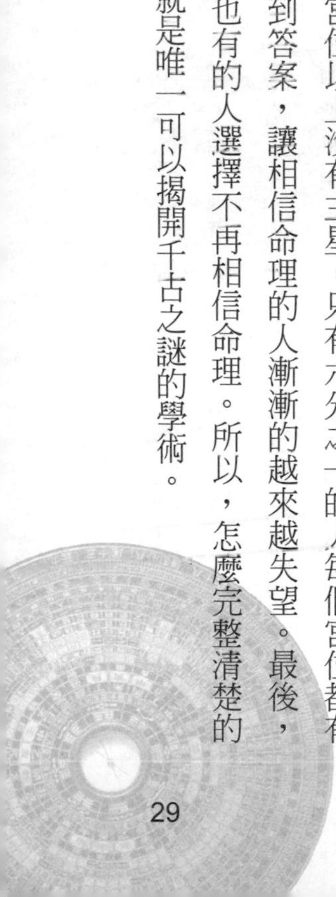

佛祖在「無」的心境下悟道，我在「有」的心境下領悟眞理；佛祖的時代衆生善良，講的是富貴貧賤，論述的是「無」的東西；華山派的時代衆生貪婪，講的是得失吉凶，論述的是「有」的東西。因此，華山派長久以來一直追求「眞理」，一門講不出所以然的學問就不是好的學問。所以，我一生致力於改革傳統算命與創新科學算運，故創立了「華山派命理學」。期盼有朝一日，現代科學的命理學能夠登上學術之林。

華山派命理學把紫微斗數分成五大類別，一是星辰，二是生年四化，三是飛星四化，四是自化，五是前世星辰。其中，飛星四化占據最重要的位置，除了精準掌握個人每一事件之未來結果，更是命理學最高段「擇日學」必須應用的公式。故不會飛星四化表示紫微斗數還沒有入門；不會飛星四化表示算命還沒有清楚的內容；不會飛星四化表示算命還不能精準到位；不會飛星四化表示命理老師還在算命不是算運；不會飛星四化就不能告訴別人，您學過紫微斗數。現就飛星四化的原理分析如下：

飛星四化彌補了星辰派的迷思：

▼飛星四化的重點在「宮位」，而不是傳統派在「星辰」。

▼飛星四化論述十二宮位，才能論述所有發生的每一件事。

飛星四化創造了空間學的誕生：

▼飛星四化論述兩個宮位合起來的事，命理學才有了空間學。

▼飛星四化論述兩個宮位合起來的事，讓斗數有了立體學問。

飛星四化讓命理有了時間與吉凶：

▼飛星四化應用「體與用」的公式，讓紫微斗數有了時間。

▼飛星四化應用「體與用」的公式，讓紫微斗數有了吉凶。

總之，從古至今學習命理的人，99%都是應用「星辰」來算命，這是紫微斗數過去給人的印象，所以，「簡單、籠統、不準」就成爲傳統派的代名詞，也是揮之不去的夢魇。華山派飛星四化是史上第一次不用「星辰」來算命的學問，把紫微斗數從「現象學」的學問向上提升到基礎的「空間學」、「時間學」、「吉凶學」與高階的「內容學」、「轉運學」、「改運學」、「宗教學」。這是命理學劃時代的進步，讓問命者可以知道「前因後果」與「來龍去脈」的學問，讓問命者可以一層又一層往下追根究柢的學問。

貳、命理學之蛻變

千年來算命流傳一句順口溜：「一命、二運、三風水、四積陰德、五讀書」，這句話暗藏著很深的學問，也道盡了命理學的眞諦，正與華山派命理學的科學論述不謀而合，這就是華山派繼承正統命理學之基礎，也是華山派集命理學之大成而發揚光大。「命」論述先天俱足的因緣，重點在優勢命格；「運」論述後天運勢的吉凶，重點在時間吉凶；「風水」論述陰宅學與陽宅學，「積陰德」論述好的德行可以福蔭子孫，「讀書」論述個人優勢條件的養成。所以，一命、二運、三風水、四積陰德、五讀書等五種命理順口溜正深根蒂固建立在民衆內心深處。它讓命理學有了依循的依據與目標，代表了命理學在天成象、在地成形、在人成事之天、地、人的學問，也代表了本命命盤、大限命盤、流年命盤三者間之「體與用」的關係，更是天時、地利、人和三者之縮影。

傳統命理學千年來，在江湖術士的誤導或誤解下，已經形成讓後代子孫蒙羞的怪獸，「老師」裝扮成怪裡怪氣嚇人，「算命」裝扮成高貴的東西騙人，「改運」加持無效的物品坑人。傳統命理的沉淪與亂象正是華山派命理學「改革與創新」的原動力，將傳統「算命」的方式提升到「算運」的方式。算運乃一層又一層往下「追根究柢」的功夫，也是深究「前因後果」與「來龍去脈」的學問，算運皆以公式化、系統化、科學化來論述人、事、物未來的吉凶。

1.「現象」——這是第一層，論述命中註定的事。

——所有傳統派都會的算命方式。

——例如：先天勞碌命、創業格、欠子女債……等

2.「吉凶」——這是第二層，現象＋吉凶。

——絕大部分傳統派「不敢」確定的事。

——例如：何時創業可以賺錢？

3.「時間」——這是第三層，現象＋時間＋吉凶。

——所有傳統派「不敢」算命的方式。

——例如：創業賺錢從那一年至那一年？

4.「內容」——這是第四層，現象＋時間＋吉凶＋內容。

——所有傳統派「不敢」算命的方式。

——例如：創業賺錢從那一年至那一年？創業賺錢應該做那些事？

5.「影響」——這是第五層，現象＋時間＋吉凶＋內容＋影響。

——所有傳統派「不敢」算命的方式。

——例如：創業賺錢應該做那些事？創業賺錢後對下一波好運有什麼影響？

6.「改運」：壞運持續中，「我必須做那一件事」，才能讓壞運快速降低或中止。

7.「轉運」：好運未來前，「我必須做那一件事」，才能讓好運加倍或快速來臨。

8.「宗教」：論述前世今生之因緣果報，讓七世因緣形成今生討債與報恩的生肖。

總之，命理學之蛻變是漸進式的演化，命理學的革命是文明社會不得不的選擇，傳統派之亂象是時代不幸的產物，而華山派的歷史任務就是改革當今傳統派胡扯鬼扯的亂算方式。華山派命理學的誕

生乃因應現代社會之需要，滿足現代人複雜之思維，順應傳統命理急需改革與創新。華山派命理學將算命算一種提升到算運算八種；將傳統「算命」方式，只算一種現象提升到「算運」方式，八種合一可以精論現象、時間、吉凶、內容、影響、改運、轉運、宗教。這是現代化科學命理的主流，將引領命理界迎接春秋戰國的21世紀。

一、命理學之形成

（一）命理學的蛻變

命理學在民間流傳了幾種說法：「一命，二運，三風水，四積陰德，五讀書，六名，七相，八敬神，九交貴人，十養生，十一擇業與擇偶，十二趨吉及避凶，十三逢苦要無怨，十四不固執善惡，十五榮光因緣來」或「一命，二運，三風水，四讀書，五積德，六勤儉，七誠信，八樂觀，九勇氣，十知足。」或「一命，二運，三風水，四仁，五德，六讀書，七工，八技，九盤算。」或「一命，二運，三風水，四積陰德，五讀書，六親，七友，八賢妻，九靠努力，十拜拜。」或「一命，二運，三風水，四積陰德，五讀書；六不怨天，七不尤人，八要立志，九努力；十年有成天下知。」由以上幾種說法得知「一命，二運，三風水，四積陰德，五讀書」乃命理學共同交集的項目，並不是命理學只有五種說詞而已。

現詳細分析如下：

「命」——占命理學25%，論述「天時」之一。

「運」——占命理學25%，論述「人時」之一。

「風水」——占命理學25％，論述「地利」也。

「積陰德」——占命理學5％，論述「人和」之一，這是祖先的恩澤，福蔭子孫或個人的德行讓自己的人生變彩色。所以，分數很高，命理學排行第四名。

「讀書」——占命理學5％，論述「人和」之一。這是培養個人條件最重要的事之一。所以，分數很高，命理學排行第五名。

「其他」——其他還有幾十種項目，合計只占15％。傳統老師常常一直強調「其他」某某項目分數有多高，這會讓人笑掉大牙。

總之，一命，二運，三風水，四積陰德，五讀書此五種項目共占85％。其它不同項目之總和只占15％強而已，分數並不高，但不學無術的傳統派總是喜歡裝神弄鬼嚇人，硬把心理、努力、感情、交友、敬神、祭祀、擺設、改命、補運……等其中之某一項目裝扮成高貴的東西騙財騙色，胡扯可以改天命，奪天機。命理學不神秘，神秘的是人，人才會裝神弄鬼騙人。所以，只有清楚了解完整命理學的全貌，才能擺脫傳統派裝神弄鬼的恐嚇。

(二) 命理學的組合

1.「命」——占命理學25％、天時之一。

「傳統派命理的論述」：落土時，八字命，一切命中註定。人類體格強弱，美醜智愚皆受到先天遺傳基因的影響。老師不會「算命」時，則會說：「一、命會越算越薄，二、不能洩漏天機。」

「華山派命理的論述」：命中會發生的事。命中註定的定數。先天俱足的因緣「現象」。論述命中註定的優勢與命格。

2.「運」——占命理學25%、天時之一。

「傳統派命理的論述」：先天命，後天運；命不能改，如「父母」，運可以改；如「改天命，奪天機」。「運」如日月星辰運行，不同的環境影響一個人的品德與成就。命理不能算，只能分析。這是傳統派最無知的說詞，因爲不會「算命或算運」。

「華山派命理的論述」：我現在決定的事。環境多選擇的變數。預測後天運勢的吉凶。預測人、事、物的時間與吉凶。

3.「風水」——占命理學25%、地利也，分陽宅與陰宅。

「傳統派命理的論述」：不好的住宅，做好事可以改運。住宅影響一個人的家庭與健康。看陽宅時，常聽到「福地福人居」的說詞，這是一句最不負責任的話，因命理學是「預測」的學問，怎麼能夠讓求助者「住了」才會知道吉凶呢？

「華山派命理的論述」：形成陽宅風水的三要素：空氣、陽光、位置。地理風水的重點在位置，不是室內擺設。住家或公司的重點在設計，不是方向或方位。可以讓事業加倍發展，讓企業永續經營。華山派可以預測現在「搬家」會發生什麼事？

4.「積陰德」——只占命理學5%、人和之一。

「傳統派命理的論述」：善有善報，惡有惡報，不是不報，時候未到。多做善事可以改變命運，這只是盡本份而已，無關個人的吉凶。積陰德的說詞是「願力」，希望藉宗教的力量幫助家人順心如意。說好話、存好心、做好事可以積陰德。這也是盡本分，無關個人的吉凶。

「華山派命理的論述」：順天命，乃善因緣，這是華山派最引以爲傲的論述之一。做好事不見得有好報，但做對的事，一定是人生最大的利益。小富由儉，中富由勤，大富由天，這是算「運」的規劃學問。命中該有終須有，命中無時莫強求，這是算「命」的註定因緣。

5.「讀書」——只占命理學5%、人和之一。

「傳統派命理的論述」：知識可以改變自己的命運。萬般皆下品，唯有讀書高。十載寒窗無人識，一舉成名天下知。

「華山派命理的論述」：讀書可以培養命中優勢的條件。讀書可以培養專業與專技的能力。讀書可以順勢攀富貴，遠小人。

6.「其它」——幾十種項目共占命理學15%、人和之一。

「其他」有工、技、名、仁、德、六親、拜拜、敬神、努力、勤儉、誠信、貴人、賢妻、擺設物品、趨吉避凶、擇業與擇偶……等項目，全部只占15%而已。傳統命理老師常常利用其中某一種項目，如利用「祭祀」來裝神弄鬼的騙人嚇人。利用「貴人」來加油添醋的騙財騙色。利用「物品」來裝扮成高貴東西斂財。

二、命理學之分類

（一）何謂命理學？

命理學簡單的說就是由天時、地利、人和三者所組成，這是絕大多數命理老師不知道的事。「天時」代表算命與算運，兩種占50%，它成功規劃完成人生的美夢；「地利」代表陽宅學與陰宅學，兩種占25%，它讓事業加倍發展，讓企業永續經營；「人和」代表個人優勢的條件，占25%，它讓命中優勢的條件，成就一番事業。

天時先「求有錢」。

地利再「求富貴」。

人和爲「個人條件」。

命理學是一門專業的知識，天時、地利、人和三者間密不可分，缺一不可。論「人和」時，必先培養個人的條件，才能進入賺錢的階段；論「天時」時，必先清楚天意的時機，才能掌握人生的每一個好機會；論「地利」時，必先佔據好的地理風水，才能讓事業加倍發展，讓企業永續經營。所以，掌握天時，它讓窮人變「有錢」，掌握地利，它讓有錢人變「富貴」。這是學習命理學最大利益之所在。

(二) 命理學的分類

1.「命理學的項目」

有紫微斗數、面相、星座、塔羅牌、手相、卜卦、鳥卦、姓名學、水晶球。八字、易經、九宮、催眠、觀落音、鐵板神算、求神問事、生命靈數、色彩算命、動物算命……等等。

2.「命理學的內容」

好運與壞運都需要有「一定的條件」才能成立，好運需要相關的條件來組合而成，壞運也需要相關的條件來組合而成。

「算命」算一種，傳統派專用。「傳統派」的重點在命格、個性、興趣、方向、五行、數字、顏色、生肖、宗教、祭祀、祭品、擺設……等等命理基本學問或宗教常識或鬼扯改運。

「算運」算八種，華山派命理老師專用。「華山派命理」的重點在現象、時間、吉凶、內容、影響、改運、轉運、宗教的應用，意即您決定的事，命理老師一定要告訴您：「一、我會發生什麼事？二、應該怎麼做？三、對我以後有什麼影響？」。絕不談簡單籠統的現象或胡言亂扯的改運，因爲，這些似是而非的論述已漸漸被文明社會所淘汰，很難滿足現代人科學的思維。

3.「命理學的改運」

▼「傳統派的改運」：

包含做生基、收驚、符咒、念經、祭嬰靈、點光明燈、祭冤親債主。包含招財、造命、補運、斬桃花、補財庫、補元神、拜主神……等等。

絕大部分只是「心理」安慰而已，有效分數只有20%以下。

▼「華山派的改運」：

「科學」的改運與轉運，即在對的時間點做對的事。

在有效的時間點做陽宅、陰宅、改名、創業、換工作……等等改變。

在有效的時間點做結婚、生小孩、幫助娘家、傳宗接代……等等改變。

華山派命理只講「有效」的命理學，有效分數高達90%以上。

(三) 命理學的進化

科學的命理學必須具備八種條件，一現象、二時間、三吉凶、四內容、五影響、六改運、七轉運、八宗教，華山派在進化過程中是累積古人的智慧，是千錘百鍊的印證，是求新求變的創新，是百折不撓的堅持，是因應社會千變萬化的需求所集結而成之現代化科學命理學。

命理學之進化過程：以紫微斗數爲例。

1.「星辰」：「先有」註定的因緣，這是第一層的功夫。

「現象學」是絕大多數命理老師都會的本事。也是傳統命理老師95%以上的算命方式。看星辰能夠讓人洞悉命中註定的優勢在那裡？

2.「飛星四化」：「才有」立體的事物，這是第二層的功夫。

「空間學」，少數命理老師才會的本事。讓命理學進入立體的世界，這是史上第一次完整的空間學。飛星四化讓算命進入內容、多元的階段，讓算命可以回答「問命者」之任何問題。

3.「生年四化」：「再有」時間的次序，這是第三層的功夫。

「時間學」，精準分析人事物之每一事件，從那一年到那一年？讓命理學進入「時間的世界」，這是史上第一次完整的時間學。絕大多數傳統命理老師只會十年大限的事。例如，告訴求助者這十年有創業的機會，並不能告知賺錢從那一年到那一年？生年四化是讓人精準確定人事物之時間學。

4.「自化」：「最後」才有人事物的吉凶，這是第四層的功夫。

「吉凶學」，精準分析人事物每一事件之吉凶，從那一年到那一年？讓命理學進入「吉凶的世界」，這是史上第一次完整的吉凶學。絕大多數傳統老師誤解現象就是吉凶，但會利用「改運騙人」而不自知。例如：創業會賠錢時，老師一定可以幫你改運。但這位老師眞的沒有騙你，只是你改的是老師他家的「好運」。自化是讓人精準掌握人事物的吉凶學。

5.「前世星辰」：宗教讓人進入玄學的世界，這是第五層的功夫。

「宗教學」，精準分析前世今生之緣業情債，從那一年到那一年？讓命理學進入「神祕的世界」，這是史上第一次完整的宗教學。大多數傳統老師只會鬼扯誰對你不好，就是欠他的債，所以要你認命。前世星辰讓你了解三世因緣與七世因果的報應。

總之，飛星四化的形成帶動了命理學再次的創新與革命，它創造了立體的空間學，更加速命理學另一波現代化的來臨。把命理學從「現象」的學問進階到「時間」、「吉凶」、「內容」、「影響」、「改運」、「轉運」的學問。顛覆了傳統算命的思維，從論述命中註定的事提升到現在決定的事，一問：「我會發生什麼事？」二問：「我應該怎麼做？」三問：「對我以後有什麼影響？」此三者才能滿足現代人複雜的思維。所以，華山派已經成為帶領21世紀現代化命理學的主流。

三、命理學之算運

（一）何謂算運？

「算運」：環境多選擇的變數。可以從八個面向來看——

1.「現象」是第一層，論述命中註定的事。論述命中應該具備的本事。例如：先天是創業的命。

2.「時間」是第二層，現象＋時間。絕大部分傳統命理老師「不敢」確定的事。例如：何時創業可以賺錢？

3.「吉凶」是第三層，現象＋時間＋吉凶。所有傳統命理老師「不敢」算命的方式。例如：創業賺錢從那一年至那一年？

4.「內容」是第四層，現象＋時間＋吉凶＋內容。所有傳統命理老師「不敢」算命的方式。例如：創業賺錢應該做那些事？

5.「影響」是第五層，現象＋時間＋吉凶＋內容＋影響。所有傳統命理老師「不敢」算命的方式。例如：創業賺錢後對下一波好運有什麼影響？

6.「改運」：壞運持續中，「我必須做那一件事」，才能讓壞運快速降低或中止。

7.「轉運」：好運未來前，「我必須做那一件事」，才能讓好運加倍或快速來臨。

8.「宗教」：論述前世今生之因緣果報，讓七世因緣形成今生討債與報恩的生肖。

(二)「算運」之分類與分析

1.「現象」的學問：

▼論述命中會發生的事。

▼論述命中應該具備的本事。

2.「吉凶」的學問：

▼論述人、事、物的好運，從那一年至那一年？

▼論述人、事、物的壞運，從那一年至那一年？

3.「時間」的學問：

▼論述命中人、事、物的好運，從那一年至那一年？

▼論述十年人、事、物的好運，從那一年至那一年？

▼論述現在人、事、物的好運，從那一年至那一年？

4.「內容」的學問：

▼論述命中人、事、物之吉凶，應該怎麼做？

▼論述十年人、事、物之吉凶，應該怎麼做？

▼論述現在人、事、物之吉凶，應該怎麼做？

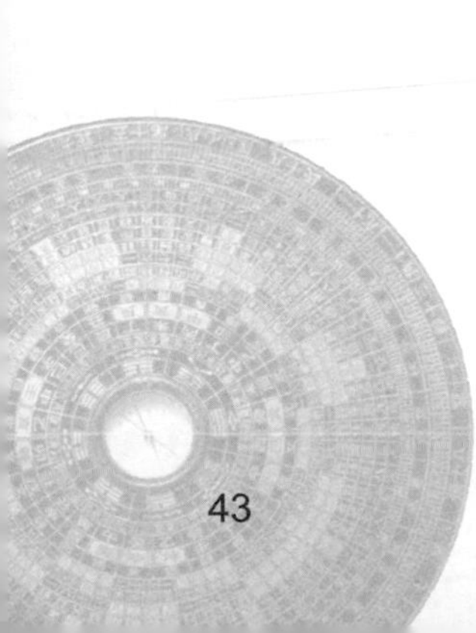

5.「影響」的學問：

▼論述命中人、事、物決定事情的影響。

▼論述十年人、事、物決定事情的影響。

▼論述現在人、事、物決定事情的影響。

6.「改運」的學問：壞運持續中，「我必須做那一件事」，才能讓壞運快速降低或中止。

7.「轉運」的學問：好運未來前，「我必須做那一件事」，才能讓好運加倍或快速來臨。

8.「宗教」的學問：論述前世今生之因緣果報，讓七世因緣形成今生討債與報恩的生肖。

四、華山派怎麼「看房子」

一般人買房子前會請風水老師看房子，但是你知道從開始找房子的時機就是關鍵嗎？如果在不對的時機找到的房子都不會帶來助益。換房子必須靠「天時、地利、人和」，其中「天時」最爲重要，約佔60～70％，而「地點」只佔20～30％，家中的格局和物品擺置僅能看出主人的個性，和您的運勢無太大關係。而且不同目的（提升工作運、感情運、子女運）要選擇的房屋就會不同。華山派老師告訴你換房子的三大關鍵！

（一）換房前最應確定的兩件事

1. 我的時間點（時機）對嗎？

傳統派不知道換房子必先確定時間點。

2. 我的需求（目的）是什麼？提升工作、感情、子女運

傳統派不知道不同的需求，就要選擇不一樣的房屋。

天時＋地利＋旺人三者合一，才是好運的旺屋法。

（二）傳統派，怎麼看房子？

▼傳統派不知道今年搬家會發生什麼事？應該怎麼做？

▼傳統派只會分析東方、西方、南方、北方四個字而已。

▼傳統派只會要求助者往東、往西、往南、往北找房子。

▼傳統派只會要求助者找座東、座西、座南、座北的房子。

▼傳統派只會簡單、籠統、不準的室內方位或擺設物品。

（三）華山派，怎麼看房子？

1.第一步驟先確定換房子的好時間在何時？

▼在對的時間點，才能找到你要的好房屋。（天時）

2.第二步驟再確定換房子的好位置在那裡？

▼在不同需求下，才能找到你要的好房屋。（地利）

3.第三步驟最後確定銜接主人好運日在何時？

▼在主人好運日，才能找到你要的好房屋。（人和）

4.1＋2＋3三者合一，才能找到你要的好房屋，缺一不可。

（四）看房子，怎麼問？

避免詢問是非題（要或不要做什麼？），而是以未來會發生什麼事爲主。

例如：

▼今年搬家會發生什麼事？
▼房屋的災厄應該怎麼化解？
▼怎麼選擇對自己最有利的房子？
▼怎麼利用搬家來改運或轉運？
▼何時需要搬家？不搬家會帶來什麼災厄？

參、一看就懂！讓您馬上學會算命

一般人不知道算命分兩種，一是算命，二是算運；算命乃論述先天註定的因緣現象，算運乃論述後天運勢的吉凶時間；算命是傳統派最擅長的本事，算運是華山派最擅長的本事；算命算一種，乃現象也，算運算八種，乃現象、時間、吉凶、內容、影響、改運、轉運、宗教也。

對命理有興趣者很多，但大部分人都不知道怎麼學習才能進入命理學的神秘世界。其實，學命理很簡單，只要按照下列幾個公式與步驟，保證您一目了然，一看就懂，一學就會。

一、學習順序是學會紫微斗數的關鍵

1. 學會輸入算命者的八字，也就是輸入個人國曆或農曆的出生年、月、日、時辰後。讓電腦把您的命盤排出來。

2. 學會看懂命盤的文字，必須看懂的東西有本命命盤、大限命盤即大命命盤、流年的位置、四化星的位置、十二生肖的位置、體與用的關係。

3. 學會看懂從宮位天干所飛出的四化星到其他宮位，謂之飛星四化，也就是每一個宮位的天干，都可以飛出四化星到其他宮位。宮位天干是藉十大干化曜星而飛出去。

4. 學會看懂本命命盤與大命命盤在論述什麼事？學會流年的位置不是看吉凶，學會四化星的位置在論述命中註定的事。

5.學會算命，乃論述命中註定的定數。一般人只要二個月或十六個小時就能學習完成。

▼這是論述本命命盤，也就是傳統的算命。

▼這是初階的算命本事。

▼這是大部分命理老師都會的算命方法。

6.學會算運，乃論述後天環境多選擇的變數。不同行業，有不同的賺錢緣起點；人事物不同的發生時間，有不同的吉凶；不同時間所遇到的不同生肖，都會變成不同的小人與貴人。

▼這是論述大命命盤，也就是科學的算運。

▼這是進階的算命本事。

▼這是專業老師必須學會的專業方法。

▼論述人事物的吉凶緣分，從什麼時候開始？至什麼時候結束？

▼論述每一事件的吉或凶，從什麼時候開始？至什麼時候結束？

▼論述每個人在人生旅途中，不同選擇時，各會發生什麼事？

▼論述今年人事物所遇到的相同生肖，吉凶會不一樣。

▼論述今年人事物所遇到的不同生肖，吉凶也會不一樣。

▼論述今年在不同月份所遇到的相同生肖，吉凶會不一樣。

▼論述今年在相同月分所遇到的不同生肖，吉凶也會不一樣。

二、學會看華山派命盤：華山派以四化為主，傳統派以星辰為主。

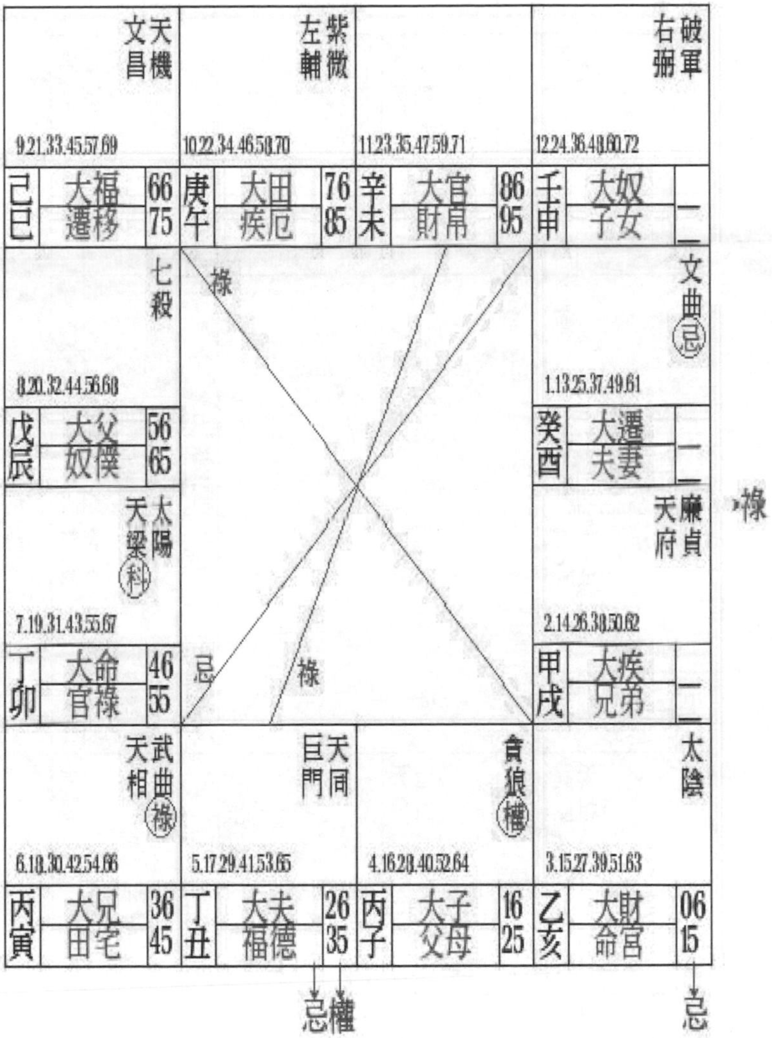

天機 文昌
9.21.33.45.57.69
己巳 大福 遷移 66 75
紫微 左輔
10.22.34.46.58.70
庚午 大田 疾厄 76 85
11.23.35.47.59.71
辛未 大官 財帛 86 95
破軍 右弼
12.24.36.48.60.72
壬申 大奴 子女
七殺
8.20.32.44.56.68
戊辰 大父 奴僕 56 65
文曲 忌
1.13.25.37.49.61
癸酉 大遷 夫妻
太陽 天梁 科
7.19.31.43.55.67
丁卯 大命 官祿 46 55
廉貞 天府
2.14.26.38.50.62
甲戌 大疾 兄弟
祿
武曲 祿 天相
6.18.30.42.54.66
丙寅 大兄 田宅 36 45
天同 巨門
5.17.29.41.53.65
丁丑 大夫 福德 26 35
貪狼 權
4.16.28.40.52.64
丙子 大子 父母 16 25
太陰
3.15.27.39.51.63
乙亥 大財 命宮 06 15
祿
忌
祿
忌權
忌

三、學會看懂命盤：流年是依據每一年的十二生肖更換。

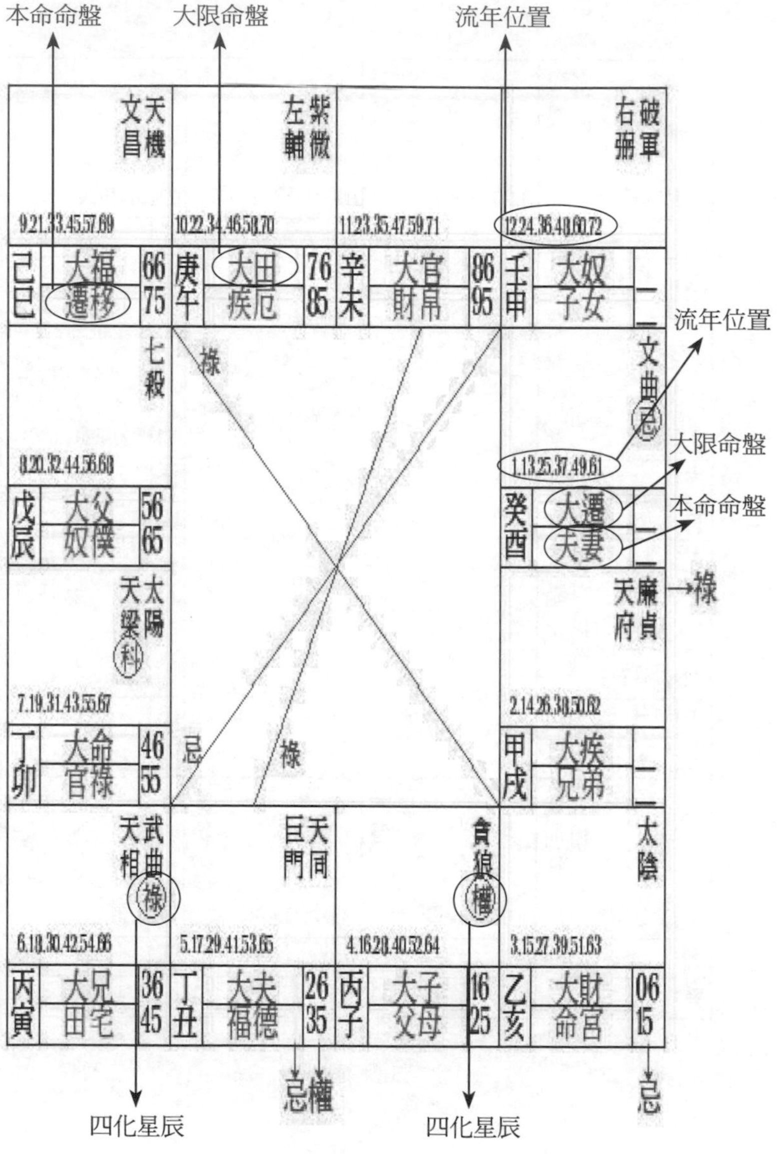

本命命盤
大限命盤
流年位置
天機
文昌
紫微
左輔
破軍
右弼
9.21.33.45.57.69
10.22.34.46.58.70
11.23.35.47.59.71
12.24.36.48.60.72
己巳 大福 遷移 66 75
庚午 大田 疾厄 76 85
辛未 大官 財帛 86 95
壬申 大奴 子女
七殺
祿
文曲 忌
流年位置
大限命盤
本命命盤
8.20.32.44.56.68
1.13.25.37.49.61
戊辰 大父 奴僕 56 65
癸酉 大遷 夫妻
太陽 天梁 科
廉貞 天府
→祿
7.19.31.43.55.67
2.14.26.38.50.62
丁卯 大命 官祿 46 55
忌
祿
甲戌 大疾 兄弟
武曲 天相 祿
天同 巨門
貪狼 權
太陰
6.18.30.42.54.66
5.17.29.41.53.65
4.16.28.40.52.64
3.15.27.39.51.63
丙寅 大兄 田宅 36 45
丁丑 大夫 福德 26 35
丙子 大子 父母 16 25
乙亥 大財 命宮 06 15
忌權
忌
四化星辰
四化星辰

四、學會宮位天干怎麼飛出四化星

每一個宮位都可以藉宮位天干飛出祿星、權星、科星、忌星到其他宮位。

天干＼四化	化祿	化權	化科	化忌
甲	廉	破	武	陽
乙	機	梁	紫	陰
丙	同	機	昌	廉
丁	陰	同	機	巨
戊	貪	陰	弼	機
己	武	貪	梁	曲
庚	陽	武	陰	同
辛	巨	陽	曲	昌
壬	梁	紫	輔	武
癸	破	巨	陰	貪

（右圖簡稱是讓讀者易於背誦，說明如下：廉—廉貞；破—破軍；武—武曲；陽—太陽；機—天機；梁—天梁；紫—紫微；陰—太陰；同—天同；巨—巨門；昌—文昌；貪—貪狼；輔—左輔；弼—右弼）

五、學會命盤上的基本常識

（一）四化星辰

▼四化星辰爲祿星、權星、科星、忌星＝M質，以英文M來代表四化星。

▼四化星乃依據個人的出生天干而求出，天干是甲乙丙丁戊己庚辛壬癸。

▼四化星所在的宮位會因人而異，分別排列在十二宮位的某幾個宮位。

▼四化星在算命的表達有四種，一是存在。二是欠債，三是貴人，四是有運。

（二）本命命盤

▼這是算命。

▼論述先天註定的因緣現象。

▼論述命中富貴的命格是什麼？

▼論述命中成功的個性是什麼？

▼論述命中格局上的優勢是什麼？

▼論述命中會發生的事情是什麼？

（三）本命命盤的格局分析

▼格局就是論述命中的優勢、富貴的命格、成功的個性。

1. 格局的分類

● 何謂本宮與對宮

本宮	對宮
命	遷
兄	友
夫	官
子	田
財	福
疾	父

● 何謂單象命盤

定義：生年四化星之本宮＋對宮合起來只有一個M質謂之。

命＋遷兩宮位只有一個M質。

兄＋友兩宮位只有一個M質。

夫＋官兩宮位只有一個M質。

子＋田兩宮位只有一個M質。

財＋福兩宮位只有一個M質。

疾＋父兩宮位只有一個M質。

● 何謂雙象命盤

▼任何一個宮位有2個M質。

▼本宮與對宮各有一個M質。

▼一個宮位有三個M質。

▼雙象命盤單獨論命，也是完整的論命方式之一。

● 單象命盤實例：乙未年男命

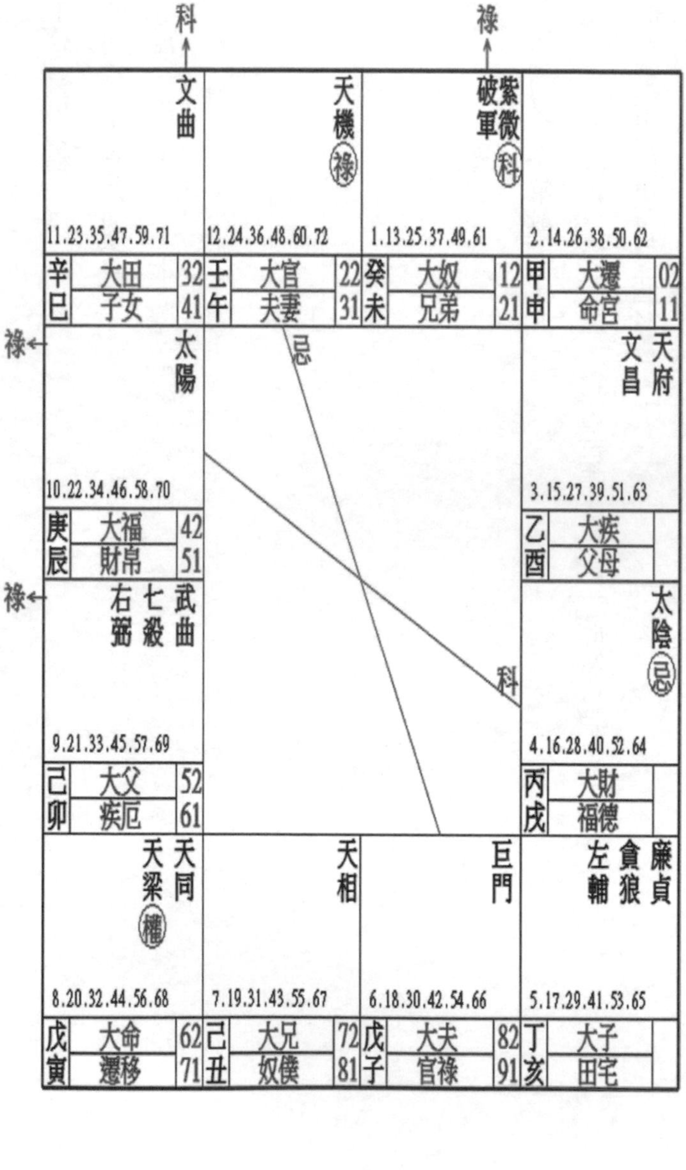

● 雙象命盤實例：己酉年女命

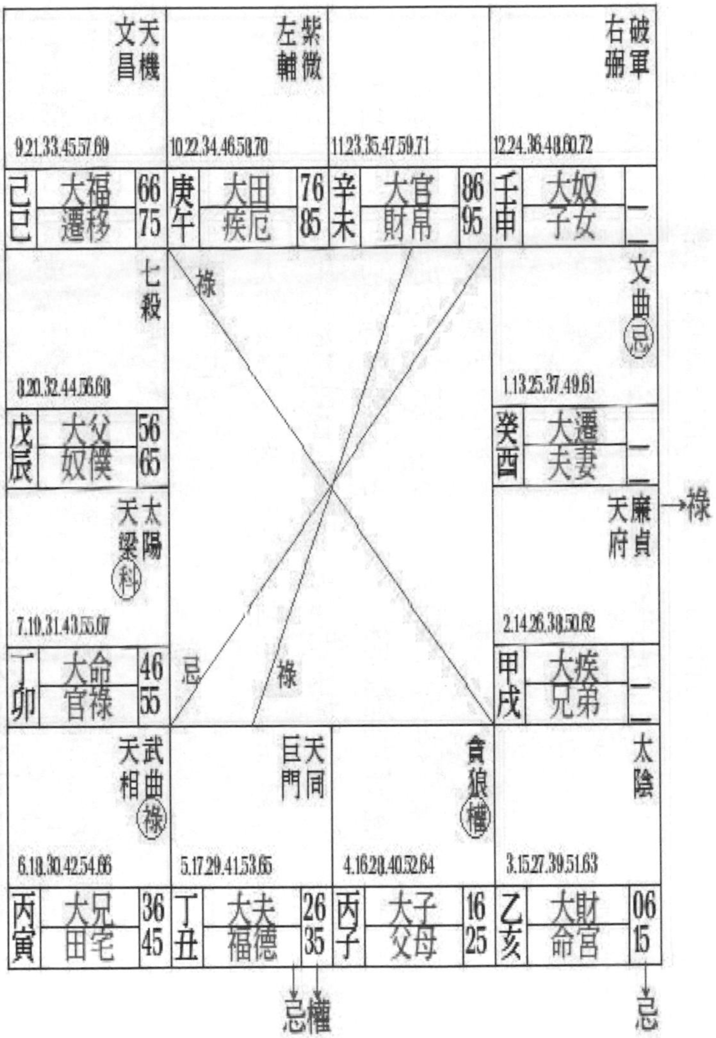

2.成功的個性

● 單象命盤論富貴命格：也是完整的論命方式之一

命、財、官有M質：爲自力更生命格，解釋依靠自己的努力就能成功。

兄、友、遷有M質：爲出外逢貴命格，解釋出外才能找到發展而成就事業。

夫、疾有M質：爲天賜良緣命格，解釋緣分天註定，正宮娘娘的命。
父、子有M質：爲博學旺運命格，解釋讀書或學東西可以改運。
福、田有M質：爲祖蔭福報命格，解釋少數興趣賺大錢的人。

●雙象命盤論富貴命格：也是完整的論命方式之一

▼祿權命格：尊星高照格。
上天給的是錢。
命格成敗：生意人與金光黨。
劉邦：大丈夫當如是也。
文章解釋：男人應該跟大人物一樣有企圖心，才能成就一番事業。
成功定義：命中註定是主管、老闆、專業的命格。
成功個性：成功要有聰明、奸巧、強求、能屈能伸的心態。
成功方向：當別人說你能幹時，表示你已經在成功路上。
▼祿科命格：因緣共業格。
上天給的是人。
命格成敗：團隊人與上班族。
布袋和尚：手把青秧插滿田，低頭便見水中天；心地清淨方爲道，退步原來是向前。
文章解釋：命中的富貴不是強求而來，而是等待因緣成熟時。
成功定義：爲臣不爲君，穩定中才能求發展的格局。

成功個性：成功要有以柔克剛、以退爲進、以和爲貴的心態。

成功方向：改變以前失敗的做法，人生才會變彩色。

▼祿忌命格：陽花水性格。

上天給的是才。

命格成敗：時尚族與過客。

徐志摩：悄悄的我走了，正如我悄悄的來；我揮一揮衣袖，不帶走一片雲彩。

文章解釋：分手是爲了走更長遠的路，落花不是無情物，化作春泥更護花。

成功定義：西瓜偎大邊與棄舊迎新乃成功不變的定律。

成功個性：成功要有往上爬、向前衝、求新求變的心態。

成功方向：人生面臨抉擇時，利益的方向是生機。

▼權科命格：巧藝安身格。

上天給的是名。

命格成敗：傳承人與偏才。

楚留香：千山我獨行，不必相送……雲彩揮去卻不去，贏得一身清風。

文章解釋：成功的路上總是孤獨，必須經過興趣、專業、堅持的長久過程。

成功定義：培養興趣，變成專業，爲理想而堅持到底是成功的個性。

成功個性：一技之長是人生最大福報的心態才能成功。

成功方向：在同行、同類、同門、同派的因緣中才能嶄露頭角。

▼權忌命格：物競天擇格。

上天給的是權。
命格成敗：執行長與幫凶。
項羽：吾可取而代之。
文章解釋：必須勇敢的接受人生任何的挑戰，才能成就大事業。
成功定義：天生活在舞台上的男主角，不是幹掉別人就是被別人幹掉。
成功個性：成功要有面對是非、不怕競爭、主動攻擊的心態。
成功方向：成功的機會，總是在別人攻擊你之時。

▼科忌命格：冬藏蛻變格。
上天給的是人。
命格成敗：幕僚長與村姑。
杜秋娘：勸君莫惜金縷衣，勸君惜取少年時；有花堪折直需折，莫待無花空折枝。
文章解釋：人生的重點是把握兩次堅持事業的機會，不能為愛而改變初衷。
成功定義：安逸與被動會讓人錯失良機。
成功個性：成功要有窮者變，變者通，求新求變的心態。
成功方向：往前走的心，可以化解過去怨恨的輪迴。

(三) 格局的特性：

● 祿權格：

▼格成——表現的是奸。
賺錢時，才會表現出能幹與奸巧的天性。

▼格敗——表現的是柔。
失敗後，求生存會看別人臉色。

● 祿科格：

▼格成——表現的是穩。
賺錢時，才會表現出想衝事業的天性。

▼格敗——表現的是番。
人生沒方向，常常會無所適從。

● 祿忌格：

▼格成——表現的是硬。
賺錢時，才會表現出狠角色的天性。

▼格敗——表現的是怕。
被人幹掉後，遇事會心生害怕。

● 權科格：

▼格成——表現的是文。
賺錢時，才會表現出假會的天性。

▼格敗——表現的是假。
表現不如人，常會以假面具對人。

● 權忌格：

▼格成——表現的是衝。
賺錢時，才會表現出創新革新的天性。

▼格敗——表現的是壞。
主角當不成，變成壞人的幫兇。

● 科忌格：

▼格成——表現的是精。
賺錢時，才會表現出女強人的天性。

▼格敗——表現的是怪。
連續挫折後，個性會變孤僻。

(四) 大命命盤：

▼這是算運。
▼論述後天運勢的吉凶時間。
▼論述十年運勢上的機會在哪裡？
▼論述我現在決定的事，吉或凶如何？
▼論述我現在決定的事，我會發生什麼事？
▼論述我現在決定的事，吉或凶如何？我應該怎麼做？
▼論述我現在決定的事，吉或凶如何？對我以後有什麼影響？

(五) 流年的宮位：就是生肖的位置。

▼算流年是99%以上傳統命理老師誤用或誤解的地方。
▼算流年絕對不能以流年的宮位算，因爲，準確度只有20%。
▼算流年一定要本命命盤＋大命命盤＋流年命盤形成相同的現象，吉凶才會精準。
▼算流年一定要本命＋大限＋流年三盤形成相同的現象，這就是體與用的關係。
▼論述好運從哪一年開始？至哪一年結束？
▼論述壞運從哪一年開始？至哪一年結束？
▼論述今年某生肖帶衰，從哪一年開始？至哪一年結束？
▼論述今年某生肖帶財，從哪一年開始？至哪一年結束？

（六）生肖的位置：子丑寅卯辰巳午未申酉戌亥為地支的宮位。

蛇 巳	馬 午	羊 未	猴 申
龍 辰			雞 酉
兔 卯			狗 戌
虎 寅	牛 丑	鼠 子	豬 亥

（七）體與用的關係：

● 天地人三盤：

▼在天成象，在地成形，在人成事；即論命要一次活用三種命盤（本命、大限、流年），才算

完整的算命方式，體與用的關係，一定要形成相同的現象。

▼論流年：一定要本命＋大限＋流年之三種命盤形成相同的現象才能成立。

▼論流月：一定要本命＋大限＋流年＋流月之四種命盤形成相同的現象才能成立。

▼論流日：一定要本命＋大限＋流年＋流月＋流日之五種命盤形成相同現象才能成立。

本命
大限
流年
流月
流日
流時

（八）傳統與科學：

● **傳統派：籠統論述初級人、事、物的緣分。**

▼傳統紫微斗數老師99％以上只會利用星辰或一小部分四化來算命。

▼傳統老師因爲算不準，所以總是搞一些算自己不準、天機不可洩漏、出生時辰不可以給別人、常算命會越算越薄命……等等怪裡怪氣與裝神弄鬼的東西來嚇人。

▼算不準是因爲一種結果，傳統命理老師只會一種的解盤公式。所以，看不懂的事件，因爲怕客人笑，只好胡扯亂掰來掩飾自己的學藝不精，只好裝神弄鬼來假裝很厲害。

● 華山派：精準掌握未來每一事件的時間與吉凶。

▼華山派紫微斗數老師100%應用四化來算運。

▼華山派紫微斗數學習星辰，只是初學者訓練的算命技巧而已。

▼算得準是因爲一種結果，華山派老師至少有三十種以上的解盤公式，應用生年四化、飛星四化、自化來交叉與重疊，所得到之體與用的交集，才能精算時間與吉凶，才能掌握每一事件的結果與影響。

六、算命分析一基礎版

(一) 怎麼學會算命？

算命的方法分算命與算運兩種，傳統派命理老師的重點在算命，華山派命理老師的重點在算運。算命乃命中註定的事，算命方法有三種：一是算命格，二是算生年天干的四化，三是算命宮的宮位四化；算運乃預測未來每一事件的時間與吉凶。

1. 算命在算什麼？

▼算命格

富貴命格、成功個性、命中優勢三種皆稱之命格。論述命中註定的事。

▼算生年天干的四化

從出生天干所飛出的四化，稱之生年四化。論述命中註定的事。

▼算命宮的宮位四化

從命宮的宮位天干所飛出的四化，稱之命宮四化。論述命中註定的事。

2.算運在算什麼？

▼預測未來人、事、物的結果。

▼預測我現在決定的事，吉或凶如何？

▼預測我現在決定的事，我會發生什麼事？

▼預測我現在決定的事，吉或凶如何？我應該怎麼做？

預測我現在決定的事，吉或凶如何？對我以後有什麼影響？

3.華山派命盤上，怎麼算命？

以實盤爲例：

▼二十三歲創業，怎麼算？

▼三十一歲考上代書，怎麼算？

▼三十八歲買房子，怎麼算？

▼四十三歲車禍連連，怎麼算？

(二)華山派吉凶的公式：

1.第一大公式：

▼算運時，本命與大限一定要形成相同的現象，這是體與用的關係，吉凶才能成立。

▼例如：本夫只能飛出祿權科忌入大夫或大命而形成相同現象，四化星其中之一即可。

▼例如：大官只能飛出祿權科忌入本官或本命而形成相同現象，四化星其中之一即可。

2.第二大公式：

▼飛星四化之本命體與大限用的關係互飛祿、權、科三星辰者，表示此大命有好運；飛星四化之體與用的關係飛忌入或忌沖者，表示此大命有壞運。

▼例如：大子只能飛化祿、權、科入本子或本命而形成相同現象，表示有生子的好運。

▼例如：本田只能飛化祿、權、科入大田或大命而形成相同現象，表示有買房的好運。

▼例如：本財只能飛忌星入大財或大命而形成相同現象，表示損財象，其他宮位同論。

▼例如：大疾只能飛忌星入本疾或本命而形成相同現象，表示意外象，其他宮位同論。

▼切記，絕不能飛不同的現象，否則吉凶不會成立。

3.第三大公式：

▼四化星=祿，權，科，忌=M質。

▼四化星的算命表達：一、存在。二、欠債。三、貴人。四、有運。

▼四化星論存在時：祿=權=科=忌。

▼四化星論內容時：祿≠權≠科≠忌。

▼生年四化星之任何一顆祿權科忌入大限任何宮位，皆表示此一大命有好運。

▼例如：生年權星入大命官祿宮，表示此大命有升官的好運。

▼例如：生年忌星入大命子女宮，表示此大命有生子的好運。

（三）命盤實例一：己酉年女命48歲 代書

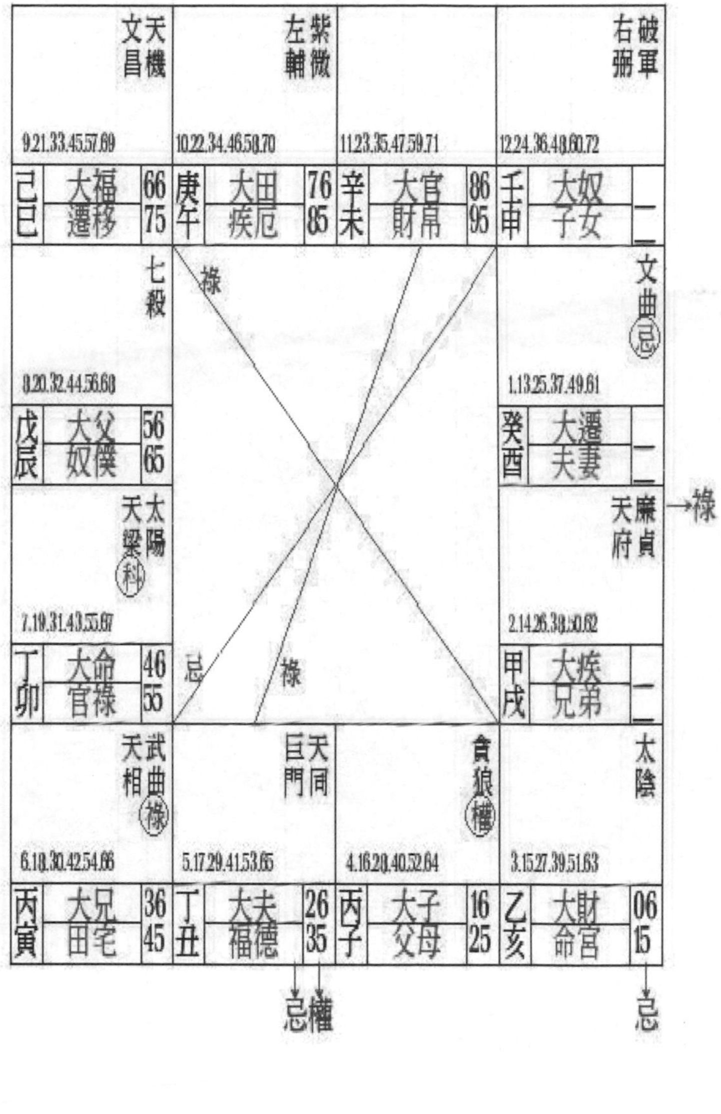

（四）學會看懂命盤：流年是依據每一年的十二生肖更換。

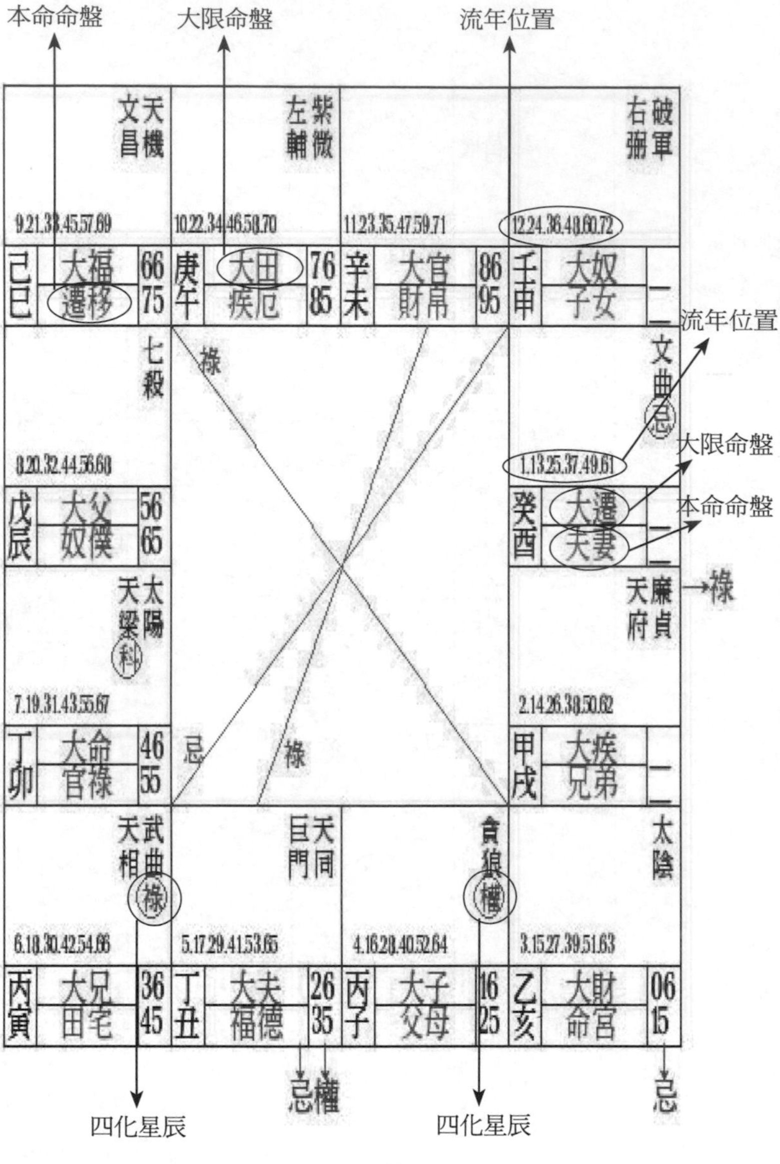

（五）簡易命盤：本命命盤、大命命盤、流年命盤都是逆時鐘方向排列。

大田 己 遷	大官 庚 疾	大奴 辛 財	大遷 壬 子
大福 戊 奴			忌 大疾 癸 夫
科 大父 46 丁 官 55			大財 甲 兄
祿 大命 36 丙 田 45	大兄 26 丁 福 35	權 大夫 16 丙 父 25	大子 06 乙 命 15

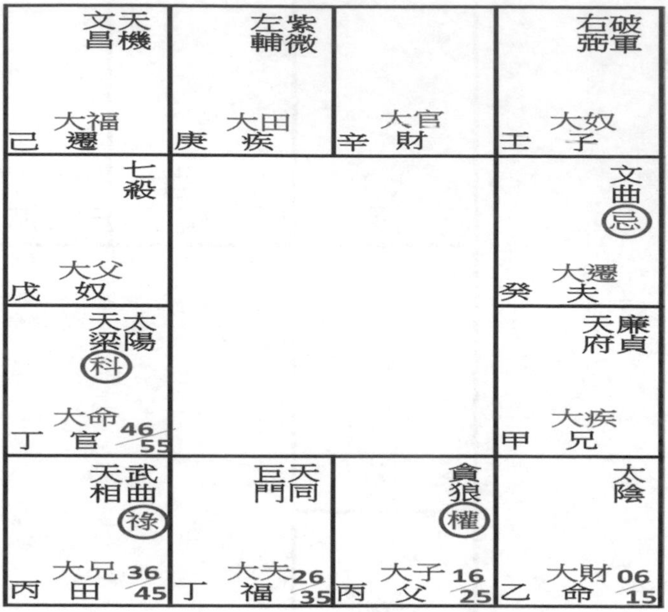

● 算命：依據格局來算命

▼這是依據雙象命盤而定的格局。

▼這是算命方法之一。

▼算命中註定的事。

▼因本宮與對宮都有一顆星辰，故形成雙象命盤之科忌格。

● 科忌格解釋

▼安逸與被動會讓人錯失良機。

▼成功要有窮者變，變者通，求新求變的心態。

▼往前走的心，可以化解過去怨恨的輪迴。

▼人生的重點是把握兩次堅持事業的機會。

天機 文昌 己 遷	紫微 左輔 庚 疾	辛 財	破軍 右弼 壬 子
七殺 戊 奴			文曲 (忌) 癸 夫
太陽 天梁 (科) 丁 官 46/55			廉貞 天府 甲 兄
武曲 天相 (祿) 丙 田 36/45	天同 巨門 丁 福 26/35	貪狼 (權) 丙 父 16/25	太陰 乙 命 06/15

● **算命：依據生年四化來算命**

▼依據出生年之天干所飛出之四化，謂之生年四化。

▼這是算命方法之一。

▼算命中註定的事。

▼生年祿星在田宅宮。

▼生年權星在父母宮。

▼生年科星在官祿宮。

▼生年忌星在夫妻宮。

● **生年四化的解釋：**

▼祿星在田—解釋有房子的命。

▼權星在父—解釋主管、老闆的命。

▼科星在官—解釋依靠名聲成就事業。

▼忌星在夫—解釋感情與事業只能擇一，追求感情最無情。

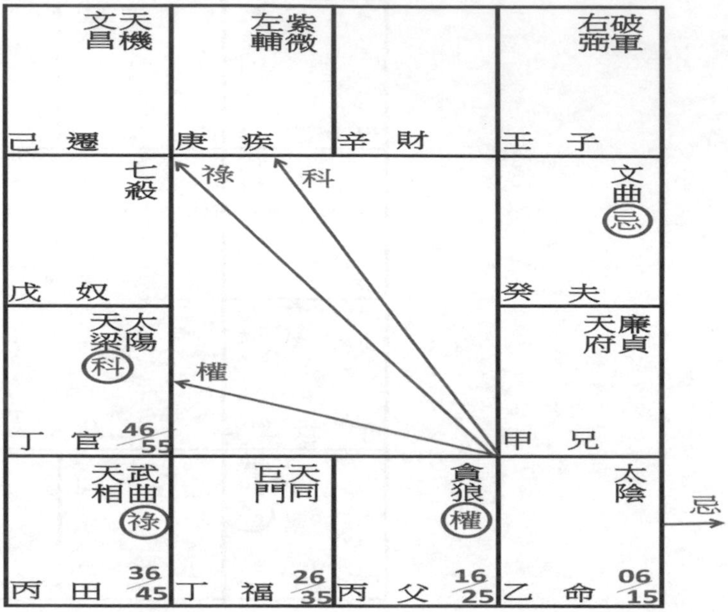

● **算命：依據命宮四化來算命**

▼依據命宮之宮位天干飛出四化星到其他宮位，謂之命宮四化。

▼這是算命方法之一。

▼算命中註定的事。

▼命宮飛祿星在遷移宮。

▼命宮飛權星在官祿宮。

▼命宮飛科星在疾厄宮。

▼命宮飛忌星在命宮，飛不出去稱自化。

● **飛星四化的解釋**

▼祿星在遷—解釋出外才能逢貴人。

▼權星在官—解釋主管、老闆的命。

▼科星在疾—解釋勞心又勞碌的人。

▼忌星在命—解釋勞碌命，有想不開、放不下、捨不得的思維。

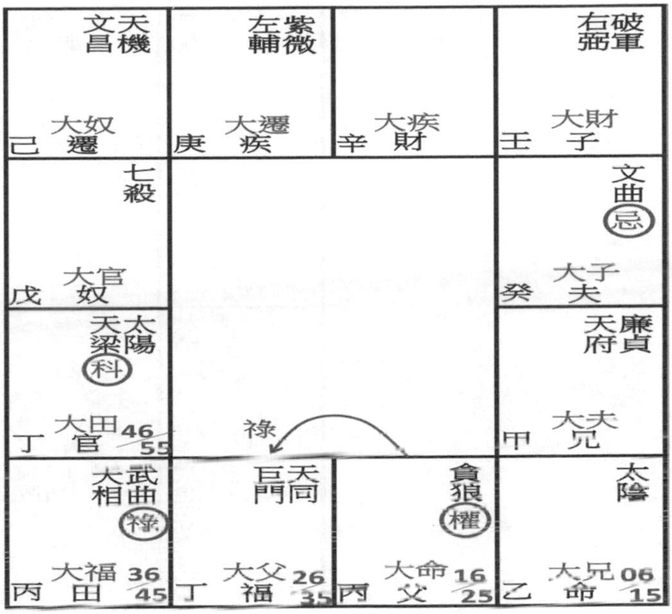

● **算運：23歲創業賺錢，怎麼看？**

▼本父與大父形成相同的現象，也就是本父與大父有交集，才能論吉凶。

▼算運乃預測未來人、事、物的結果。

▼23歲，因爲23歲介於16/25大命之間，所以要看16/25的大命。

● **16/25大命（本父）化祿星入大父**

▼解釋：此大命創業可以賺錢。

● **飛星四化飛不同的星辰，怎麼解釋？**

▼飛祿星與權星：表示升官或創業。

▼飛科星：表示只能上班而已，但上班有好運。

▼飛忌星：表示必須經過變動才會有好運，不變動運勢會往下滑。

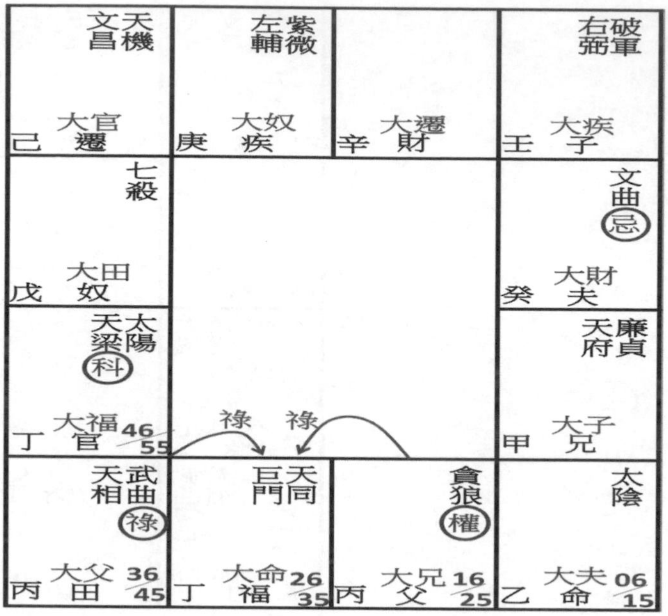

● **算運：31歲考上代書，怎麼看？**

▼本父與大父形成相同的現象，也就是本父與大父有交集，才能論吉凶。

▼算運乃預測未來人、事、物的結果。

▼31歲，因爲31歲介於26/35大命之間，所以要看26/35的大命。

● **體與用的關係，怎麼形成？**

▼本父飛祿星入26/35大命。

▼大父也飛祿星入26/35大命。

● **體與用的關係，怎麼解釋？**

▼問：本父飛祿星入26/35大命。

▼答：表示26/35大命，考試運很好。

▼問：大父也飛祿星入26/35大命。

▼答：表示26/35大命，考試運加倍，因爲，飛兩次入相同大命。

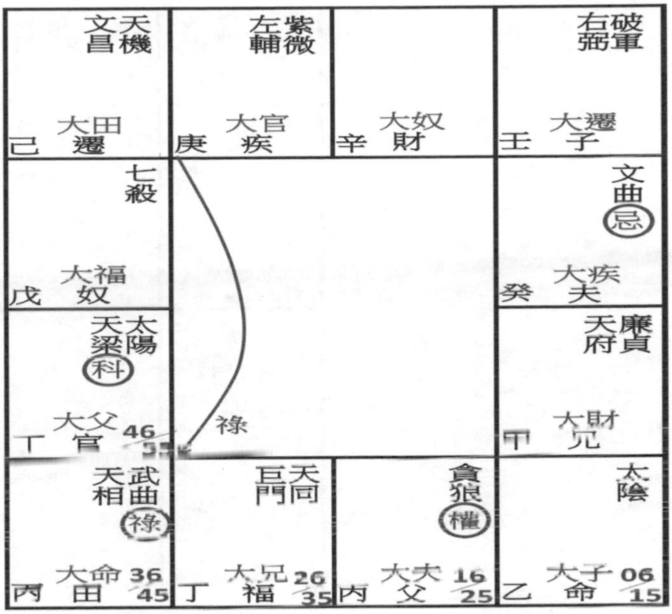

● 算運：三十八歲買房子，怎麼算？

▼本田與大田形成相同的現象，也就是本田與大田有交集，才能論吉凶。

▼算運乃預測未來人、事、物的結果。

▼38歲，因爲38歲介於36/45大命之間，所以要看36/45的大命。

● 體與用的關係，怎麼形成？

▼大田飛祿星入36/45大命（本田）。

● 體與用的關係，怎麼解釋？

▼問：大田飛祿入36/45大命（本田）。

▼答：表示36/45大命，有買房子的好運。

▼問：算運的結果，只有一種公式嗎？

▼答：華山派至少有30種以上的公式，可以求出相同的結果。

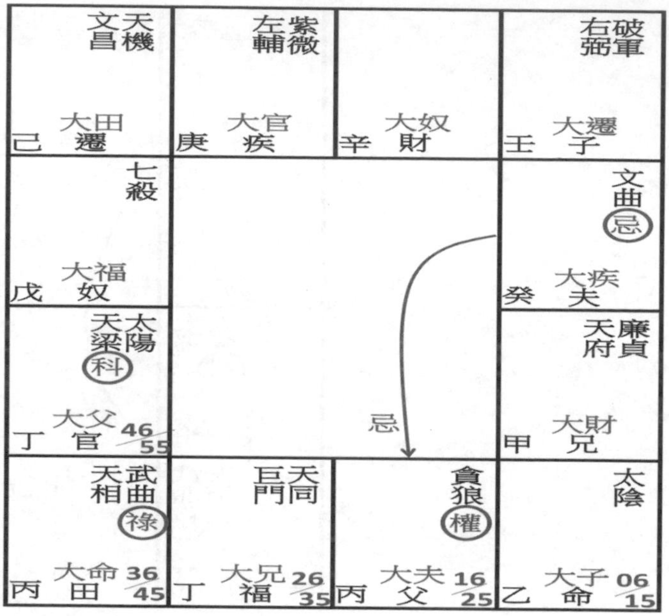

● **算運：四十三歲車禍連連，怎麼算？**

▼本疾與大疾形成相同的現象，也就是本疾與大疾有交集，才能論吉凶。

▼算運乃預測未來人、事、物的結果。

▼43歲，因爲43歲介於36/45大命之間，所以要看36/45的大命。

● **體與用的關係，怎麼形成？**

▼大疾化忌入本父冲本疾。

● **體與用的關係，怎麼解釋？**

▼問：大疾化忌入本疾。亮黃燈

▼答：表示36/45大命，意外有60%。

▼問：大疾化忌冲本疾。亮紅燈

▼答：表示36/45大命，意外有80%，才會意外連連發生。

七、算命分析二進階版

（一）怎麼學會算命？

算命的方法分算命與算運兩種，傳統派命理老師的重點在算命，華山派命理老師的重點在算運。

算命乃命中註定的事，算命方法有三種：一是算命格，二是算生年天干的四化，三是算命宮的宮位四化；算運乃預測未來每一事件的時間與吉凶。

1.算命在算什麼？

▼算命格。

這是命中註定的優勢，也稱富貴命格或成功個性，論述命中註定的事。

▼算生年天干的四化。

這是從出生天干所飛出的生年四化，論述命中註定的事。

▼算命宮的宮位四化。

這是從命宮的宮位天干所飛出的四化，論述命中註定的事。

2.算運在算什麼？

▼預測未來人、事、物的結果。

▼預測我現在決定的事，吉或凶如何？

▼預測我現在決定的事，我會發生什麼事？

▼預測我現在決定的事，吉或凶如何？我應該怎麼做？

▼預測我現在決定的事，吉或凶如何？對我以後有什麼影響？

3.華山派命盤上，怎麼算命？

以實盤爲例：

▼三十歲創業賺錢，怎麼看？

▼四十一歲新事業開始，怎麼算？

▼四十三歲開始教學生，怎麼算？

▼本命命盤＋大限命盤重疊，怎麼算？

（二）華山派吉凶的公式：

1.第一大公式：

▼算運時，本命與大限一定要形成相同的現象，這是體與用的關係，吉凶才能成立。

▼例如：本夫只能飛出祿權科忌入大夫或大命而形成相同現象，四化星其中之一即可。

▼例如：大官只能飛出祿權科忌入本官或本命而形成相同現象，四化星其中之一即可。

2.第二大公式：

▼飛星四化之本命（體）與大限（用）的關係互飛祿、權、科三星辰者，表示此大命有好運；飛星四化之體與用的關係飛忌入或忌冲者，表示此大命有壞運。

▼例如：大子只能飛化祿、權、科入本子或本命而形成相同現象，表示有生子的好運。

▼例如：本田只能飛化祿、權、科入大田或大命而形成相同現象，表示有買房的好運。

▼例如：本財只能飛忌星入大財或大命而形成相同現象，表示損財象，其他宮位同論。

▼例如：大疾只能飛忌星入本疾或本命而形成相同現象，表示意外象，其他宮位同論。

▼切記，絕不能飛不同的現象，否則吉凶不會成立。

3.第三大公式：

▼四化星，祿，權，科，忌=M質。

▼四化星的算命表達：一、存在。二、欠債。三、貴人。四、有運。

▼四化星論存在時，祿=權=科=忌。

▼四化星論內容時，祿≠權≠科≠忌。

▼生年四化星之任何一顆祿權科忌入大限任何宮位，皆表示此一大命有好運。

▼例如：生年權星入大命官祿宮，表示此大命有升官的好運。

▼例如：生年忌星入大命子女宮，表示此大命有生子的好運。

（三）命盤實例二：丁酉年男命60歲命理老師

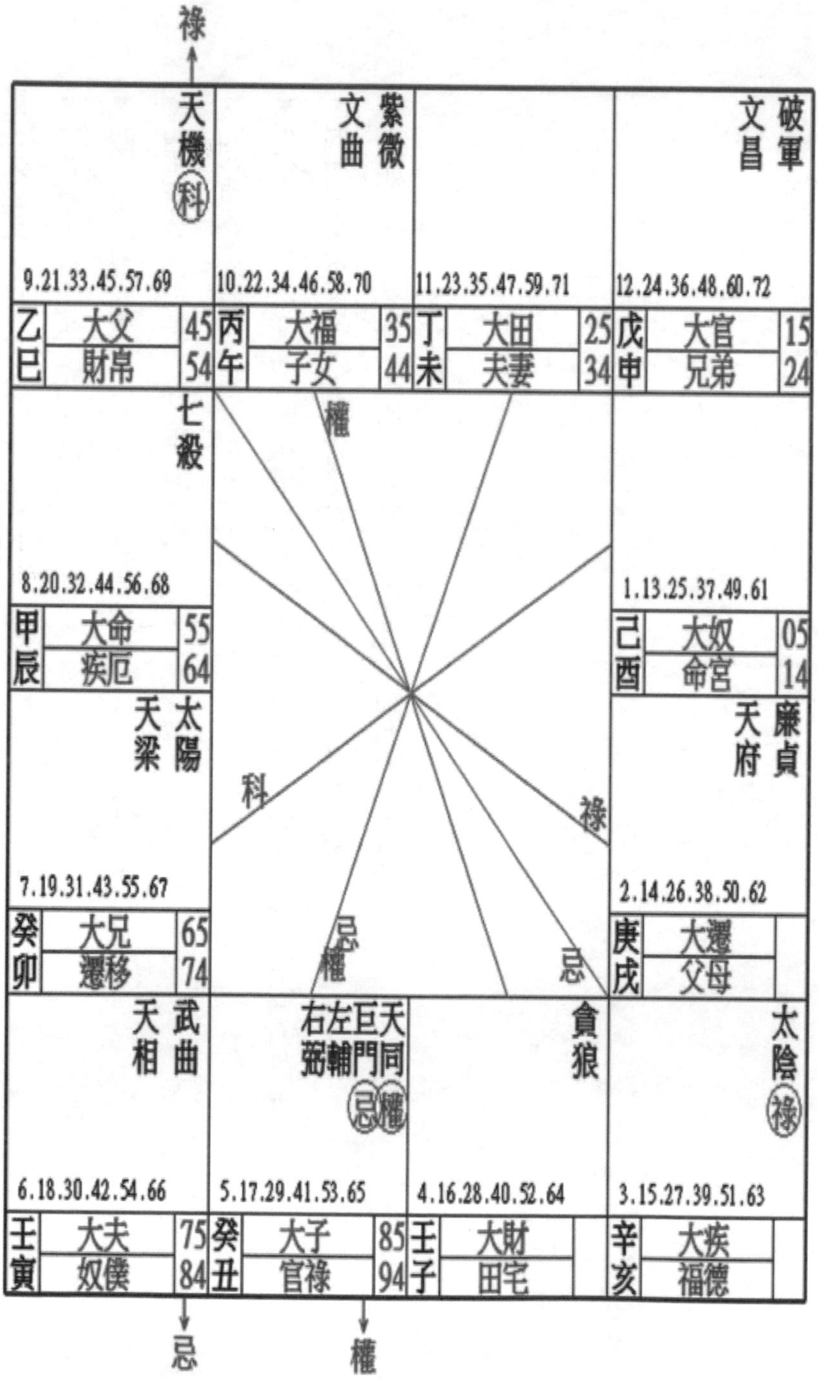
祿
天機 科
9.21.33.45.57.69
乙巳 大父 財帛 45 54
文曲 紫微
10.22.34.46.58.70
丙午 大福 子女 35 44
11.23.35.47.59.71
丁未 大田 夫妻 25 34
文昌 破軍
12.24.36.48.60.72
戊申 大官 兄弟 15 24
七殺
8.20.32.44.56.68
甲辰 大命 疾厄 55 64
權
科
祿
忌 權
忌
1.13.25.37.49.61
己酉 大奴 命宮 05 14
天梁 太陽
7.19.31.43.55.67
癸卯 大兄 遷移 65 74
天府 廉貞
2.14.26.38.50.62
庚戌 大遷 父母
天相 武曲
6.18.30.42.54.66
壬寅 大夫 奴僕 75 84
右弼 左輔 巨門 天同 忌 權
5.17.29.41.53.65
癸丑 大子 官祿 85 94
貪狼
4.16.28.40.52.64
壬子 大財 田宅
太陰 祿
3.15.27.39.51.63
辛亥 大疾 福德
忌
權

（四）學會看懂命盤：流年是依據每一年的十二生肖在更換。

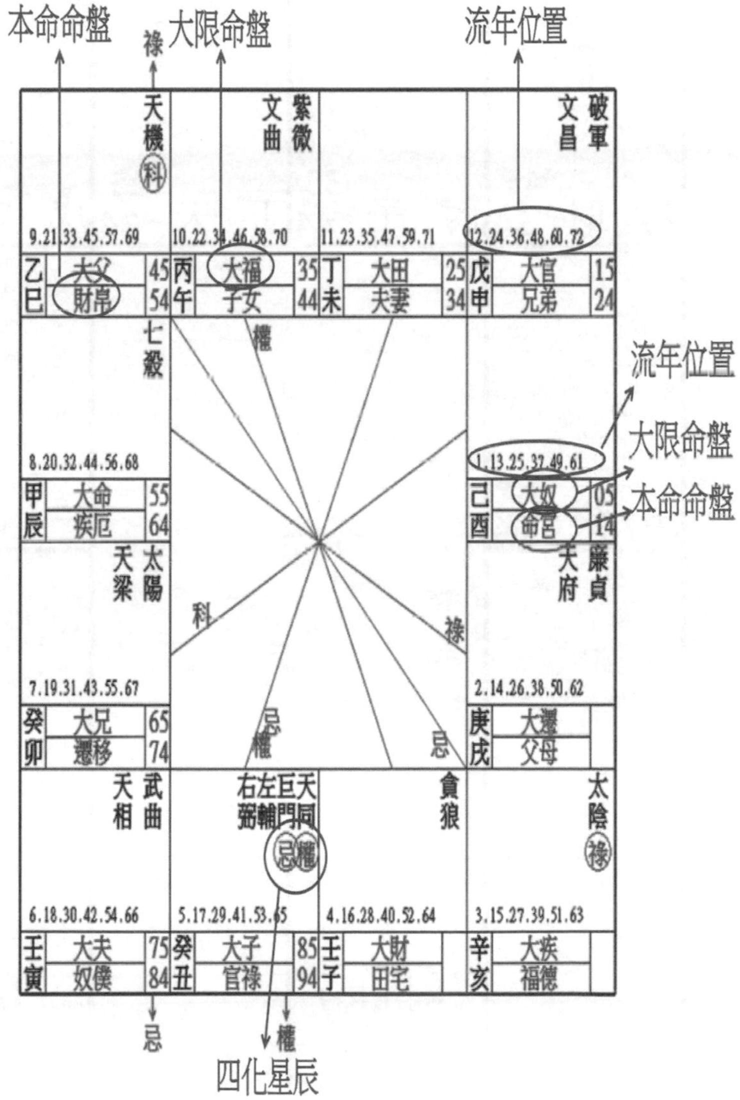
本命命盤
大限命盤
流年位置
祿
天機
科
文曲
紫微
文昌
破軍
9.21.33.45.57.69
10.22.34.46.58.70
11.23.35.47.59.71
12.24.36.48.60.72
乙巳 大父 財帛 45 54
丙午 大福 子女 35 44
丁未 大田 夫妻 25 34
戊申 大官 兄弟 15 24
七殺
權
流年位置
大限命盤
本命命盤
8.20.32.44.56.68
1.13.25.37.49.61
甲辰 大命 疾厄 55 64
己酉 大奴 命宮 05 14
太陽
天梁
廉貞
天府
科
祿
7.19.31.43.55.67
2.14.26.38.50.62
癸卯 大兄 遷移 65 74
庚戌 大遷 父母
忌
權
忌
武曲
天相
天同
巨門
左輔
右弼
忌
權
貪狼
太陰
祿
6.18.30.42.54.66
5.17.29.41.53.65
4.16.28.40.52.64
3.15.27.39.51.63
壬寅 大夫 奴僕 75 84
癸丑 大子 官祿 85 94
壬子 大財 田宅
辛亥 大疾 福德
忌
權
四化星辰

（五）簡易命盤：

科 乙 財 45/54	丙 子 35/44	丁 夫 25/34	戊 兄 15/24
甲 疾 55/64			己 命 05/14
癸 遷			庚 父
王 奴	忌 權 癸 官	王 田	祿 辛 福

天機 (科) 乙 財 45/54	紫微 文曲 丙 子 35/44	丁 夫 25/34	破軍 文昌 戊 兄 15/24
七殺 甲 疾 55/64			己 命 05/14
太陽 天梁 癸 遷			廉貞 天府 庚 父
武曲 天相 壬 奴	天同 巨門 右弼 左輔 (權)(忌) 癸 官	貪狼 壬 田	太陰 (祿) 辛 福

● 算命：依據格局來算命

▼這是依據雙象命盤而定的格局。

▼這是算命方法之一。

▼算命中註定的事。

▼因一個宮位有兩顆星辰，故形成雙象命盤之權忌格。

● 權忌格解釋

▼接受任何的挑戰，才能成就大事業。

▼先天活在舞台上的男主角。

▼人生沒有中間地帶，不是幹掉別人就是被別人幹掉。

▼是非、競爭、爭執的環境，表示正在成功的路上。

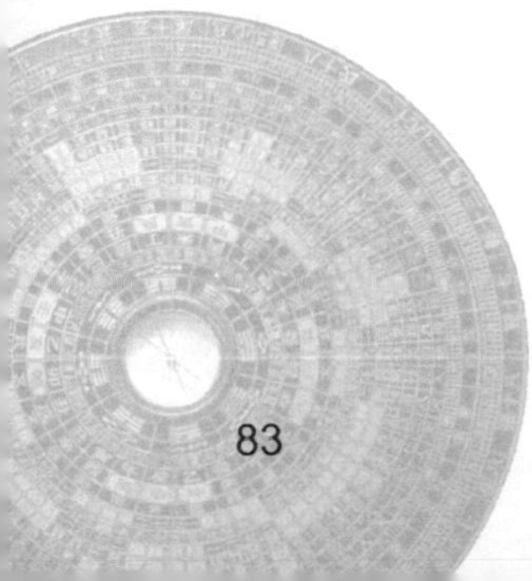

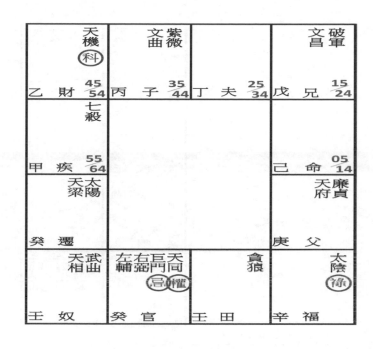

天機 科 大命 財 乙 45/54	紫微 文曲 大父 子 丙 35/44	大福 夫 丁 25/34	破軍 文昌 大田 兄 戊 15/24
七殺 大兄 疾 甲 55/64			大官 命 己 05/14
太陽 天梁 大夫 遷 癸			廉貞 天府 大奴 父 庚
武曲 天相 大子 奴 壬	天同 巨門 右弼 左輔 權 忌 大財 官 癸	貪狼 大疾 田 壬	太陰 祿 大遷 福 辛

● **算命：依據生年四化來算命**

▼依據出生年之天干所飛出之四化，謂之生年四化。

▼這是算命方法之一。

▼算命中註定的事。

▼生年祿星在福德宮。

▼生年權星在官祿宮。

▼生年科星在財帛宮。

▼生年忌星在官祿宮。

● **生年四化的解釋**

▼祿星在福－解釋天生追求夢想的人。

▼權星在官－解釋主管、老闆的命。

▼科星在財－解釋先有名聲後，才能賺大錢。

▼忌星在官－解釋先敗後成的事業格。

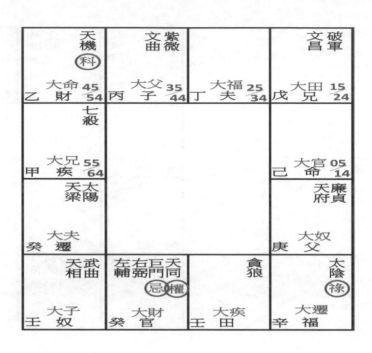

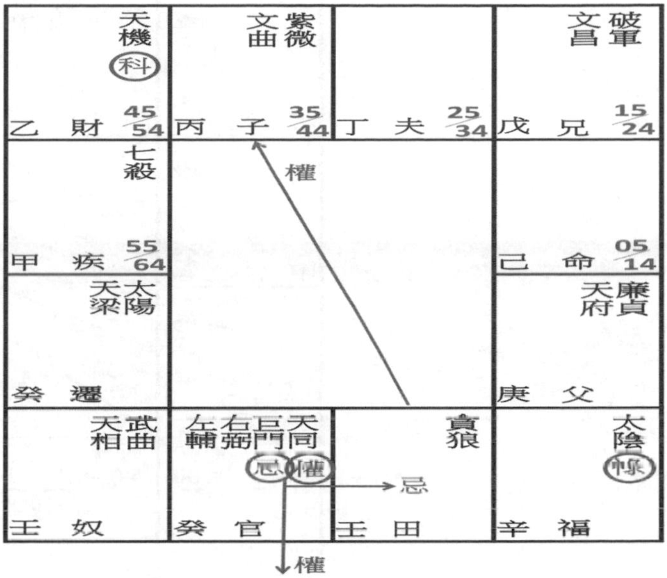

● **算命進階版：三個宮位合起來算命**

▼依據生年四化與飛星四化來算命。

▼這是算命方法之一。

▼算命中註定的事。

● **看命盤說故事**

▼官祿宮有權、忌星。

▼官祿化忌星入田宅，田又化權入子。

● **看命盤說故事的解釋**

▼問：官祿宮有權忌。

▼答：命中事業有成就的條件。

▼問：官祿宮化忌星入田宅宮。

▼答：成就的事業要在家裡教學生。

▼問：田宅宮化權入子女宮。

▼答：成就學生也可以成就自己。

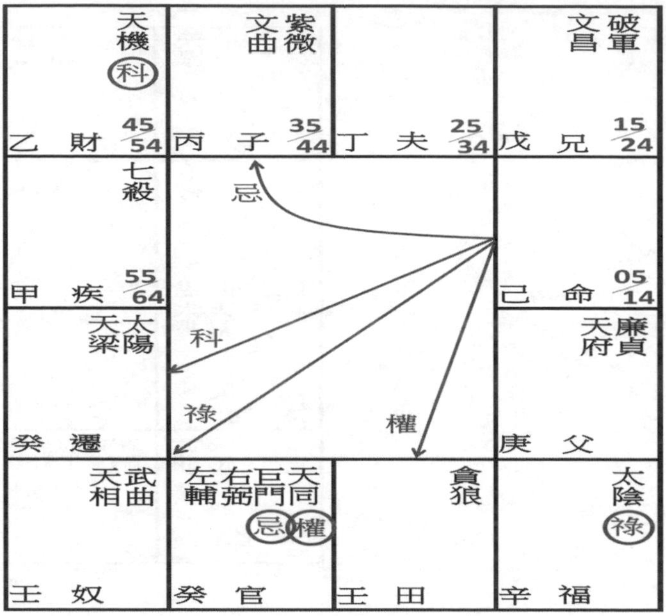

● **算命：依據命宮四化來算命**

▼依據命宮之宮位天干飛出四化星到其他宮位，謂之命宮四化。

▼這是算命方法之一。

▼算命中註定的事。

● **命宮飛祿星在奴僕宮**

▼命宮飛權星在田宅宮。

▼命宮飛科星在遷移宮。

▼命宮飛忌星在子女宮。

● **飛星四化的解釋**

▼祿星在奴—解釋朋友是貴人。

▼權星在田—解釋不動產賺大錢的命。

▼科星在遷—解釋國際化是最大利益。

▼忌星在子—解釋成就學生成就自己。

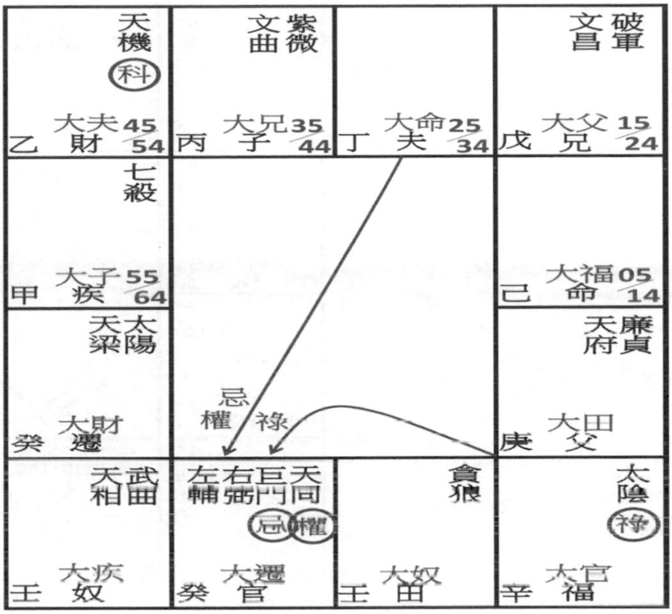

● 算運：30歲創業會賺錢，怎麼看？

▼本官與大官形成相同的現象，也就是本官與大官有交集，才能論吉凶。

▼算運乃預測未來人、事、物的結果。

▼30歲，因為30歲介於25/34大命之間，所以要看25/34的大命。

● 問：25/34大官化祿星入本官

▼答：25/34大命創業可以賺錢。

● 飛星四化飛不同的星辰，怎麼解釋？

▼飛祿星與權星：表示升官或創業。

▼飛科星：表示只能上班而已，但上班有好運。

▼飛忌星：表示必須經過變動才會有好運，不變動未來運勢會往下滑。

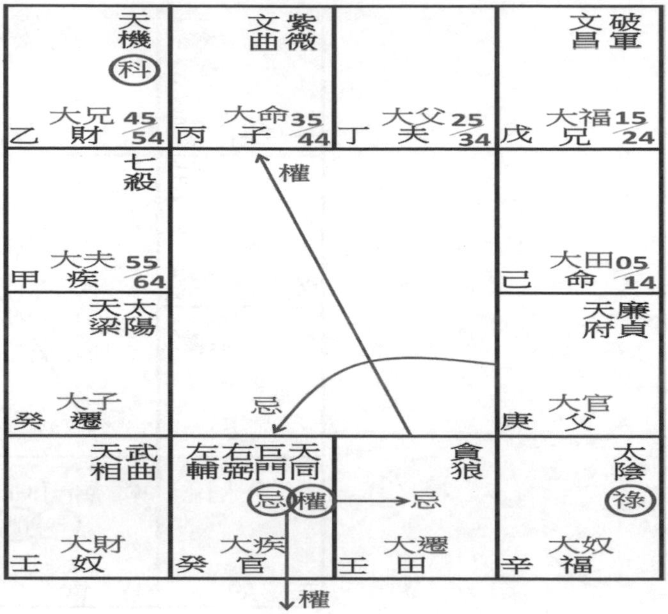

●算運：41歲新事業開始，怎麼算？

▼大官與本官形成相同的現象，也就是本官與大官有交集，才能論吉凶。

▼算運乃預測未來人、事、物的結果。

▼41歲，因爲41歲介於36/45大命之間，所以要看36/45的大命。

●體與用的關係，怎麼形成？

▼大官化忌入本官，本官有生年忌星。

▼本官化忌冲大命。

●體與用的關係，怎麼解釋？

▼問：大官化忌入本官，本官有忌星。

▼答：表示新事業要開始。

▼問：本官化忌冲大命。

▼答：也表示新事業要開始。

▼因本官有忌星權星，表示這是好運。

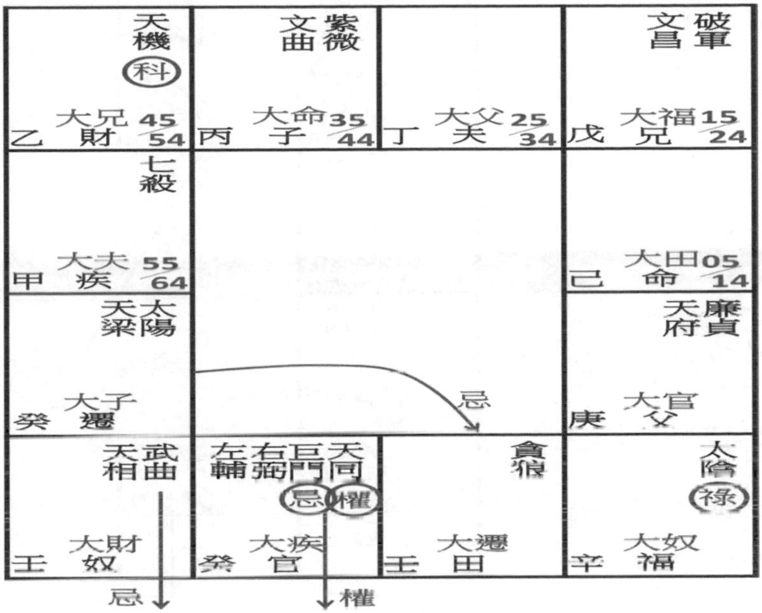

● 算運：43歲開始教學生，怎麼算？

▼大子與本子形成相同的現象，也就是本子與大子有交集，才能論吉凶。

▼算運乃預測未來人、事、物的結果。

▼43歲，因爲43歲介於36/45大命之間，所以要看36/45的大命。

● 體與用的關係，怎麼形成？

▼大子化忌沖本子，形成了大子對本子的體用關係。

● 體與用的關係，怎麼解釋？

▼問：大子化忌沖本子。

▼答：表示開始教學生。

▼問：用沖體。

▼一答：表示新緣分要開始了。

▼二答：43歲剛好形成三盤相同現象。

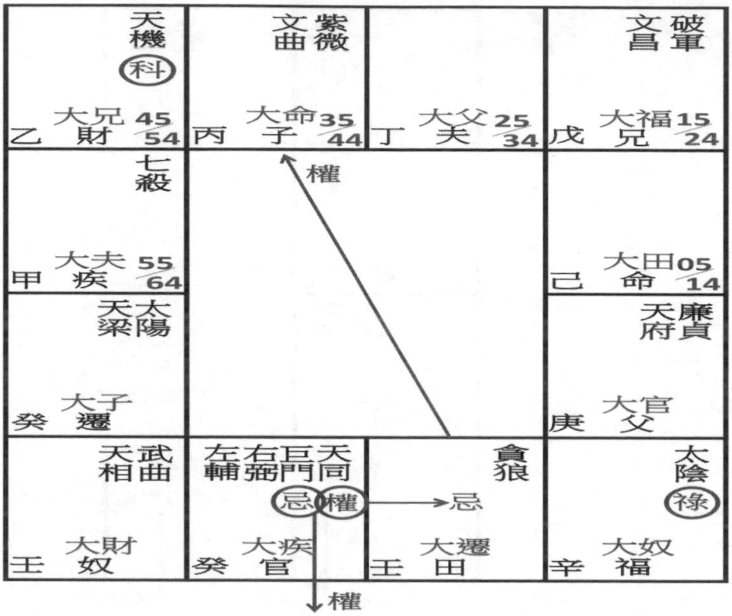

●算運進階版：本命命盤＋大限命盤

▼本命命盤：本官化忌入本田，本田再化權入本子。

▼大命命盤：本官（大疾）化忌入本田（大遷），本田（大遷）再化權入本子（大命）。

●看命盤說故事

▼問：本官化忌入本田，再化權入本子。

▼答：事業在家裡教書，可以成就學生。

▼問：本官（大）化忌入本田（大遷），本田（大遷）再化權入本子（大命）。

▼答：事業要辛苦在外開補習班本官＋大疾＋本田＋大遷，成就學生也成就自己，時間在35/44大命＋本子。

八、專業命理老師應該怎麼算命？

（一）算命：算命中會發生的事

1.傳統派：

▼算先天註定的因緣現象。

▼算命格、個性、方向、五行、數字、顏色、生肖、小人、貴人、宗教……。

▼傳統派老師因爲專業知識還沒有進步到算時間與吉凶的階段，所以，不敢肯定時間與吉凶。

2.華山派：附表一（頁460）

▼算個人命中註定的優勢本性。

▼算個人富貴的命格與成功的個性。

▼華山派老師讓求助者發揮個人優勢的特質，規劃富貴的命格，發揮成功的個性。

（二）算運：算我現在想問的事

1.傳統派：

▼傳統派總是把現象當吉凶，所以，常常會有兩極化的說法，但卻無知的誤解每一件事都可以改運。

2.華山派：附表二（頁461）

▼傳統派口中所謂的改運其實都是無效的，但心理作用的分數有10％。

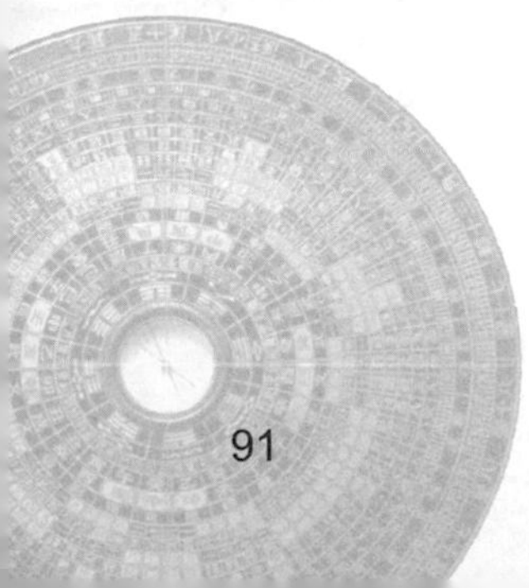

▼算後天運勢的吉凶時間。
▼問我現在想問的事。
▼答一我會發生什麼事？
▼答二我應該怎麼做？
▼答三對我以後有什麼影響？

3.改運：壞運持續中，我要做一件事，才能讓壞運快速降低或中止。

▼傳統命理老師的改運是無效的，只是他們爲了糊口而不得不胡言亂扯。

4.轉運：好運未來前，我要做一件事，才能讓好運加倍或快速來臨。

▼傳統命理老師的轉運是無效的，只是他們爲了糊口而不得不胡言亂扯。

5.宗教：論述前世今生之因緣果報，讓七世因緣形成討債報恩的生肖。

▼這是傳統命理老師裝神弄鬼用來騙錢的東西，讓善良的衆生因害怕而陷入他們的詭計。其實，宗教是另一門專業學問，與命理無關，絕對不能混爲一談，否則一定會變成詐騙集團。

肆、飛星四化「入門篇」

幾十年來學習命理的人，一定會遇到相同的問題，一、怎麼學？才能快速進入神秘的命理世界？二、跟誰學？才能揭開紫微斗數千年面紗？華山派的誕生正肩負著歷史任務，好讓學習命理者快速進入神祕的命理世界。

初學命理者有四個基本學習順序：

1.先知道命理學是由天時、地利、人和所組成。

▼天時占50％，地利占25％，人和占25％。

▼天時分算命與算運兩種，地利分陽宅與陰宅兩種，人和爲個人條件。

2.再知道命理的分類。

▼傳統派命理只是算本命的功夫而已。

▼華山派命理乃預測未來人、事、物的結果。

▼傳統派命理有八字、面相、星座、塔羅牌、手相、卜卦、鳥卦、姓名學、水晶球、易經、九宮、鐵板神算、求神問事、生命靈數、色彩算命、動物算命……等等。

3.最後知道命理分算命與算運。

算命算一種——占八分之一，95％以上傳統派只會這一種功夫。

▼算命算現象而已。

算運算八種——占八分之七，華山派命理精準掌握每一事件之人事物。

▼算運算現象、時間、吉凶、內容、影響、改運、轉運、宗教。

4.完整精準掌握每一事件之人事物，共分五大類別，各有不同的特色。

星辰：論述現象學的學問。

飛星四化：論述空間學的學問。

生年四化：論述時間學的學問。

自化：論述吉凶學的學問。

前世星辰：論述宗教學的學問。

華山派飛星四化是史上第一次讓命理進入立體的空間。切記，並不是利用飛星四化的飛法就是飛星四化，而是可以完整精準掌握算運之現象、時間、吉凶、內容、影響、改運、轉運、宗教者才是眞正的飛星四化，只要算命過程中利用星辰來算命者，就已經不是飛星四化了。

一、飛星四化之基本知識

紫微斗數分兩大派系，一是星辰派，占95%以上，二是四化派，占5%；星辰派是算命，四化派是算運，四化派又分飛星四化、生年四化、自化三種。飛星四化是根據十二宮位的宮位天干所飛出的四化到其他宮位謂之，生年四化是根據出生年天干而定四化，自化是根據十二宮位的宮位天干所飛出的四化到本宮或對宮謂之。

（一）飛星四化基本概念

紫微斗數的「四化」指的是「化祿、化權、化科、化忌」，每個人皆可利用出生年的天干來得知自己的生年四化。如：一九八四年（甲子年）生者，天干爲甲，對照十干化曜之四化星，便可知道命盤上哪些星辰屬於生年四化星，如天干甲是廉貞化祿、破軍化權、武曲化科、太陽化忌。每個人可以從命宮的天干得知自己的飛星四化，如天干爲丁者，飛星四化爲太陰化祿、天同化權、天機化科、巨門化忌。

以下爲解說紫微斗數常見的專有簡稱，讀者務必熟讀打下基礎：

1.四化星代號：祿（A）、權（B）、科（C）、忌（D），以上四者稱之爲M質。

2.十二宮位簡稱：

命宮（命）、兄弟（兄）、夫妻（夫）、子女（子）、財帛（財）

疾厄（疾）、遷移（遷）、奴僕（奴）、官祿（官）、田宅（田）

福德（福）、父母（父）。

●主要星辰：

1.紫微星系簡稱：

天機（機）、太陽（日）、武曲（武）、天同（同）、廉貞（廉）。

2.天府星系簡稱：

太陰（月）、貪狼（貪）、巨門（巨）、天相（相）、天梁（梁）、七殺（殺）、破軍（破）。

3.前世星辰簡稱：

左輔（左）、右弼（右）、文昌（昌）、文曲（曲）。

● **星辰的男女星：**

紫微（女）星系：天機、太陽、武曲（女）、天同、廉貞（丙女）。

天府（男）星系：太陰（女）、貪狼、巨門（女）、天相、天梁、七殺、破軍（女）。

前世星辰男女星：左輔、右弼（女）、文昌、文曲（女）。

● **人事物的宮位：**

在人位：命、兄、夫、子、奴、父，即六親位。

在事位：官、疾、遷。

在物位：財、田、福。

● **四化星的因緣：**

定數：論述前世的果報因緣，乃命中格局之優勢。

在數：論述現在進行式的因緣，乃大限利益之規劃。

應數：論述未來式的因緣，乃人生富貴丁壽之規劃。

● **運勢的分類：**

▼本命：一生的運。

▼大限：十年的運。

▼流年：一年的運。

▼流月：一月的運。

▼流日：一日的運。

▼流時：時辰的運。

● **飛星與生年四化：**

▼飛星四化：命中的福報乃依靠強求強要而來。

▼生年四化：命中的福報乃依靠與生俱足而來。

● **四六合天心：**

▼四化星：祿星、權星、科星、忌星合稱四化星。

▼六爻星：祿權、祿科、祿忌、權科、權忌、科忌合稱六爻星。

▼四六合天心：四六合乃天之心，四化＋六爻就會形成天意。天意分兩種形成方式，一是生年四化所組成之命中註定的人生故事，二是飛星四化所組成之自己選擇的人生故事。

●格局的公式：

格局共分祿科、祿權、祿忌、權科、權忌、科忌等六種。

1.無忌星組合：祿權、祿科、權科。

▼人生成就的重點在忌星。

2.有忌星組合：祿忌、權忌、科忌。

▼人生成就的重點在三象一物之媒介星辰。

▼但必須先經歷忌星之折磨時間＋折磨人事物後，才能進入成功之勝利族。

●三象一物之媒介：

▼祿權格局：媒介在忌星。

▼祿科格局：媒介在忌星。

▼祿忌格局：媒介在權星。

▼權科格局：媒介在忌星。

▼權忌格局：媒介在科星。

▼科忌格局：媒介在祿星。

●華山派紫微斗數的分類：

▼星辰算命法：論述現象的因緣。

▼自化算命法：論述吉凶的因緣。

▼飛星四化算命法：論述空間的因緣。

▼生年四化算命法：論述時間的因緣。

▼前世星辰算命法：論述宗教的因緣。

●四化算命的定義：

▼四化＝祿、權、科、忌＝M質。

▼祿＝A，權＝B，科＝C，忌＝D。

▼乃命中註定的事。

▼乃永久占有的宮位。

▼乃有其象，必有其物。

●四化算命的表達方式：

▼論存在。

▼論貴人。

▼論欠債。

▼論有運。

●算命的獨特技巧：

1.論存在時：祿＝權＝科＝忌。

例如：事業宮有M質時。

▼表示命中事業有成就的條件。不論它是祿星、權星、科星、忌星皆有成功的條件。

2.論內容時：祿≠權≠科≠忌。

例如：事業宮有M質時。

▼表示成就的方法皆不同。

▼祿星表示賺錢的方式，必須依靠多元化的經營，事業才能成就。

▼權星表示賺錢的方式，必須依靠專業、專技的方式，事業才能成就。

▼科星表示賺錢的方式，必須依靠名聲、口碑、特色的方式，事業才能成就。

▼忌星表示賺錢的方式，必須依靠勞心勞碌、事必躬親的方式，事業才能成就。

(二) 飛星四化如何形成？

1.四化星辰形成順序：

第一步：先用十八顆主星排入十二宮位

第二步：再藉由個人出生天干求出四化星所落的宮位。

第三步：最後應用生年四化、飛星四化、自化等三種方法來算命。

2.主要星辰：共十八顆主星。

紫微星系：紫微、天機、太陽、武曲、天同、廉貞。

天府星系：天府、太陰、貪狼、巨門、天相、天梁、七殺、破軍。

前世星辰：左輔、右弼、文昌、文曲。

3.十二宮位如左：

子	夫	兄	命
財			父
疾			福
遷	奴	官	田

4.星辰+十二宮位則形成左圖：

子	天機 夫	紫微 破軍 兄	命
太陽 財			天府 父
武曲 七殺 疾			太陰 福
天同 天梁 遷	天相 奴	巨門 官	廉貞 貪狼 田

5.十干化曜：藉由個人出生之天干而求出四化星所落的宮位算命。

四化曜星：祿=A，權=B，科=C，忌=D。

天干＼四化	化祿	化權	化科	化忌
甲	廉	破	武	陽
乙	機	梁	紫	陰
丙	同	機	昌	廉
丁	陰	同	機	巨
戊	貪	陰	弼	機
己	武	貪	梁	曲
庚	陽	武	陰	同
辛	巨	陽	曲	昌
壬	梁	紫	輔	武
癸	破	巨	陰	貪

6.星辰+十二宮位+四化星組合：

男命　乙未年生

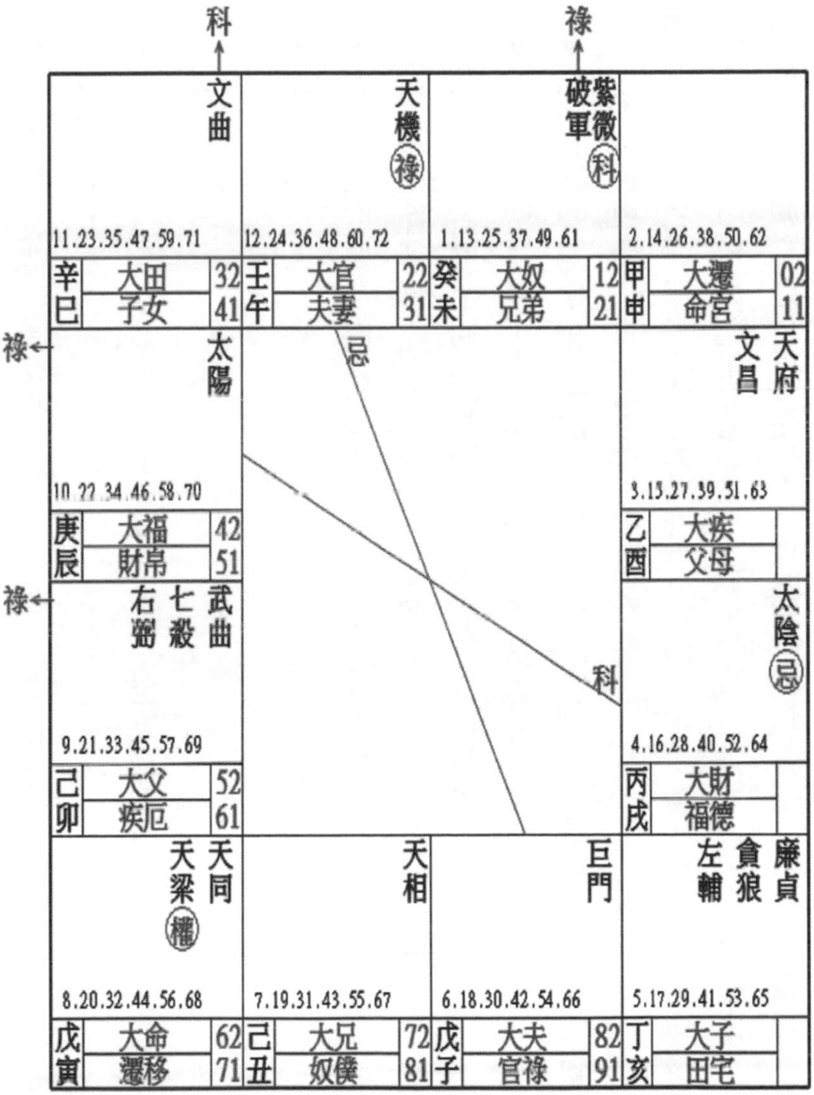

科
祿
祿
祿
文曲
天機
祿
紫微
破軍
科
11.23.35.47.59.71
12.24.36.48.60.72
1.13.25.37.49.61
2.14.26.38.50.62
辛巳 大田 子女 32 41
壬午 大官 夫妻 22 31
癸未 大奴 兄弟 12 21
甲申 大遷 命宮 02 11
太陽
天府
文昌
忌
10.22.34.46.58.70
3.15.27.39.51.63
庚辰 大福 財帛 42 51
乙酉 大疾 父母
武曲
七殺
右弼
太陰
忌
科
9.21.33.45.57.69
4.16.28.40.52.64
己卯 大父 疾厄 52 61
丙戌 大財 福德
天同
天梁
權
天相
巨門
廉貞
貪狼
左輔
8.20.32.44.56.68
7.19.31.43.55.67
6.18.30.42.54.66
5.17.29.41.53.65
戊寅 大命 遷移 62 71
己丑 大兄 奴僕 72 81
戊子 大夫 官祿 82 91
丁亥 大子 田宅

（三）相同命盤怎麼算命？

● 傳統派：

▼紫微斗數老師以星辰算命法算命者占99％以上，其最大的缺點就是144個人中就會遇到一位相同命盤的人。

▼六分之五的人，某某宮位一定會沒有主星，傳統命理老師一定胡扯一些籠統或嚇人的東西來塘塞。

● 華山派：

▼相同星辰的命盤：因算命的重點在四化星，必定會增加生年四化星與十二宮位的宮位天干，故至少1440個人中才會遇到一位相同命盤的人，也就是基本解盤方式就有1440種，再加上不同大限、不同人事物的問法，最少有幾萬種現象可以問問題。

▼相同星辰的命盤：至少有30種以上的公式可以解答。

▼相同星辰的命盤：相同時間，不同人事物的因緣，一定會產生不一樣的結果。不同時間，相同人事物的因緣，也一定會產生不一樣的結果。

總之，華山派與傳統派最大的差異乃在於立準點之不同。傳統派以星辰算命爲主，強調星性與星辰之廟旺落陷；華山派以四化星算命爲主，重點在時間、生肖、吉凶之利害關係。所以，相同時間，不同生肖或不同時間，相同生肖會產生不一樣的結果；相同流年，不同人事物會產生不同的人生際遇與吉凶；不同流年，相同人事物，也會產生不同的人生際遇與吉凶，這是華山派命理學最引以爲傲的學術。

● 相同命盤，命宮不同天干，人生格局會不同。上圖爲命宮天干爲丙者。下圖爲命宮天干爲壬者。

天機 己 奴	紫微 庚 遷	文昌 文曲 辛 疾	破軍 壬 財
七殺 戊 官			癸 子
太陽 天梁 丁 田			廉貞 天府 甲 夫
武曲 天相 丙 福	天同 巨門 左輔 右弼 丁 父	貪狼 (丙) 命	太陰 乙 兄

天機 乙 奴	紫微 丙 遷	文昌 文曲 丁 疾	破軍 戊 財
七殺 甲 官			己 子
太陽 天梁 癸 田			廉貞 天府 庚 夫
武曲 天相 壬 福	天同 巨門 左輔 右弼 癸 父	貪狼 (壬) 命	太陰 辛 兄

以天干丙者爲例，雖命盤星辰和天干壬者相同，但其飛星四化星一定不同。

命宮天干丙者（參考十干化曜），天干丙的飛星四化爲天同化祿（A）、天機化權（B）、文昌化科（C）、廉貞化忌（D）。

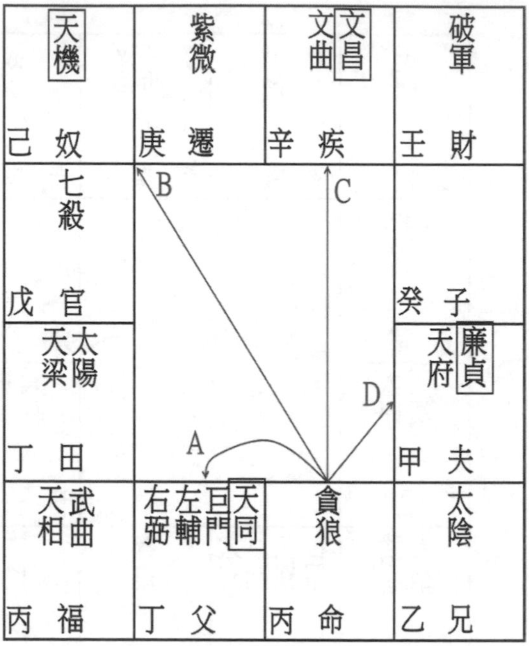

因此，相同命盤，相同命宮，但不同的命宮天干，解釋就會完全不同。

命宮飛祿A入（父）母宮。

解釋：命中多貴人。

命宮飛權B入（奴）僕宮。

解釋：命中靠朋友的命格。

命宮飛科C入（疾）厄宮。

解釋：命中勞心勞碌的人。

命宮飛忌D入（夫）妻宮。

解釋：天生的感情多折磨。

以天干壬者為例，雖命盤星辰和天干丙者相同，但其飛星四化星一定不同。

命宮天干壬者（參考十干化曜），天干壬的飛星四化為天梁化祿（A）、紫微化權（B）、左輔化科（C）、武曲化忌（D）。

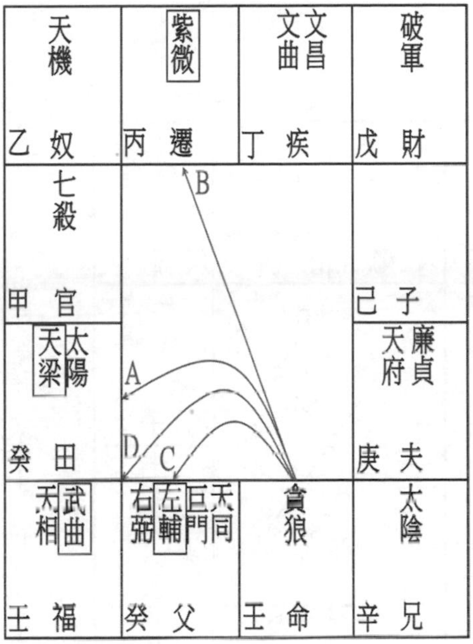

因此，相同命盤，相同命宮，但不同的命宮天干，解釋就會完全不同。

命宮飛祿A入田宅宮。

解釋：有房子的命。

命宮飛權B入遷移宮。

解釋：出外逢貴的命格。

命宮飛科C入父母宮。

解釋：命中得父母疼愛。

命宮飛忌D入福德宮。

解釋：傳宗接代之人。

● 何謂法象

定義：命盤上之飛星四化或自化，一定要回歸生年四化，就可以看出飛星四化之空間的宮位或自化的吉凶。所以，飛星四化與自化與生年四化有絕對的關係。

解盤：官祿宮有自化祿，法象一定要回歸生年祿星，祿星在交友宮。

結果：表示事業成功的條件，內容必須靠朋友幫忙才能成功。

※自化代表本宮或對宮有（自化）的四化星。

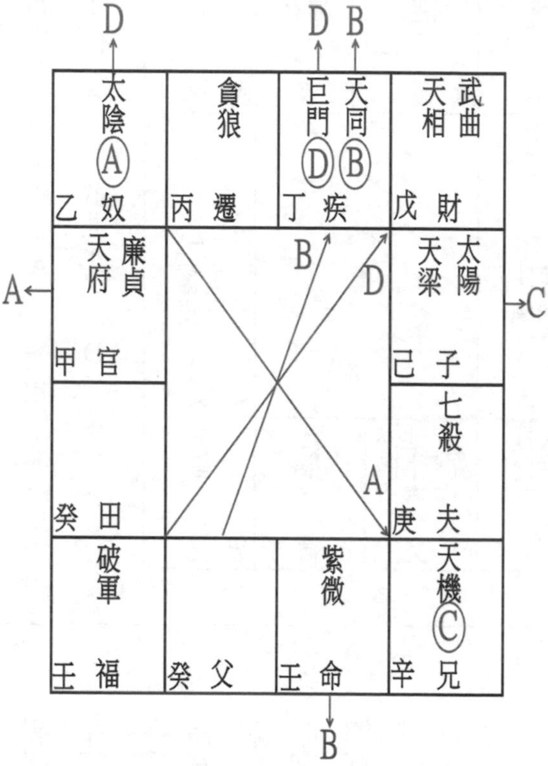

● **天地人三盤**

在天成象，在地成形，在人成事；即論命要一次活用三種命盤（本命、大限、流年），才算完整的算命方式。

論流年：一定要本命＋大限＋流年之三種命盤形成相同的現象才能成立。

論流月：一定要本命＋大限＋流年＋流月之四種命盤形成相同的現象才能成立。

論流日：一定要本命＋大限＋流年＋流月＋流日之五種命盤形成相同現象才能成立。

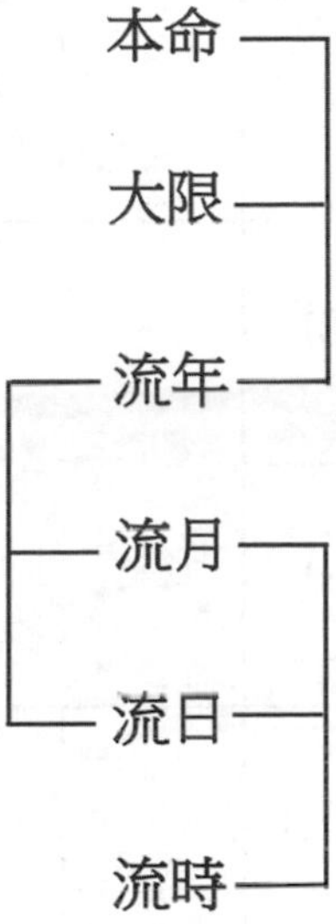

● 何謂宮位重疊：

定義：

乃本命命盤與大限命盤重疊後，依據生年四化之祿、權、科、忌論命，不用其他條件配合，也是完整的論命法。

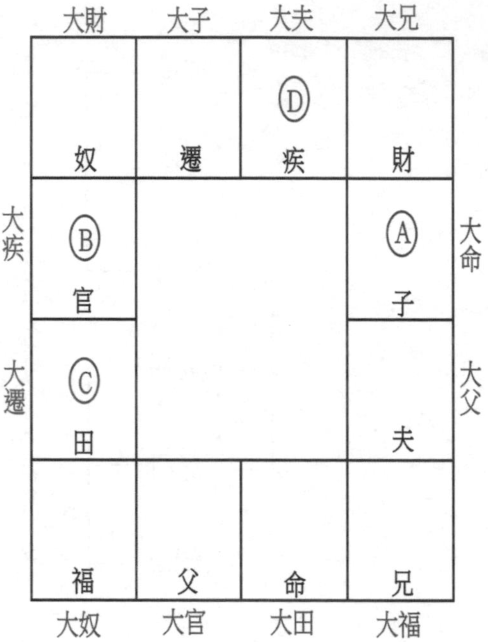

解盤：

一、化祿在本子重疊大命

解釋：此大限有子女、桃花。

二、化權在本官重疊大疾

解釋：此大限工作事必躬親。

三、化科在本田重疊大遷

解釋：此大限在外買不動產。

四、化忌在本疾重疊大夫

解釋：此大限夫妻無緣因緣。

二、飛星四化如何入門

● 基本知識

1.四化星辰＝祿（A）、權（B）、科（C）、忌（D）＝M質。

2.十二宮位：命宮、兄弟、夫妻、子女、財帛、疾厄、遷移、奴僕、官祿、田宅、福德、父母。

● 本命飛星四化：

▼由本命盤自己本身飛四化到其他十一宮位稱之本命命盤。

▼與大限命盤重疊的相同現象，論述的是流年。

● 大限飛星四化：

▼由大限命盤自己本身飛四化到其他十一宮位稱之大限命盤。

▼與本命命盤重疊的相同現象，論述的是流年。

▼與流年命盤重疊的相同現象，論述的是流月。

● 流年飛星四化：

▼由流年命盤自己本身飛四化到其他十一宮位稱之流年命盤。

▼與大限命盤重疊的相同現象，論述的是流月。

▼與流月命盤重疊的相同現象，論述的是流日。

▼由流月命盤自己本身飛四化到其他十一宮位稱之流月命盤。

▼與流年命盤重疊的相同現象，論述的是流日。

▼與流日命盤重疊的相同現象，論述的是流時。

●流月飛星四化：

總之，所有之算運一定要有天盤、地盤、人盤三盤，順序錯誤一定會鬧出貽笑大方之事，正確的是往上一級與往下一級，本命盤＋大限盤就是算流年，大限盤＋流年盤就是算流月，流年盤＋流月盤就是算流日，流月盤＋流日盤就是算流時。其實，大限盤＋本命盤之算流年，這是最正確的算法，精準度80％；流年盤＋大限盤只能算流月，這是不正確的算法，精準度只有40％，因爲，沒有本命盤；流月盤＋流年盤之只能算流日，這是不正確的算法，精準度只有10％，因爲，沒有本命盤與大限盤；流日盤＋流月盤只能算流時，這也是不正確的算法，精準度只有5％，因爲，沒有本命盤與大限盤與流年盤。所以，正確又精準的算運就成爲傳統派必須學會的事。

(一)空間如何形成？

前言：一個宮位的解釋稱之爲現象，兩個宮位合起來的現象就會形成空間，空間＋時間就形成了時空。也就是，觀看「飛星四化」的現象——從任何一個宮位飛出之四化到其他十一宮位的現象。

●算命的空間學：

空間學的形成，改變了傳統算命的整體架構。算命的學問更加豐富，讓單象算命變成立體算命；算命進入內容的階段，讓命中創業格變成加盟的創業才能成功；算命進入時空學的階段，讓加盟的創業變成30歲創業才能成功。這種華山派算運法，其中基本架構共分三層，第一層爲現象層單一宮位，第二層是空間層宮位＋宮位，第三層爲時空層宮位＋宮位＋時間。完全可以提升算命的技巧，讓算運的學問成爲二十一世紀之主流。

●飛星四化之定義：

▼任何一個宮位飛出四化星到其他十一宮位謂之飛星四化。

▼例如：命宮飛出四化星到夫妻宮。

▼例如：財帛宮飛出四化星到官祿宮。

●飛星四化之依據：

▼先依據十二宮位本身之宮位天干，再飛出四化星到其他十一宮位。

▼例如：財帛宮甲天干飛出四化星祿權科忌到官祿宮。

●飛星四化之空間：

▼從甲宮位到乙宮位則形成兩個宮位的關係，稱之空間。

▼從丙宮位到丁宮位則形成兩個宮位的關係，稱之空間。

● 飛星四化之解釋：

▼從命宮飛出四化星到夫妻宮則形成兩宮位的關係，可以合起來解釋。

▼表示 命＋夫＝結婚命。

● 命宮實例：

▼命宮飛出祿星到夫妻宮。

▼命宮飛出權星到財帛宮。

▼命宮飛出科星到奴僕宮。

▼命宮飛出忌星到兄弟宮。

● 命盤分析：

▼先論第一層的存在，再論第二層的內容。

第一層論存在：

▼命宮飛出M質到夫妻宮，表示命中會結婚。

▼命宮飛出M質到財帛宮，表示命中財庫滿滿的人。

▼命宮飛出M質到奴僕宮，表示命中靠朋友賺錢的人。

▼命宮飛出M質到兄弟宮，表示命中有兄弟姊妹。

第二層論內容：

▼命宮飛出祿星到夫妻宮，表示結婚對象是生意人。

▼命宮飛出權星到財帛宮，表示靠專業才能賺大錢。

▼命宮飛出科星到奴僕宮，表示用心交往的朋友才能幫助你賺錢。

▼命宮飛出忌星到兄弟宮，表示兄弟姊妹間是互相欠債。

▼當然，可以再論第三層、第四層……一層又一層往下追問下去。

●算命技巧：

1.論存在時：祿＝權＝科＝忌。

例如：事業宮有M質

▼表示命中的事業有成就條件，不論它是祿星、權星、科星、忌星皆有成功的條件。

2.論內容時：祿≠權≠科≠忌。

例如：事業宮有M質時

▼表示成就的方法皆不同。

▼祿星表示賺錢的方式，必須依靠多元化的經營，事業才能成就。

▼權星表示賺錢的方式，必須依靠專業、專技的方式，事業才能成就。

▼科星表示賺錢的方式，必須依靠名聲、口碑、特色的方式，事業才能成就。

▼忌星表示賺錢的方式，必須依靠勞心勞碌、事必躬親的方式，事業才能成就。

（二）空間形成實例

空間的形成，簡單的說就是兩個宮位一起解釋的立體現象。我們以紫微斗數的五種分類，分析其中有何不同之處。一、以生年四化的角度，乃本命命盤與大限命盤重疊的立體現象；二、以自化的角度，乃兩個宮位合起來解釋的立體現象；三、以星辰的角度，還沒有學者把星辰的立體現象說清楚；四、以宗教的角度，也沒有宗教人士把人事物的立體現象預測分析；五、以飛星四化的角度，乃發射宮位與接收宮位之兩個宮位一起解釋的立體現象。現就何謂立體現象分析如下：

▼命宮飛四化（祿、權、科、忌）入子女宮，解釋：先天有子女命。

▼命宮飛四化（祿、權、科、忌）入夫妻宮，解釋：先天結婚的命。

▼命宮飛四化（祿、權、科、忌）入財帛宮，解釋：財源滾滾的命。

▼命宮飛四化（祿、權、科、忌）入奴僕宮，解釋：靠朋友賺錢命。

▼命宮飛四化（祿、權、科、忌）入官祿宮，解釋：先天成就的命。

次頁將說明命宮飛四化至其它十一宮的狀況。

●命宮飛四化到其他十一宮位

為什麼只有十一宮位？因為，加發射的宮位就有十二宮位。

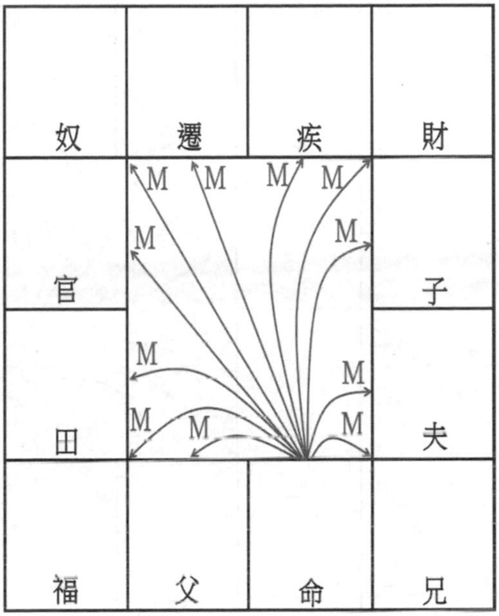

上圖是由命宮飛出之飛星四化。
命宮飛M質入兄弟宮。
命宮飛M質入夫妻宮。
命宮飛M質入子女宮。
命宮飛M質入財帛宮。
命宮飛M質入疾厄宮。
命宮飛M質入遷移宮。
命宮飛M質入奴僕宮。
命宮飛M質入官祿宮。
命宮飛M質入田宅宮。
命宮飛M質入福德宮。
命宮飛M質入父母宮。

● **夫妻宮飛四化到其他十一宮位**

爲什麼只有十一宮位，因爲，加發射的宮位就有十二宮位。

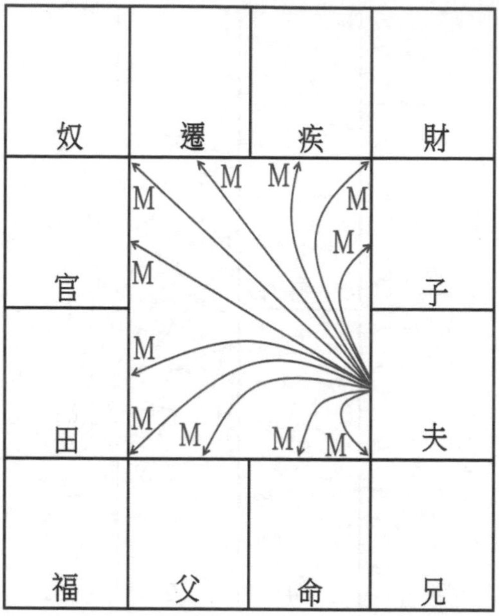

上圖是由夫妻宮飛出之飛星四化。
夫妻宮飛M質入命宮。
夫妻宮飛M質入兄弟宮。
夫妻宮飛M質入子女宮。
夫妻宮飛M質入財帛宮。
夫妻宮飛M質入疾厄宮。
夫妻宮飛M質入遷移宮。
夫妻宮飛M質入奴僕宮。
夫妻宮飛M質入官祿宮。
夫妻宮飛M質入田宅宮。
夫妻宮飛M質入福德宮。
夫妻宮飛M質入父母宮。

● 宮位 飛四化的範例

▼命盤實例：男命，庚子年生

▼祿星、科星A．C在財帛宮，權星B在疾厄宮，忌星D在遷移宮。

▼此為正常的命盤。

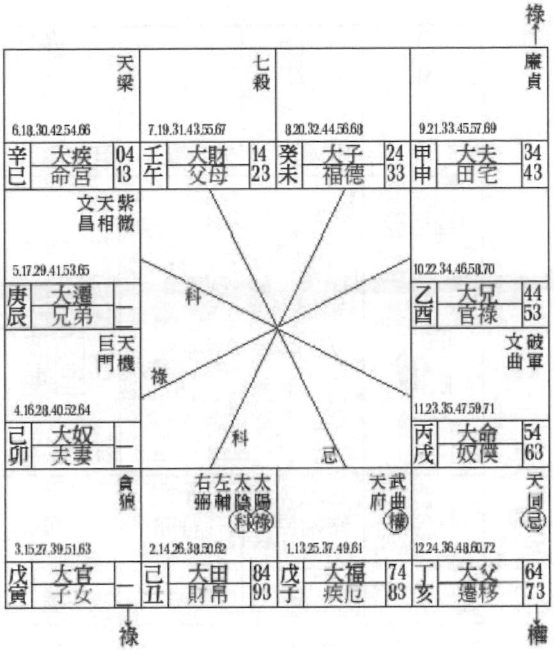

這是簡易的命盤。

祿星、科星A、C在財帛宮，權星B在疾厄宮，忌星D在遷移宮。

簡易命盤圖：男命，庚子年生。

由本命命宮飛四化到其他宮位。

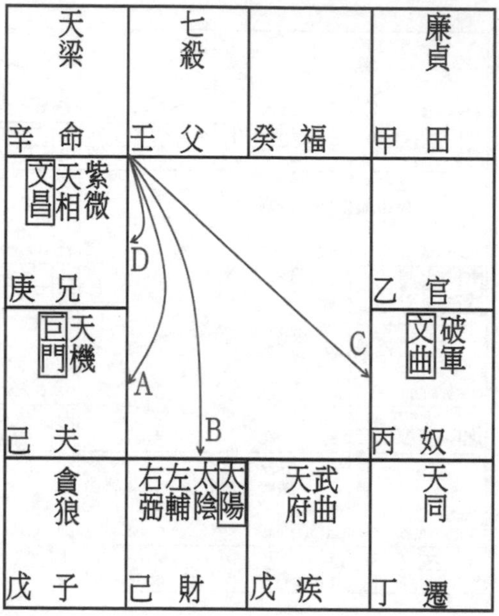

由本命命宮之宮位天干辛，飛四化到其他宮位。

命宮飛祿星A入夫妻宮。

命宮飛權星B入財帛宮。

命宮飛科星C入奴僕宮。

命宮飛忌星D入兄弟宮。

(三)六親形成實例

六親宮包括命宮、兄弟宮、夫妻宮、子女宮、奴僕宮、父母宮等六個宮位，這是大部分傳統派不知道的常識，六親宮的重點在敘述六親之間的天命因緣與六親間之利害關係或六親間之三世因緣與七世因果；天命因緣與利害關係可以直接由飛星四化的公式求出來，三世因緣與七世因果可以由左右昌曲＋飛星四化＋生年四化的公式求出來。

傳統派算命時，總是喜歡告訴問命者：你六親無緣，這是完全不知道六親是什麼的說詞，六親包含了所有人，一個人怎麼會與全世界的人無緣呢？論述六親無緣也是最不負責任的說詞，因為，我只要詢問四次話，95％的人一定會落入我的陷阱中。

祖父母還在嗎？——30歲以上的人，80％以上祖父母一定有一人不在了。

跟父母同住嗎？——25歲以上的人，80％以上沒有跟父或母同住。

跟家人合得來嗎？——25歲以上的人，80％以上一定會跟家中某一個人不合。

曾被朋友出賣嗎？——25歲以上的人，80％以上朋友不多或已被朋友出賣了。

以下是從父母宮、夫妻宮、子女宮三者和命宮之間的飛星四化來解釋六親關係。

● 六親的對待關係一

▼論述命宮與父母宮兩個宮位間的事情。

▼我與父母間的對待關係。

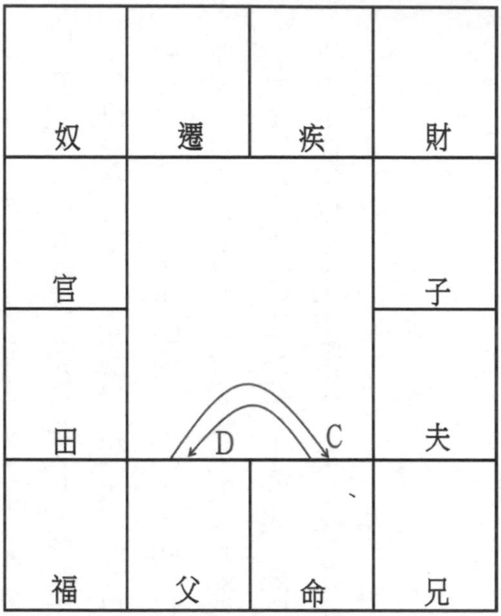

▼第一層的飛星四化。

1.命宮化忌星D入父母宮，父母宮化科C入命宮。

2.命宮化忌星D入父母宮：

解釋：我對父母不滿或嫌他們囉嗦。

父母宮化科星C入命宮：

解釋：父母照顧我無微不至。

3.綜合解釋：父母對我好，我嫌他們囉嗦。

●六親的對待關係二

▼論述命宮與夫妻宮兩個宮位間的事情。

▼我與配偶間的對待關係。

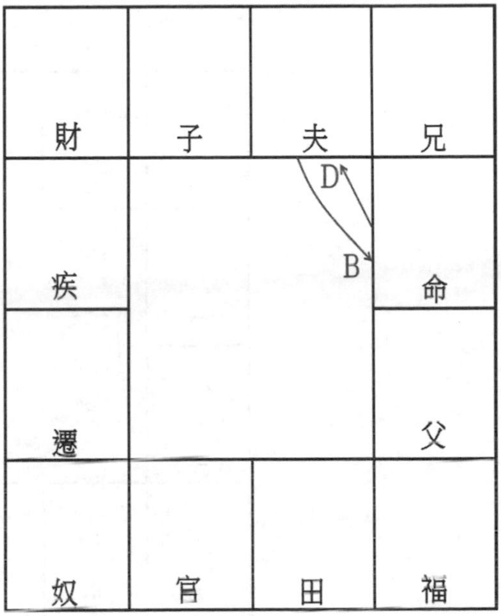

▼第一層的飛星四化。

1.命宮化忌星D入夫妻宮，夫妻宮化權B入命宮。

2.命宮化忌星D入夫妻宮：

解釋：我對配偶囉嗦、碎碎念。

夫妻宮化權星B入命宮：

解釋：他對我反擊、攻擊我。

3.綜合解釋：我對配偶囉嗦，他會反擊我，叫我閉嘴。

● 六親的對待關係三

▼論述命宮與子女宮兩個宮位間的事情。

▼我與子女間的對待關係。

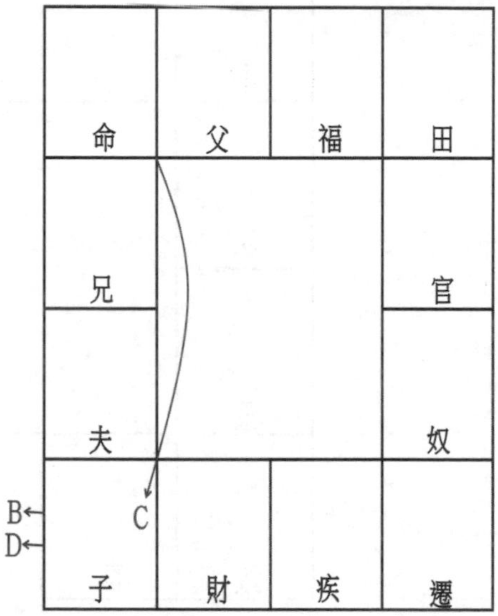

● 第一層的飛星四化。

1. 命宮化科星C入子女宮，子女宮自化權星B、自化忌星D。

2. 命宮化科星C入子女宮：

解釋：我愛子女，無微不至的照顧他。

子女宮自化權星B：

解釋：我對子女很好，但子女不甩我。

子女宮自化忌星D：

解釋：我對子女很好，但子女不領情。

3. 綜合解釋：我對子女很好，但她不領情，也不甩我。

三、飛星四化之立體世界

一個宮位飛出四化到其他宮位謂之飛星四化，第一層爲本命命盤，稱之爲算命，第二層爲大限命盤，稱之爲算運，第三層爲流年命盤，稱之爲算流年。飛星四化重疊兩個宮位者謂之立體世界，立體世界分兩宮位重疊、四宮位重疊、六宮位重疊、八宮位重疊……等，算命功夫的高低，從老師一次可以分析幾種命盤或一次可以分析幾層問題中看出端倪。

● **本命命盤：**

▼由本命命盤互飛之飛星四化，由兩個宮位所組成，謂之算命。

▼進階版本命＋大限兩宮位形成相同現象，謂之算運。

● **大限命盤：**

▼由大限命盤與本命命盤形成體與用之相同現象，謂之算運。

▼進階版本命＋大限＋流年三宮位形成了相同現象，謂之算流年。

● **流年命盤：**

▼由流年命盤互飛之飛星四化，由兩宮宮位所組成，謂之亂算。。

▼進階版本命＋大限＋流年＋流月四個宮位形成了相同現象，謂之算流月。

● **流月命盤：**

▼由流月命盤互飛之飛星四化，由兩宮宮位所組成，謂之亂算。

▼進階版本命＋大限＋流年＋流月＋流日五個宮位形成了相同現象，謂之算流日。

●第一層：本命命盤

▼此為正常命盤或標準命盤。

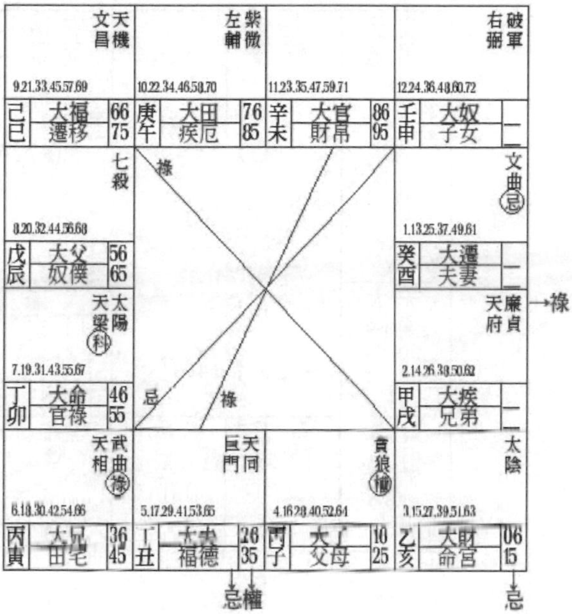

▼第一層命盤：本命命盤稱之為命。

▼簡易命盤：重點在觀看生年四化所在的位置。

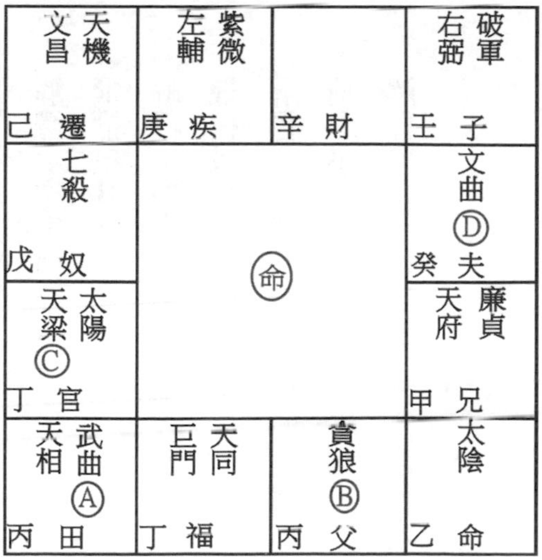

▼第一層命盤：本命之飛星四化。

▼命宮四化：由命宮之宮位天干乙所飛出之四化到其他宮位謂之。

▼自化：因命宮忌星飛不出去，自飛謂之自化。

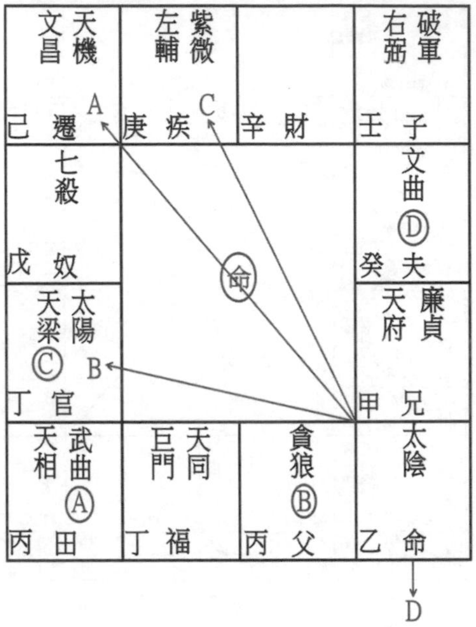

1.命宮四化是本命命盤之一。

2.命宮四化：由命宮之乙天干飛出四化

飛祿星A到遷移宮。

飛權星B到官祿宮。

飛科星C到疾厄宮。

飛忌星D自飛到命宮。

3.飛祿星A到遷移宮。

解釋：命中出外命。

飛權星B到官祿宮。

解釋：命中的事業會成就。

飛科星C到疾厄宮。

解釋：命中是勞心勞碌的人。

飛忌星D自飛到命宮。

解釋：命中會結婚。因法象在夫妻宮。

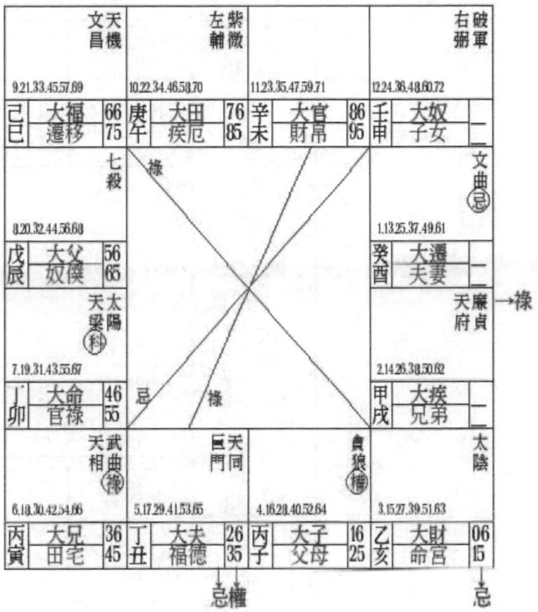

● 第二層命盤：大限命盤

▼此爲正常命盤或標準命盤。

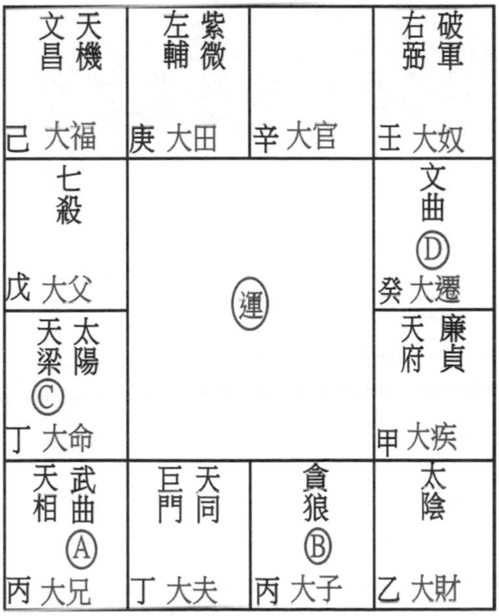

▼第二層命盤：大限命盤稱之爲運。

▼簡易命盤：十二宮位都會多一個大字，例如大命、大兄、大夫……。

▼第二層命盤：稱大限命盤或大命命盤。

▼大限命盤：由大命之宮位天干丁飛出之四化到其他宮位謂之。

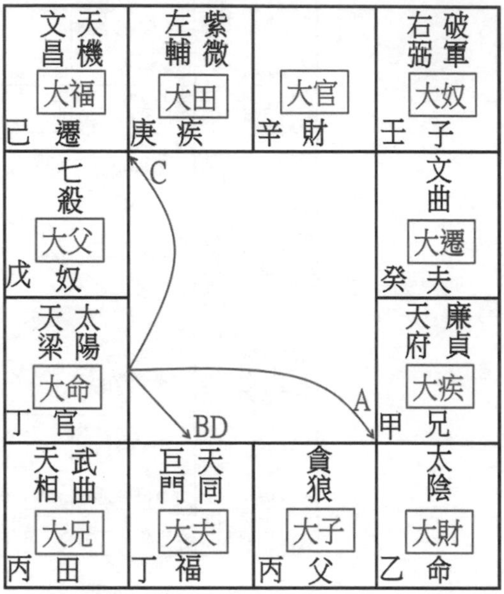

1. 大限命盤之命宮四化。
2. 大限命宮：由大命之丁天干飛出四化

飛祿星A到大財。

飛權星B到大夫。

飛科星C到大福。

飛忌星D到大夫。

3. 飛祿星A到大財。

解釋：此大命是賺錢的好時機。

飛權星B到大夫。

解釋：此大命有人生第二次正緣。

飛科星C到大福。

解釋：此大命可以做自己想做的事。

飛忌星D到大夫。

解釋：此大命有人生第二次正緣。

● 大限命盤會重疊本命命盤

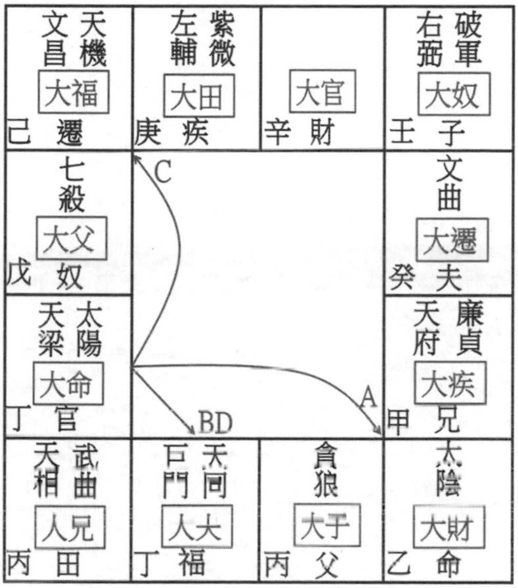

1. 大限命盤之命宮四化。

2. 大限命宮：即由大命之丁天干飛出四化

飛祿星A到大財＋重疊本命。

飛權星B到大夫＋重疊本福。

飛科星C到大福＋重疊本遷。

飛忌星D到大夫＋重疊本福。

3. 飛祿星A到大財＋重疊本命。

解釋：此大命確定是賺錢好時機。

飛權星B到大夫＋重疊本福。

解釋：此大命會遇到喜歡的緣分。

飛科星C到大福＋重疊本遷。

解釋：此大命出外可以做喜歡的事。

飛忌星D到大夫＋重疊木福。

解釋：此大命會遇到喜歡的緣分。

伍、飛星四化「基礎篇」

飛星四化的發明讓命理學進入了立體的世界，讓命理老師進入第二層的算命，讓算命可以看到求助者想問的所有事，這是九成以上傳統命理老師不知道的事。傳統命理學最難突破的是對兩件事、兩個人或兩間房子的比較，例如：比較好壞有何不同？比較時間長短如何？比較搬家後會發生什麼事？比較……等等任何方向的區別。飛星四化迷人魅力只有認識它的人才會知道，讓算命可以盡情的發揮；飛星之美只有華山派家族才會知道，讓算運進入現象、時間、吉凶、內容、影響、改運、轉運、宗教等八種的科學領域。

飛星四化是兩個宮位的關係，加上大限命盤就會形成四個宮位的關係，再加上流年命盤更形成六個宮位的關係。這就是空間學的由來。例如命宮的11種現象與其他宮位連結在一起解釋就形成空間學，這是立體化的現象學；也就是命宮的任何一種現象都可以跟其他宮位的任何一種現象合起來單獨解釋。而其他宮位也可以互相交叉解釋現象。例如命宮的11種現象＋官祿宮的12種現象合起來解釋就會形成兩種現象所產生的空間學。

飛星四化之應用讓命理學由單一命盤提升到雙象命盤、四象命盤、六象命盤、八象命盤……等等無限延生的立體世界；讓人、事、物的解釋更加完整，其範圍更包涵了所有現實中發生的每一事件；讓算命可以看圖說故事，可以選擇上天安排的人生故事或自己選擇的人生故事；讓同一時間的算命可以有不同吉的方向選擇，選擇的重點是選擇準備好的事情上，而不是選擇現在最有利益的事情，但自己卻還沒準備好。所以，飛星之美乃在於可以洞悉個人人事物未來之結果，在於掌握一層又一層的前因後果，在於任何事件都逃不出飛星四化的手掌心。現就飛星四化之基本概念分析如下：

● **命宮：**

1. 在人：一本性、二喜好、三才華、四姻緣、五內心世界眞我。
2. 在事：六命中優勢、七成功個性、八先天官祿宮的條件。
3. 在物：九意外、十情緣、十一所有人、事、物有關的定數。

● **官祿宮：**

1. 在人：一本性、二同事、三情緣、四先天優勢的條件。
2. 在事：五工作、六事業、七職業、八先天成功的條件。
3. 在物：九功名、十考試、十一學校、十二先天富貴的條件。

● **實例：**

1. 命宮在事六命中優勢飛任何四化星祿權科忌入官祿宮在事六事業。
解釋：此人命中的優勢在事業，在事業上的發展可以事半功倍。
2. 官祿宮在人一本性飛任何四化星祿權科忌入命宮在事七成功個性。
解釋：此人本性在事業上很想出人頭地，也有大成就的條件。

總之，命理學本來就是一門科學的知識，透過飛星四化的分析可以讓現代人更清楚祂的公式系統，這是一層又一層的公式組合，完全沒有任何神秘的色彩。華山派以正統命理學自居，命理學由一層又一層公式所組合，算運乃深究前因後果與來龍去脈之功夫。

一、十二宮位之基本內涵

●命宮代表意義—

1.在人：本性、喜好、才華、姻緣、內心世界真我。
2.在事：命中優勢、成功個性、先天官祿宮的條件。
3.在物：意外、情緣、所有人、事、物有關的定數。

●兄弟宮代表意義—

1.在人：兄弟、姊妹、母親、朋友、衆生、姻緣。
2.在事：出外、驛馬、出差、傳銷、業務、外務。
3.在物：人脈、公關、合作、加盟、保險、傳銷。

●夫妻宮代表意義—

1.在人：同居、配偶、異性緣、緣分的對待關係。
2.在事：共業、格局、事業、先天事業生滅關係。

3.在物：感情的關係、婚姻的條件、相處的對待。

●**子女宮代表意義**——

1.在人：子女、桃花、學生、意外、員工、姻緣。
2.在事：出外、驛馬、出差、傳銷、業務、外務。
3.在物：人脈、公關、合夥、合作、加盟、乾股。

●**財帛宮代表意義**——

1.在人：本性、人緣、對象、姻緣、配偶。
2.在事：上班、事業、創業、才華、專業。
3.在物：獨資、投資、投機、理財、財運。

●**疾厄宮代表意義**——

1.在人：思維、脾氣、疾病、個人喜好。
2.在事：勞力、勞碌、勞心、事必躬親。
3.在物：災厄、意外、健康、美容養身。

●**遷移宮代表意義**——

1.在人：個性、姻緣、老運、外人對我的觀感。

2.在事：驛馬、業務、外務、包裝自己或產品。
3.在物：留學、出國、移民、出外的一切因緣。

●奴僕宮代表意義—

1.在人：朋友、部屬、同事、員工、過客緣分。
2.在事：異性緣、衆生情、朋友義、人際關係。
3.在物：人脈、傳銷、業務、外務、依靠關係。

●官祿宮代表意義—

1.在人：本性、同事、情緣、先天優勢的條件。
2.在事：工作、事業、職業、先天成功的條件。
3.在物：功名、考試、學校、先天富貴的條件。

●田宅宮代表意義—

1.在人：家族、親戚、小家庭、家族企業的格局。
2.在事：搬家、意外、店面、工廠、事業的格局。
3.在物：家業、祖業、繼承、先天不動產的格局。

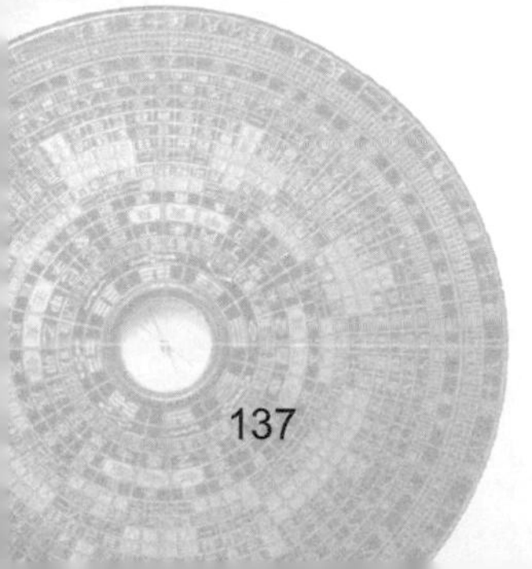

●福德宮代表意義——

1.在人：貴人、公媽、祖蔭、積善人家的福報位。
2.在事：嗜好、興趣、貴人、利害關係的應酬位。
3.在物：家業、祖業、繼承、宗教角度的因果位。

●父母宮代表意義——

1.在人：父母、長輩、上司、貴人、老闆、神明。
2.在事：升官、創業、考試、公家、學校、銀行。
3.在物：讀書、技能、合作、加盟、客源、上游。

二、飛星四化飛入十二宮位

上一章提及算命的空間學，飛星四化入十二宮位的現象便是可以看出一個人命運的格局。以下就十二宮的基本意義，兩個宮位合起來解釋，就能知道命中註定的事情。

（一）命宮的飛星四化

●命宮與兄弟宮的現象：

▼命宮

1.在人：一本性、二喜好、三才華、四姻緣、五內心世界眞我。

2.在事：一命中優勢、二成功個性、三先天官祿宮的條件。

3.在物：一意外、二情緣、三所有人、事、物有關的定數。

▼兄弟宮

1.在人：一兄弟、二姊妹、三母親、四朋友、五衆生、六姻緣。

2.在事：一出外、二驛馬、三出差、四傳銷、五業務、六外務。

3.在物：一人脈、二公關、三合作、四加盟、五保險、六傳銷。

●命宮飛四化到其它十一宮位

1.命宮飛M質到兄弟宮。　2.命宮飛M質到夫妻宮。　3.命宮飛M質到子女宮。

4.命宮飛M質到財帛宮。　5.命宮飛M質到疾厄宮。　6.命宮飛M質到遷移宮。

7.命宮飛M質到奴僕宮。　8.命宮飛M質到官祿宮。　9.命宮飛M質到田宅宮。

10.命宮飛M質到福德宮。　11.命宮飛M質到父母宮。

●命宮與兄弟宮的關係

1.命宮＋兄弟宮＝解釋兩個宮位合起來的現象。

2.命宮之人事物可以與兄弟宮之人事物交叉解釋。

3.如命宮在人之一本性可與兄弟宮在人或在事或在物之任何現象合起來解釋。

如命宮在事之二成功個性可與兄弟宮在人或在事或在物之任何現象合起來解釋。

如命宮在物之二情緣可與兄弟宮在人或在事或在物之任何現象合起來解釋。

4. 如兄弟宮在人之一兄弟可與命宮在人或在事或在物之任何現象合起來解釋。
如兄弟宮在事之二驛馬可與命宮在人或在事或在物之任何現象合起來解釋。
如兄弟宮在物之三合作可與命宮在人或在事或在物之任何現象合起來解釋。

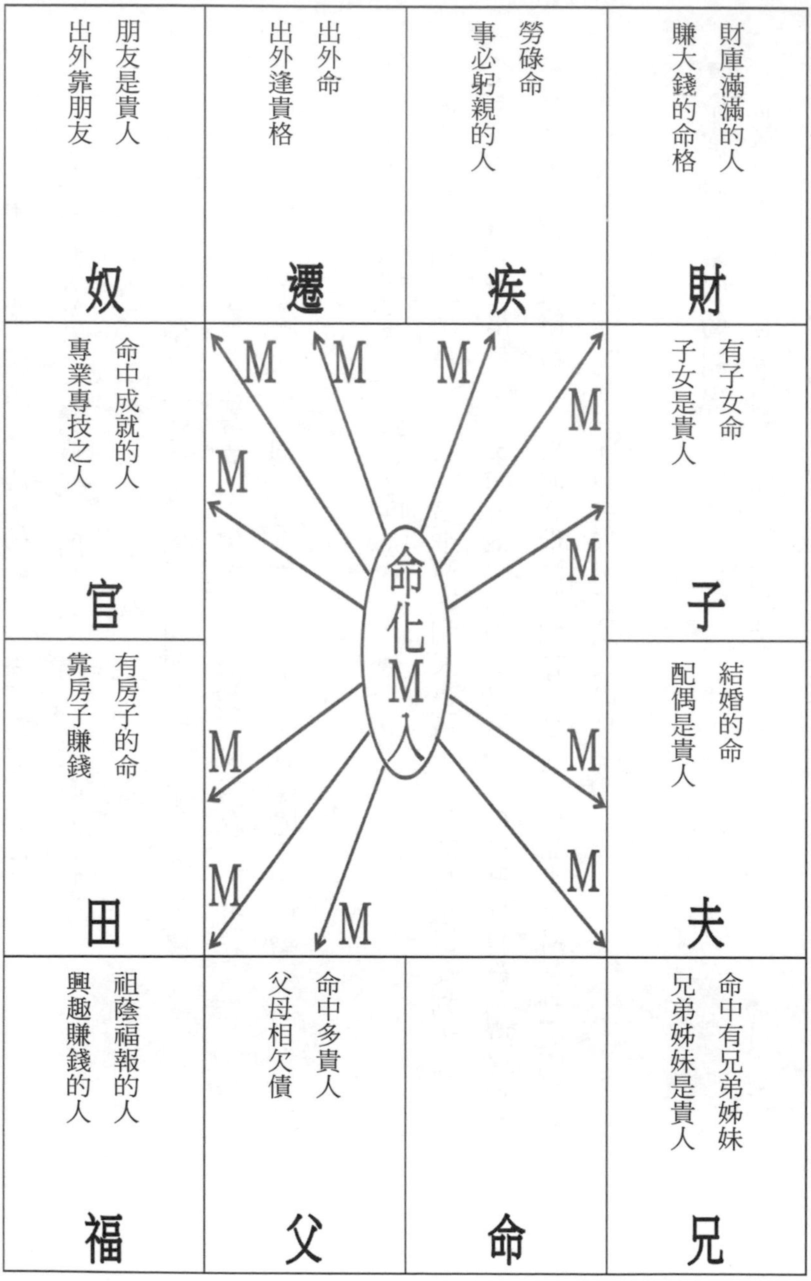

(二) 兄弟宮的飛星四化

● 兄弟宮與命宮的現象

▼兄弟宮

1.在人：一兄弟、二姊妹、三母親、四朋友、五眾生、六姻緣。
2.在事：七出外、八驛馬、九出差、十傳銷、十一業務、十二外務。
3.在物：十三人脈、十四公關、十五合作、十六加盟、十七保險、十八傳銷。

▼命宮

1.在人：一本性、二喜好、三才華、四姻緣、五內心世界眞我。
2.在事：六命中優勢、七成功個性、八先天官祿宮的條件。
3.在物：九意外、十情緣、十一所有人、事、物有關的定數。

● 兄弟宮飛四化到其它十一宮位

1.兄弟宮飛M質到命宮。
2.兄弟宮飛M質到夫妻宮。
3.兄弟宮飛M質到子女宮。
4.兄弟宮飛M質到財帛宮。
5.兄弟宮飛M質到疾厄宮。
6.兄弟宮飛M質到遷移宮。
7.兄弟宮飛M質到奴僕宮。
8.兄弟宮飛M質到官祿宮。
9.兄弟宮飛M質到田宅宮。
10.兄弟宮飛M質到福德宮。
11.兄弟宮飛M質到父母宮。

●兄弟宮與命宮的關係

1. 兄弟宮＋命宮＝解釋兩個宮位合起來的現象。
2. 兄弟宮之人事物可以與命宮之人事物交叉解釋。
3. 如兄弟宮在人之一兄弟可與命宮在人或在事或在物之任何現象合起來解釋。
如兄弟宮在事之八驛馬可與命宮在人或在事或在物之任何現象合起來解釋。
如兄弟宮在物之十五合作可與命宮宮在人或在事或在物之任何現象合起來解釋。
4. 如命宮在人之一本性可與兄弟宮在人或在事或在物之任何現象合起來解釋。
如命宮在事之七成功個性可與兄弟宮在人或在事或在物之任何現象合起來解釋。
如命宮在物之十情緣可與兄弟宮在人或在事或在物之任何現象合起來解釋。

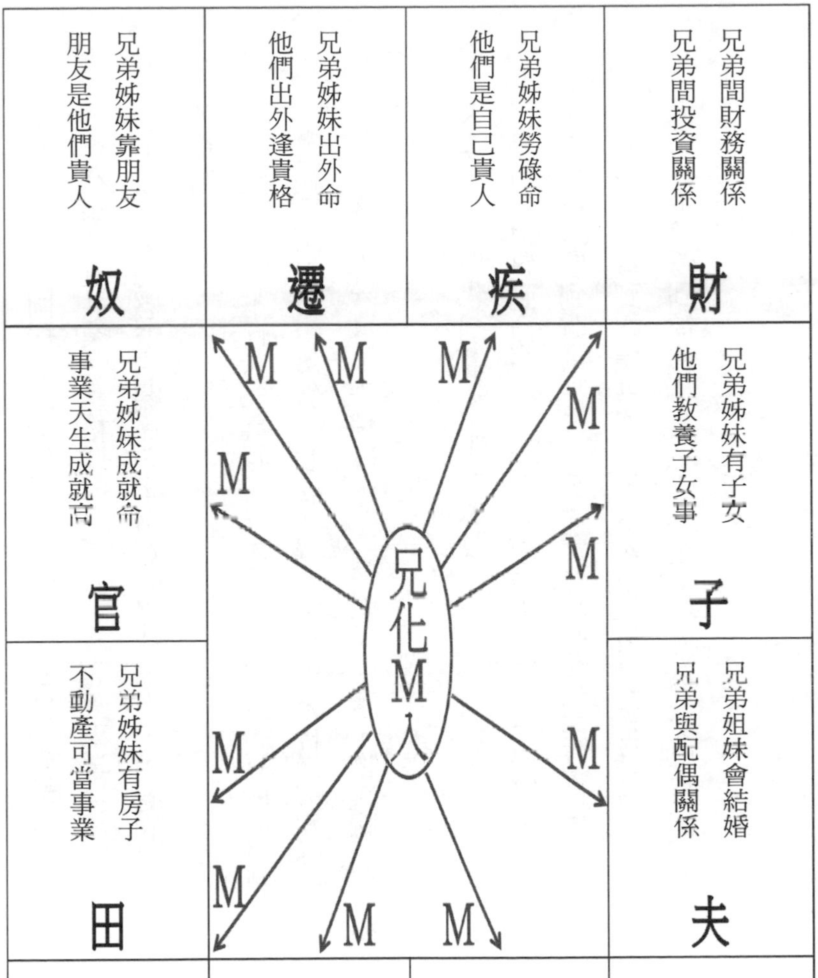
兄弟姊妹靠朋友
朋友是他們貴人
奴
兄弟姊妹出外命
他們出外逢貴格
遷
兄弟姊妹勞碌命
他們是自己貴人
疾
兄弟間財務關係
兄弟間投資關係
財
兄弟姊妹成就命
事業天生成就高
官
兄化M入
M
兄弟姊妹有子女
他們教養子女事
子
兄弟姊妹有房子
不動產可當事業
田
兄弟姐妹會結婚
兄弟與配偶關係
夫
兄弟姊妹多貴人
兄弟姊妹有福報
福
兄弟姊妹有貴人
兄弟姊妹老闆命
父
命中有兄弟姊妹
兄弟姊妹間關係
命
兄

(三) 夫妻宮的飛星四化

●夫妻宮與命宮的現象

▼夫妻宮：

1.在人：一同居、二配偶、三異性緣、四緣分的對待關係。
2.在事：五共業、六格局、七事業、八先天事業生滅關係。
3.在物：九感情的關係、十婚姻的條件、十一相處的對待。

▼命宮：

1.在人：一本性、二喜好、三才華、四姻緣、五內心世界眞我。
2.在事：六命中優勢、七成功個性、八先天官祿宮的條件。
3.在物：九意外、十情緣、十一所有人、事、物有關的定數。

●夫妻宮飛四化到其它十一宮位

1.夫妻宮飛M質到命宮。
2.夫妻宮飛M質到兄弟宮。
3.夫妻宮飛M質到子女宮。
4.夫妻宮飛M質到財帛宮。
5.夫妻宮飛M質到疾厄宮。
6.夫妻宮飛M質到遷移宮。
7.夫妻宮飛M質到奴僕宮。
8.夫妻宮飛M質到官祿宮。
9.夫妻宮飛M質到田宅宮。
10.夫妻宮飛M質到福德宮。
11.夫妻宮飛M質到父母宮。

● 夫妻宮與命宮的關係

1. 夫妻宮＋命宮=解釋兩個宮位合起來的現象。
2. 夫妻宮之人事物可以與命宮之人事物交叉解釋。
3. 如夫妻宮在人之一同居可與命宮在人或在事或在物之任何現象合起來解釋。
如夫妻宮在事之六格局可與命宮在人或在事或在物之任何現象合起來解釋。
如夫妻宮在物之十一相處的對待可與命宮宮在人或在事或在物之任何現象合起來解釋。
4. 如命宮在人之一本性可與夫妻宮在人或在事或在物之任何現象合起來解釋。
如命宮在事之七成功個性可與夫妻宮在人或在事或在物之任何現象合起來解釋。
如命宮在物之十情緣可與夫妻宮在人或在事或在物之任何現象合起來解釋。

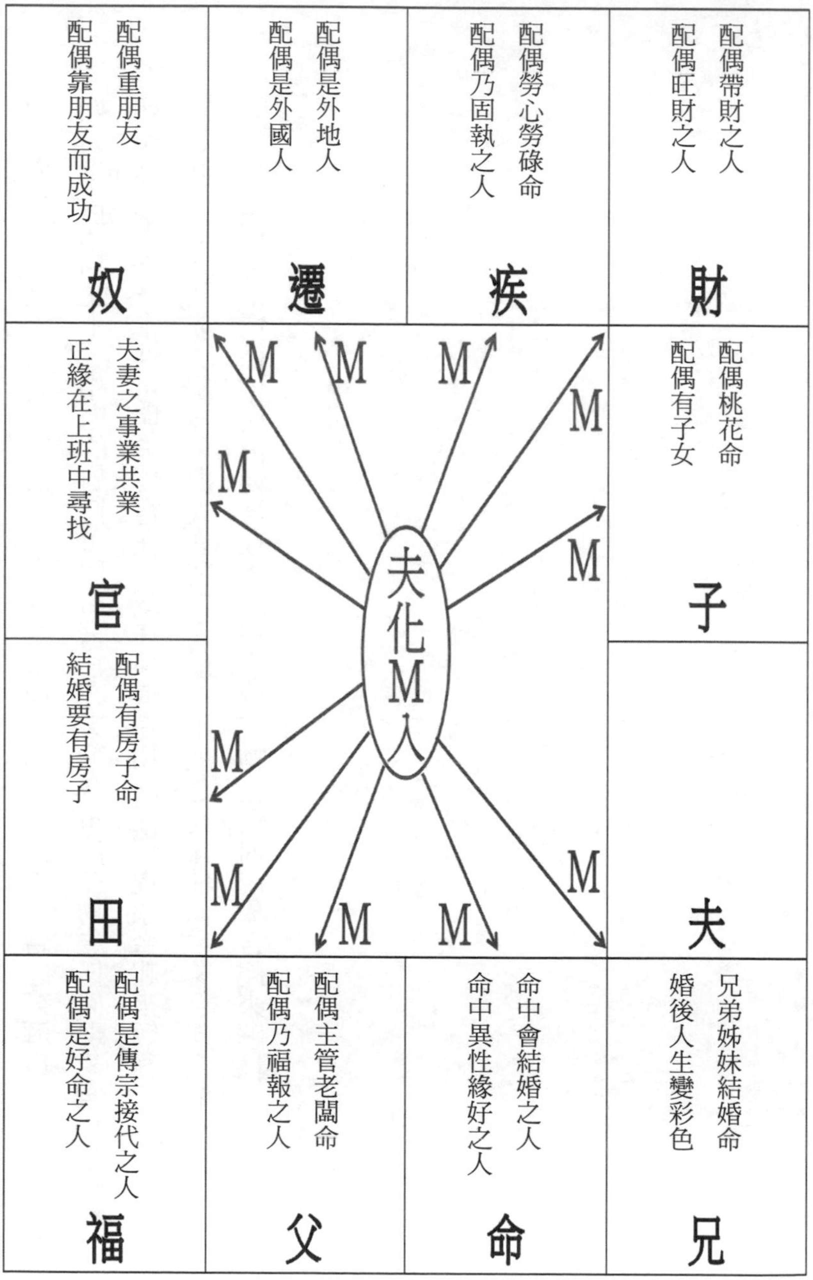

奴
配偶重朋友
配偶靠朋友而成功
遷
配偶是外地人
配偶是外國人
疾
配偶勞心勞碌命
配偶乃固執之人
財
配偶帶財之人
配偶旺財之人
官
夫妻之事業共業
正緣在上班中尋找
子
配偶桃花命
配偶有子女
夫化M入
M
M
M
M
M
M
M
M
M
M
M
田
配偶有房子命
結婚要有房子
夫
福
配偶是傳宗接代之人
配偶是好命之人
父
配偶主管老闆命
配偶乃福報之人
命
命中會結婚之人
命中異性緣好之人
兄
兄弟姊妹結婚命
婚後人生變彩色

（四）子女宮的飛星四化

●子女宮與命宮的現象

▼子女宮

1.在人：一子女、二桃花、三學生、四意外、五桃花、六姻緣。

2.在事：七出外、八驛馬、九出差、十傳銷、十一業務、十二外務。

3.在物：十三人脈、十四公關、十五合夥、十六合作、十七加盟、十八乾股。

▼命宮

1.在人：一本性、二喜好、三才華、四姻緣、五內心世界眞我。

2.在事：六命中優勢、七成功個性、八先天官祿宮的條件。

3.在物：九意外、十情緣、十一所有人、事、物有關的定數。

●子女宮飛四化到其它十一宮位

1.子女宮飛M質到命宮。

2.子女宮飛M質到兄弟宮。

3.子女宮飛M質到夫妻宮。

4.子女宮飛M質到財帛宮。

5.子女宮飛M質到疾厄宮。

6.子女宮飛M質到遷移宮。

7.子女宮飛M質到奴僕宮。

8.子女宮飛M質到官祿宮。

9.子女宮飛M質到田宅宮。

10.子女宮飛M質到福德宮。

11.子女宮飛M質到父母宮。

●子女宮與命宮的關係

1. 子女宮＋命宮＝解釋兩個宮位合起來的現象。
2. 子女宮之人事物可以與命宮之人事物交叉解釋。
3. 如子女宮在人之一子女可與命宮在人或在事或在物之任何現象合起來解釋。
如子女宮在事之八驛馬可與命宮在人或在事或在物之任何現象合起來解釋。
如子女宮在物之十五合夥可與命宮在人或在事或在物之任何現象合起來解釋。
4. 如命宮在人之一本性可與子女宮在人或在事或在物之任何現象合起來解釋。
如命宮在事之七成功個性可與子女宮在人或在事或在物之任何現象合起來解釋。
如命宮在物之十情緣可與子女宮在人或在事或在物之任何現象合起來解釋。

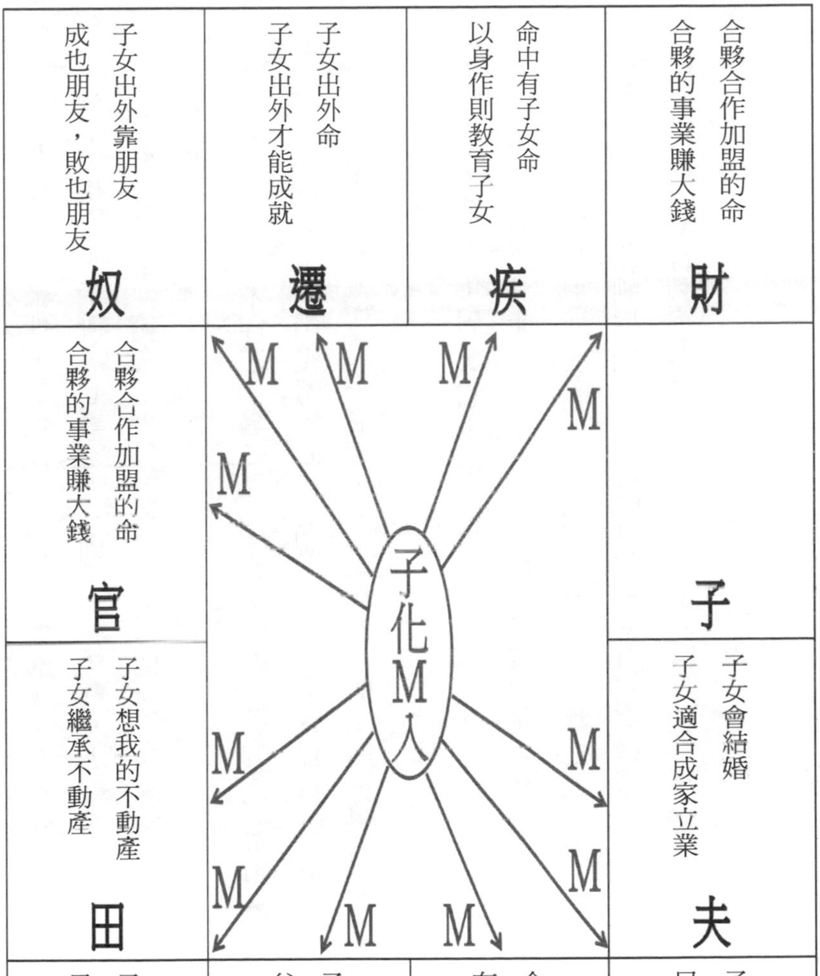
財
合夥合作加盟的命
合夥的事業賺大錢
疾
命中有子女命
以身作則教育子女
遷
子女出外命
子女出外才能成就
奴
子女出外靠朋友
成也朋友，敗也朋友
官
合夥合作加盟的命
合夥的事業賺大錢
子
子化M人
M
田
子女想我的不動產
子女繼承不動產
夫
子女會結婚
子女適合成家立業
福
子女愛享福
子女需要傳宗接代
父
子女要與父母同住
父母是子女的貴人
命
命中有子女命
有子女人生變彩色
兄
子女有兄弟姊妹
兄弟姊妹互為貴人

(五) 財帛宮的飛星四化

● 財帛宮與命宮的現象

▼財帛宮

1.在人：一本性、二人緣、三對象、四姻緣、五配偶。
2.在事：六上班、七事業、八創業、九才華、十專業。
3.在物：十一獨資、十二投資、十三投機、十四理財、十五財運。

▼命宮

1.在人：一本性、二喜好、三才華、四姻緣、五內心世界眞我。
2.在事：六命中優勢、七成功個性、八先天官祿宮的條件。
3.在物：九意外、十情緣、十一所有人、事、物有關的定數。

● 財帛宮飛四化到其它十一宮位

1.財帛宮飛M質到命宮。
2.財帛宮飛M質到兄弟宮。
3.財帛宮飛M質到夫妻宮。
4.財帛宮飛M質到子女宮。
5.財帛宮飛M質到疾厄宮。
6.財帛宮飛M質到遷移宮。
7.財帛宮飛M質到奴僕宮。
8.財帛宮飛M質到官祿宮。
9.財帛宮飛M質到田宅宮。
10.財帛宮飛M質到福德宮。
11.財帛宮飛M質到父母宮。

● 財帛宮與命宮的關係

1. 財帛宮＋命宮=解釋兩個宮位合起來的現象。
2. 財帛宮之人事物可以與命宮之人事物交叉解釋。
3. 如財帛宮在人之一本性可與命宮在人或在事或在物之任何現象合起來解釋。
如財帛宮在事之七事業可與命宮在人或在事或在物之任何現象合起來解釋。
如財帛宮在物之十三投機可與命宮在人或在事或在物之任何現象合起來解釋。
4. 如命宮在人之一本性可與財帛宮在人或在事或在物之任何現象合起來解釋。
如命宮在事之七成功個性可與財帛宮在人或在事或在物之任何現象合起來解釋。
如命宮在物之十情緣可與財帛宮在人或在事或在物之任何現象合起來解釋。

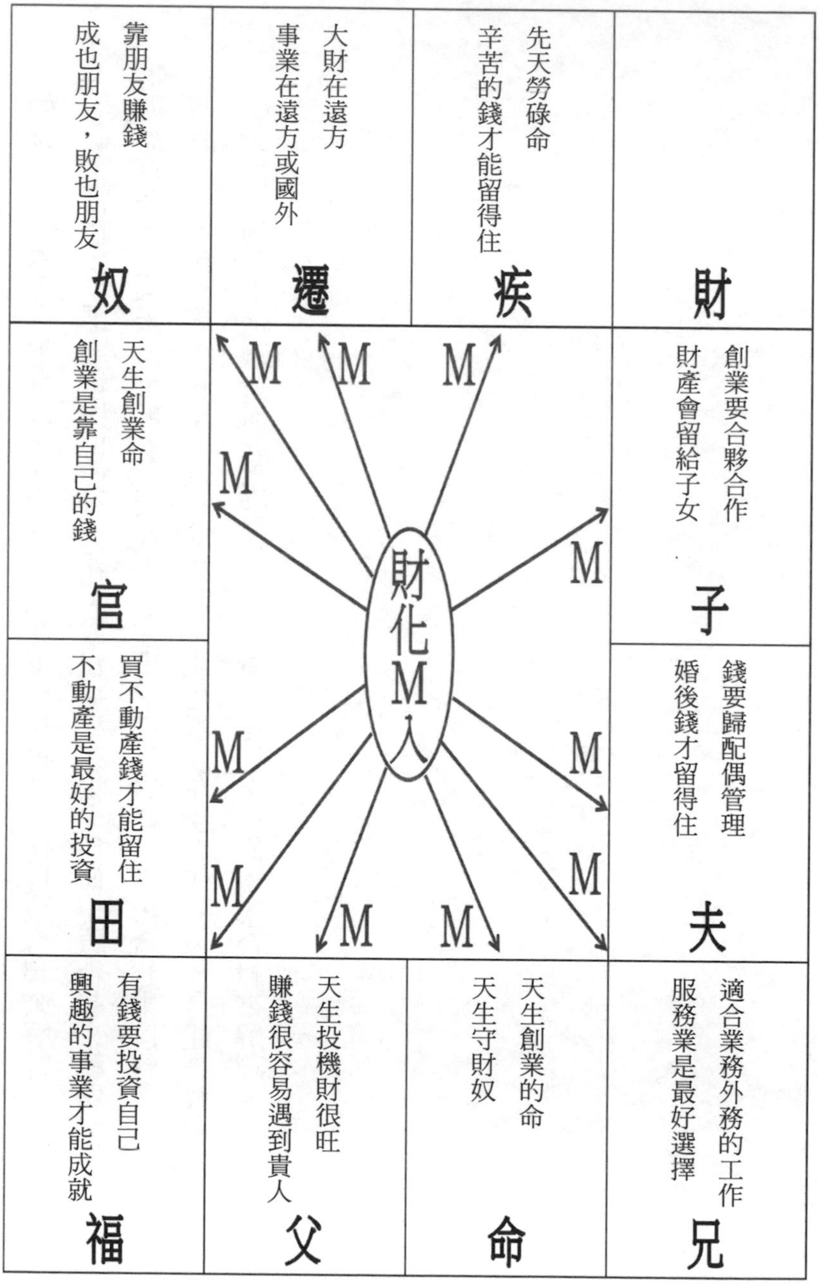
靠朋友賺錢
成也朋友，敗也朋友
奴
大財在遠方
事業在遠方或國外
遷
先天勞碌命
辛苦的錢才能留得住
疾
財
天生創業命
創業是靠自己的錢
官
財化M人
M
創業要合夥合作
財產會留給子女
子
買不動產錢才能留住
不動產是最好的投資
田
錢要歸配偶管理
婚後錢才留得住
夫
有錢要投資自己
興趣的事業才能成就
福
天生投機財很旺
賺錢很容易遇到貴人
父
天生創業的命
天生守財奴
命
適合業務外務的工作
服務業是最好選擇
兄

(六) 疾厄宮的飛星四化

● 疾厄宮與命宮的現象

▼疾厄宮

1.在人：一思維、二脾氣、三疾病、四個人喜好。

2.在事：五勞力、六勞碌、七勞心、八事必躬親。

3.在物：九災厄、十意外、十一健康、十二美容養身。

▼命宮

1.在人：一本性、二喜好、三才華、四姻緣、五內心世界眞我。

2.在事：六命中優勢、七成功個性、八先天官祿宮的條件。

3.在物：九意外、十情緣、十一所有人、事、物有關的定數。

● 疾厄宮飛四化到其它十一宮位

1.疾厄宮飛M質到命宮。

2.疾厄宮飛M質到兄弟宮。

3.疾厄宮飛M質到夫妻宮。

4.疾厄宮飛M質到子女宮。

5.疾厄宮飛M質到財帛宮。

6.疾厄宮飛M質到遷移宮。

7.疾厄宮飛M質到奴僕宮。

8.疾厄宮飛M質到官祿宮。

9.疾厄宮飛M質到田宅宮。

10.疾厄宮飛M質到福德宮。

11.疾厄宮飛M質到父母宮。

●疾厄宮與命宮的關係

1. 疾厄宮＋命宮=解釋兩個宮位合起來的現象。
2. 疾厄宮之人事物可以與命宮之人事物交叉解釋。
3. 如疾厄宮在人之一思維可與命宮在人或在事或在物之任何現象合起來解釋。
如疾厄宮在事之六勞碌可與命宮在人或在事或在物之任何現象合起來解釋。
如疾厄宮在物之十一健康可與命宮在人或在事或在物之任何現象合起來解釋。
4. 如命宮在人之一本性可與疾厄宮在人或在事或在物之任何現象合起來解釋。
如命宮在事之七成功個性可與疾厄宮在人或在事或在物之任何現象合起來解釋。
如命宮在物之十情緣可與疾厄宮在人或在事或在物之任何現象合起來解釋。

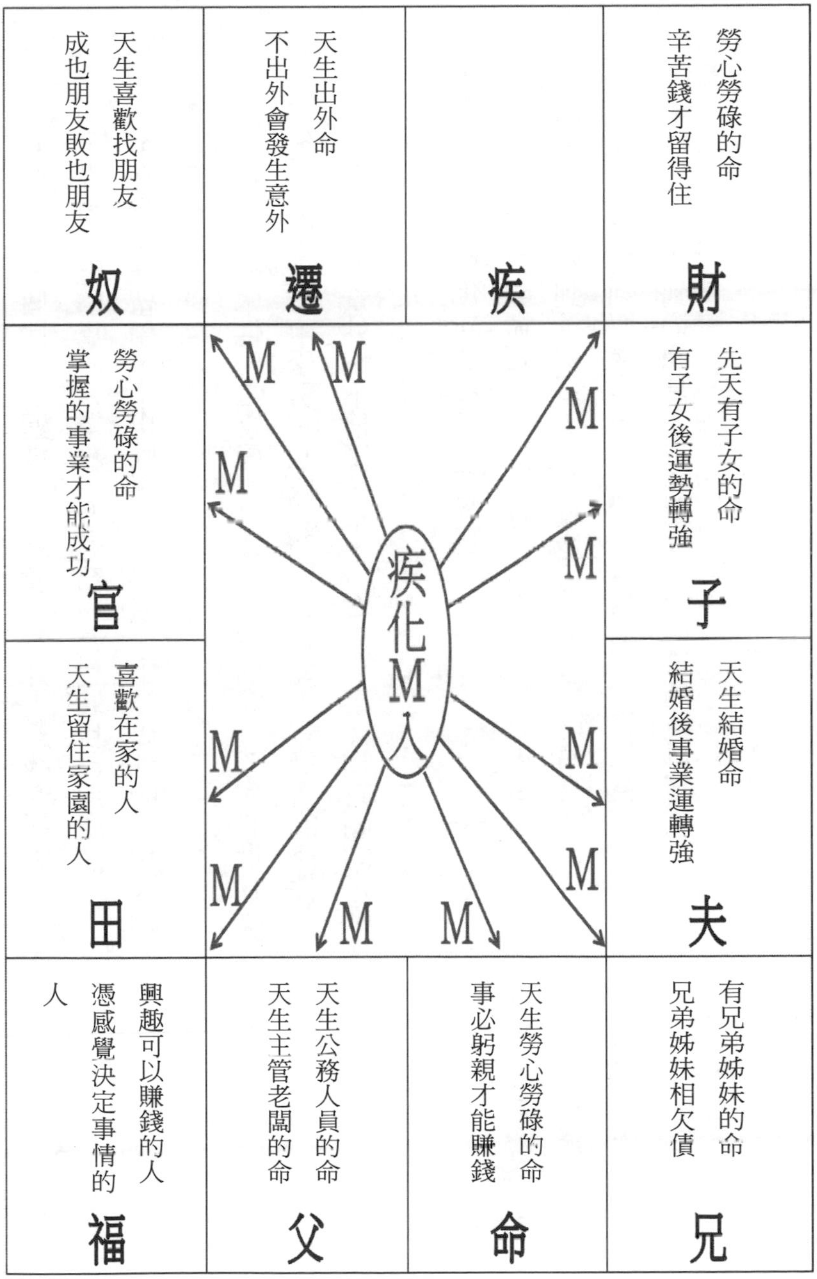
天生喜歡找朋友
成也朋友敗也朋友
奴
天生出外命
不出外會發生意外
遷
疾
勞心勞碌的命
辛苦錢才留得住
財
勞心勞碌的命
掌握的事業才能成功
官
疾化M入
M
先天有子女的命
有子女後運勢轉強
子
喜歡在家的人
天生留住家園的人
田
天生結婚命
結婚後事業運轉強
夫
興趣可以賺錢的人
憑感覺決定事情的
人
福
天生公務人員的命
天生主管老闆的命
父
天生勞心勞碌的命
事必躬親才能賺錢
命
有兄弟姊妹的命
兄弟姊妹相欠債
兄

（七）遷移宮的飛星四化

● 遷移宮與命宮的現象

▼遷移宮

1.在人：一個性、二姻緣、三老運、四外人對我的觀感。

2.在事：五驛馬、六業務、七外務、八包裝自己或產品。

3.在物：九留學、十出國、十一移民、十二出外的一切因緣。

▼命宮

1.在人：一本性、二喜好、三才華、四姻緣、五內心世界眞我。

2.在事：六命中優勢、七成功個性、八先天官祿宮的條件。

3.在物：九意外、十情緣、十一所有人、事、物有關的定數。

● 遷移宮飛四化到其它十一宮位

1.遷移宮飛M質到命宮。
2.遷移宮飛M質到兄弟宮。
3.遷移宮飛M質到夫妻宮。
4.遷移宮飛M質到子女宮。
5.遷移宮飛M質到財帛宮。
6.遷移宮飛M質到疾厄宮。
9.遷移宮飛M質到奴僕宮。
8.遷移宮飛M質到官祿宮。
9.遷移宮飛M質到田宅宮。
10.遷移宮飛M質到福德宮。
11.遷移宮飛M質到父母宮。

● 遷移宮與命宮的關係

1. 遷移宮＋命宮=解釋兩個宮位合起來的現象。
2. 遷移宮之人事物可以與命宮之人事物交叉解釋。
3. 如遷移宮在人之一個性可與命宮在人或在事或在物之任何現象合起來解釋。
   如遷移宮在事之六業務可與命宮在人或在事或在物之任何現象合起來解釋。
   如遷移宮在物之十一移民可與命宮在人或在事或在物之任何現象合起來解釋。
4. 如命宮在人之一本性可與遷移宮在人或在事或在物之任何現象合起來解釋。
   如命宮在事之七成功個性可與遷移宮在人或在事或在物之任何現象合起來解釋。
   如命宮在物之十情緣可與遷移宮在人或在事或在物之任何現象合起來解釋。

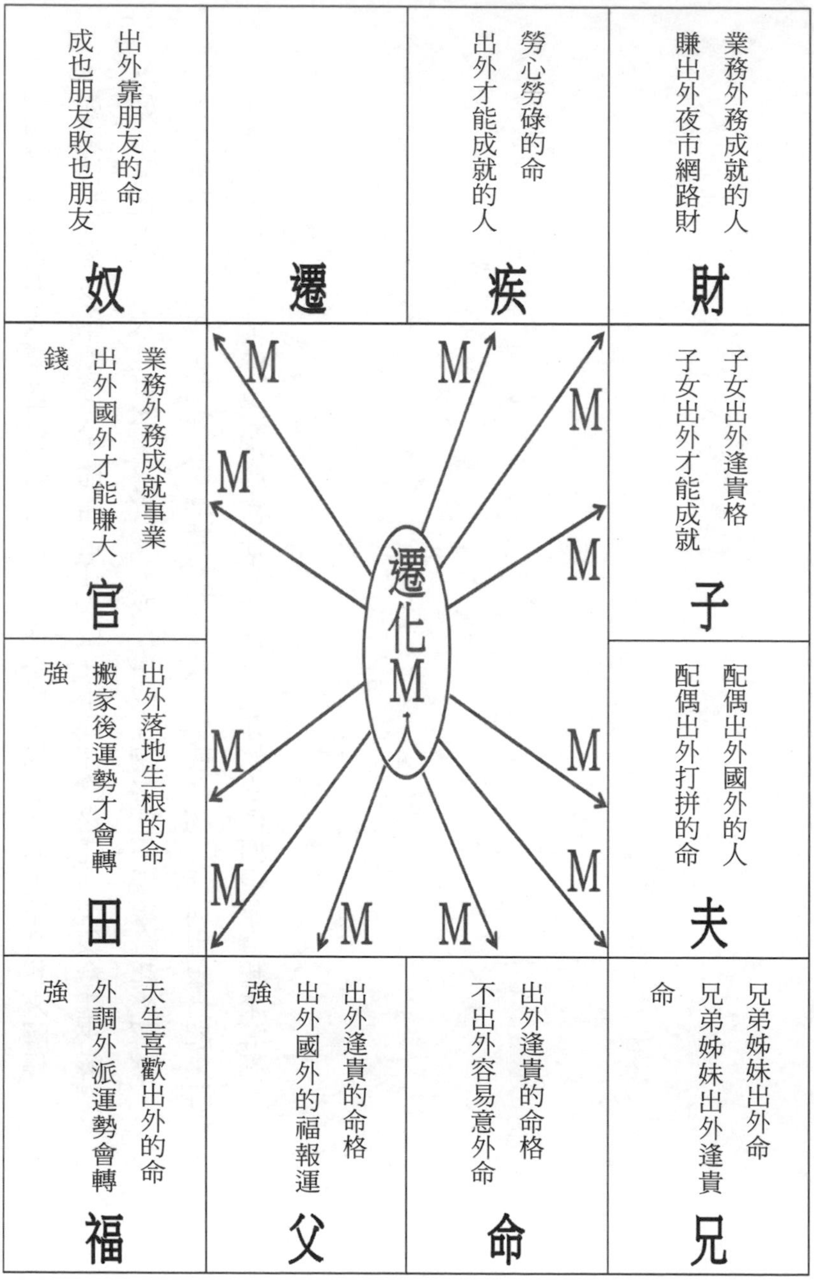
奴
出外靠朋友的命
成也朋友敗也朋友
遷
疾
勞心勞碌的命
出外才能成就的人
財
業務外務成就的人
賺出外夜市網路財
官
業務外務成就事業
出外國外才能賺大錢
子
子女出外逢貴格
子女出外才能成就
遷化M入
M
田
出外落地生根的命
搬家後運勢才會轉強
夫
配偶出外國外的人
配偶出外打拼的命
福
天生喜歡出外的命
外調外派運勢會轉強
父
出外逢貴的命格
出外國外的福報運強
命
出外逢貴的命格
不出外容易意外命
兄
兄弟姊妹出外命
兄弟姊妹出外逢貴命

(八)奴僕宮的飛星四化

● 奴僕宮與命宮的現象

▼奴僕宮

1.在人：一朋友、二部屬、三同事、四員工、五過客緣分。

2.在事：六異性緣、七衆生情、八朋友義、九人際關係。

3.在物：十人脈、十一傳銷、十二業務、十三外務、十四依靠關係。

▼命宮

1.在人：一本性、二喜好、三才華、四姻緣、五內心世界眞我。

2.在事：六命中優勢、七成功個性、八先天官祿宮的條件。

3.在物：九意外、十情緣、十一所有人、事、物有關的定數。

● 奴僕宮飛四化到其它十一宮位：

1.奴僕宮飛M質到命宮。 2.奴僕宮飛M質到兄弟宮。 3.奴僕宮飛M質到夫妻宮。

4.奴僕宮飛M質到子女宮。 5.奴僕宮飛M質到財帛宮。 6.奴僕宮飛M質到疾厄宮。

7.奴僕宮飛M質到遷移宮。 8.奴僕宮飛M質到官祿宮。 9.奴僕宮飛M質到田宅宮。

10.奴僕宮飛M質到福德宮。 11.奴僕宮飛M質到父母宮。

● 奴僕宮與命宮的關係

1. 奴僕宮＋命宮＝解釋兩個宮位合起來的現象。
2. 奴僕宮之人事物可以與命宮之人事物交叉解釋。
3. 如奴僕宮在人之一朋友可與命宮在人或在事或在物之任何現象合起來解釋。
如奴僕宮在事之七衆生情可與命宮在人或在事或在物之任何現象合起來解釋。
如奴僕宮在物之十二業務可與命宮在人或在事或在物之任何現象合起來解釋。
4. 如命宮在人之一本性可與奴僕宮在人或在事或在物之任何現象合起來解釋。
如命宮在事之七成功個性可與奴僕宮在人或在事或在物之任何現象合起來解釋。
如命宮在物之十情緣可與奴僕宮在人或在事或在物之任何現象合起來解釋。

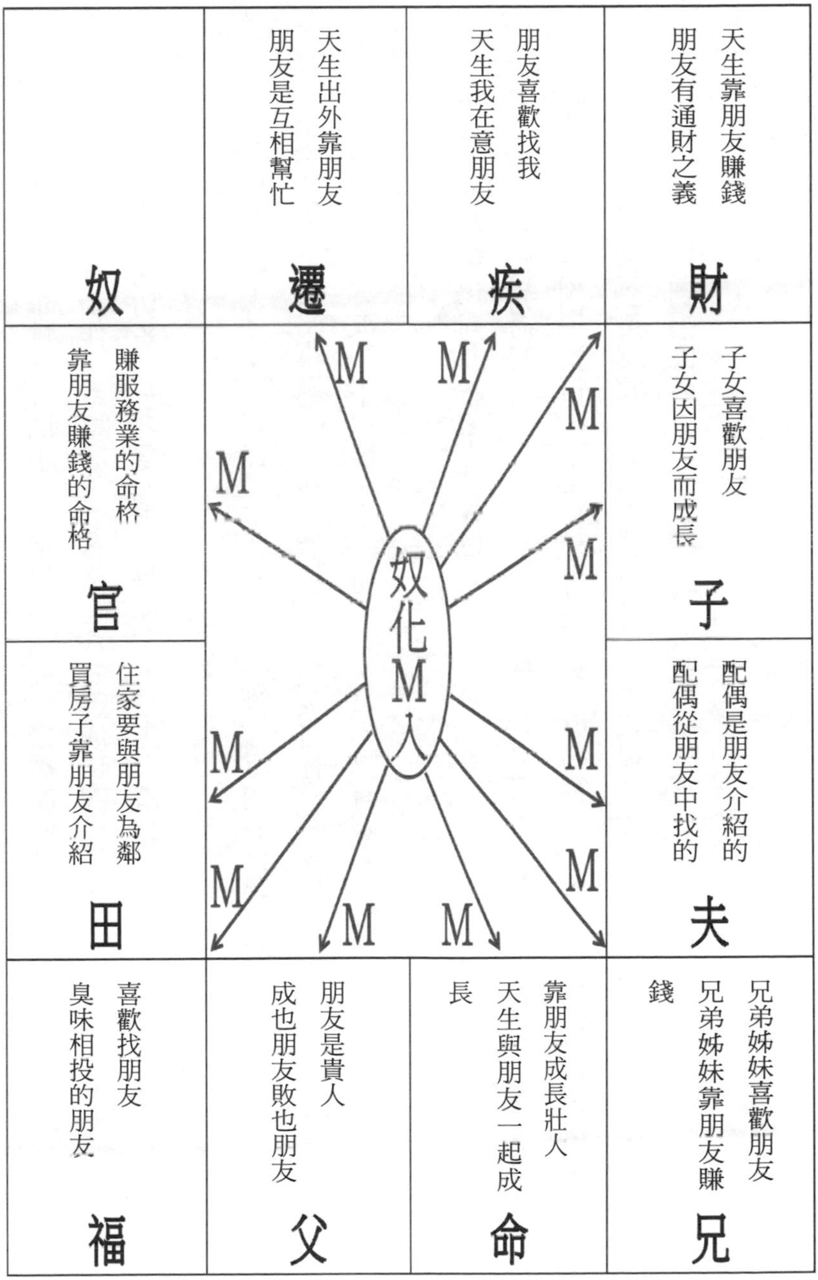
財
天生靠朋友賺錢
朋友有通財之義
疾
朋友喜歡找我
天生我在意朋友
遷
天生出外靠朋友
朋友是互相幫忙
奴
子
子女喜歡朋友
子女因朋友而成長
官
賺服務業的命格
靠朋友賺錢的命格
奴化M入
M
夫
配偶是朋友介紹的
配偶從朋友中找的
田
住家要與朋友為鄰
買房子靠朋友介紹
兄
兄弟姊妹喜歡朋友
兄弟姊妹靠朋友賺錢
命
靠朋友成長壯人
天生與朋友一起成長
父
朋友是貴人
成也朋友敗也朋友
福
喜歡找朋友
臭味相投的朋友

（九）官祿宮的飛星四化

● 官祿宮與命宮的現象

▼官祿宮

1.在人：一本性、二同事、三情緣、四先天優勢的條件。

2.在事：五工作、六事業、七職業、八先天成功的條件。

3.在物：九功名、十考試、十一學校、十二先天富貴的條件。

▼命宮

1.在人：一本性、二喜好、三才華、四姻緣、五內心世界眞我。

2.在事：六命中優勢、七成功個性、八先天官祿宮的條件。

3.在物：九意外、十情緣、十一所有人、事、物有關的定數。

● 官祿宮飛四化到其它十一宮位

1.官祿宮飛M質到命宮。

2.官祿宮飛M質到兄弟宮。

3.官祿宮飛M質到夫妻宮。

4.官祿宮飛M質到子女宮。

5.官祿宮飛M質到財帛宮。

6.官祿宮飛M質到疾厄宮。

7.官祿宮飛M質到遷移宮。

8.官祿宮飛M質到奴僕宮。

9.官祿宮飛M質到田宅宮。

10.官祿宮飛M質到福德宮。

11.官祿宮飛M質到父母宮。

●官祿宮與命宮的關係

1. 官祿宮＋命宮＝解釋兩個宮位合起來的現象。
2. 官祿宮之人事物可以與命宮之人事物交叉解釋。
3. 如官祿宮在人之一本性可與命宮在人或在事或在物之任何現象合起來解釋。
   如官祿宮在事之六事業可與命宮在人或在事或在物之任何現象合起來解釋。
   如官祿宮在物之十一學校可與命宮在人或在事或在物之任何現象合起來解釋。
4. 如命宮在人之一本性可與官祿宮在人或在事或在物之任何現象合起來解釋。
   如命宮在事之七成功個性可與官祿宮在人或在事或在物之任何現象合起來解釋。
   如命宮在物之十情緣可與官祿宮在人或在事或在物之任何現象合起來解釋。

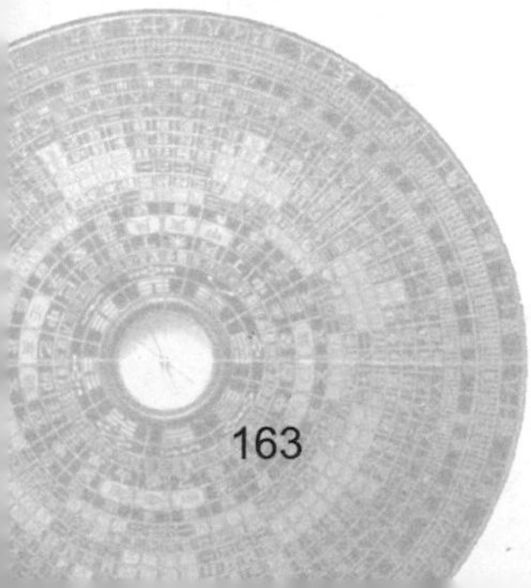

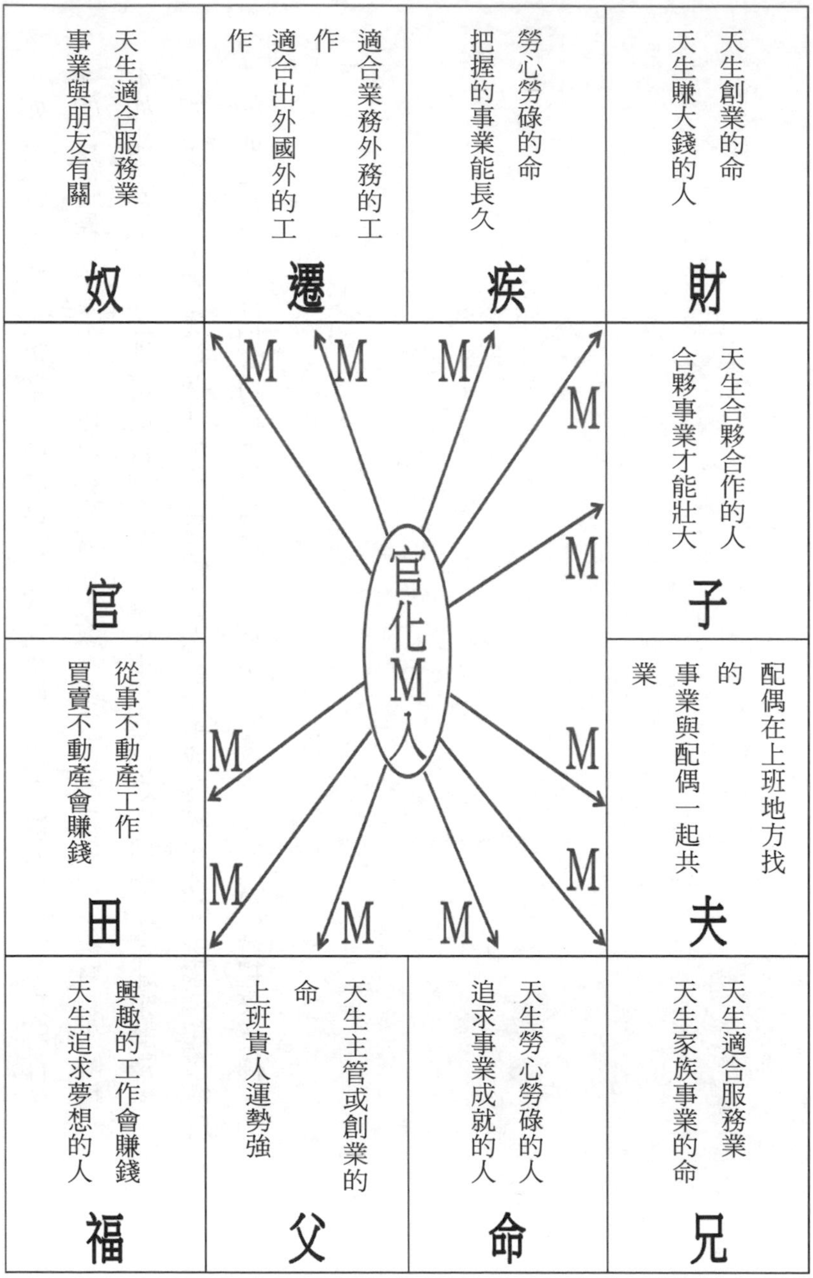
奴
天生適合服務業
事業與朋友有關
遷
適合業務外務的工作
適合出外國外的工作
疾
勞心勞碌的命
把握的事業能長久
財
天生創業的命
天生賺大錢的人
官
子
天生合夥合作的人
合夥事業才能壯大
官化M人
M
田
從事不動產工作
買賣不動產會賺錢
夫
配偶在上班地方找的
事業與配偶一起共業
福
興趣的工作會賺錢
天生追求夢想的人
父
天生主管或創業的命
上班貴人運勢強
命
天生勞心勞碌的人
追求事業成就的人
兄
天生適合服務業
天生家族事業的命

(十) 田宅宮的飛星四化

● 田宅宮與命宮的現象

▼田宅宮

1.在人：一家族、二親戚、三小家庭、四家族企業的格局。
2.在事：五搬家、六意外、七店面、八工廠、九事業的格局。
3.在物：十家業、十一祖業、十二繼承、十三先天不動產的格局。

▼命宮

1.在人：一本性、二喜好、三才華、四姻緣、五內心世界眞我。
2.在事：六命中優勢、七成功個性、八先天田宅宮的條件。
3.在物：九意外、十情緣、十一所有人、事、物有關的定數。

● 田宅宮飛四化到其它十一宮位

1.田宅宮飛M質到命宮。
2.田宅宮飛M質到兄弟宮。
3.田宅宮飛M質到夫妻宮。
4.田宅宮飛M質到子女宮。
5.田宅宮飛M質到財帛宮。
6.田宅宮飛M質到疾厄宮。
7.田宅宮飛M質到遷移宮。
8.田宅宮飛M質到奴僕宮。
9.田宅宮飛M質到官祿宮。
10.田宅宮飛M質到福德宮。
11.田宅宮飛M質到父母宮。

●田宅宮與命宮的關係

1. 田宅宮＋命宮=解釋兩個宮位合起來的現象。
2. 田宅宮之人事物可以與命宮之人事物交叉解釋。
3. 如田宅宮在人之一家族可與命宮在人或在事或在物之任何現象合起來解釋。
如田宅宮在事之六意外可與命宮在人或在事或在物之任何現象合起來解釋。
如田宅宮在物之十二繼承可與命宮在人或在事或在物之任何現象合起來解釋。
4. 如命宮在人之一本性可與田宅宮在人或在事或在物之任何現象合起來解釋。
如命宮在事之七成功個性可與田宅宮在人或在事或在物之任何現象合起來解釋。
如命宮在物之十情緣可與田宅宮在人或在事或在物之任何現象合起來解釋。

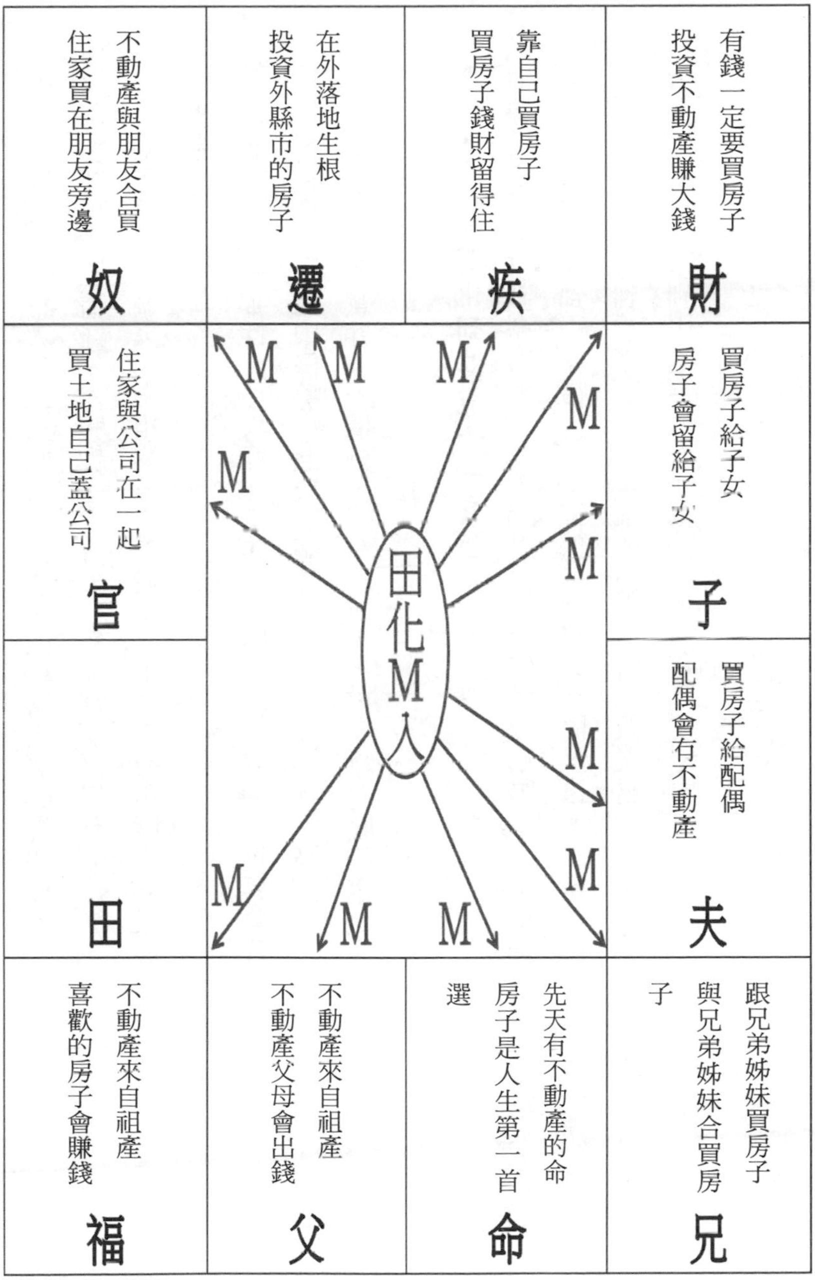
財
有錢一定要買房子
投資不動產賺大錢
疾
靠自己買房子
買房子錢財留得住
遷
在外落地生根
投資外縣市的房子
奴
不動產與朋友合買
住家買在朋友旁邊
子
買房子給子女
房子會留給子女
官
住家與公司在一起
買土地自己蓋公司
田化M入
M
夫
買房子給配偶
配偶會有不動產
田
兄
跟兄弟姊妹買房子
與兄弟姊妹合買房子
命
先天有不動產的命
房子是人生第一首選
父
不動產來自祖產
不動產父母會出錢
福
不動產來自祖產
喜歡的房子會賺錢

（十一）福德宮的飛星四化

● 福德宮與命宮的現象

▼ 福德宮

1.在人：一貴人、二公媽、三祖蔭、四積善人家的福報位。

2.在事：五嗜好、六興趣、七貴人、八利害關係的應酬位。

3.在物：九家業、十祖業、十一繼承、十二宗教角度的因果位。

▼ 命宮

1.在人：一本性、二喜好、三才華、四姻緣、五內心世界眞我。

2.在事：六命中優勢、七成功個性、八先天福德宮的條件。

3.在物：九意外、十情緣、十一所有人、事、物有關的定數。

● 福德宮飛四化到其它十一宮位

1.福德宮飛M質到命宮。

2.福德宮飛M質到兄弟宮。

3.福德宮飛M質到夫妻宮。

4.福德宮飛M質到子女宮。

5.福德宮飛M質到財帛宮。

6.福德宮飛M質到疾厄宮。

7.福德宮飛M質到遷移宮。

8.福德宮飛M質到奴僕宮。

9.福德宮飛M質到官祿宮。

10.福德宮飛M質到田宅宮。

11.福德宮飛M質到父母宮。

● 福德宮與命宮的關係

1. 福德宮+命宮=解釋兩個宮位合起來的現象。
2. 福德宮之人事物可以與命宮之人事物交叉解釋。
3. 如福德宮在人之一貴人可與命宮在人或在事或在物之任何現象合起來解釋。

   如福德宮在事之六興趣可與命宮在人或在事或在物之任何現象合起來解釋。

   如福德宮在物之十一繼承可與命宮在人或在事或在物之任何現象合起來解釋。
4. 如命宮在人之一本性可與福德宮在人或在事或在物之任何現象合起來解釋。

   如命宮在事之七成功個性可與福德宮在人或在事或在物之任何現象合起來解釋。

   如命宮在物之十情緣可與福德宮在人或在事或在物之任何現象合起來解釋。

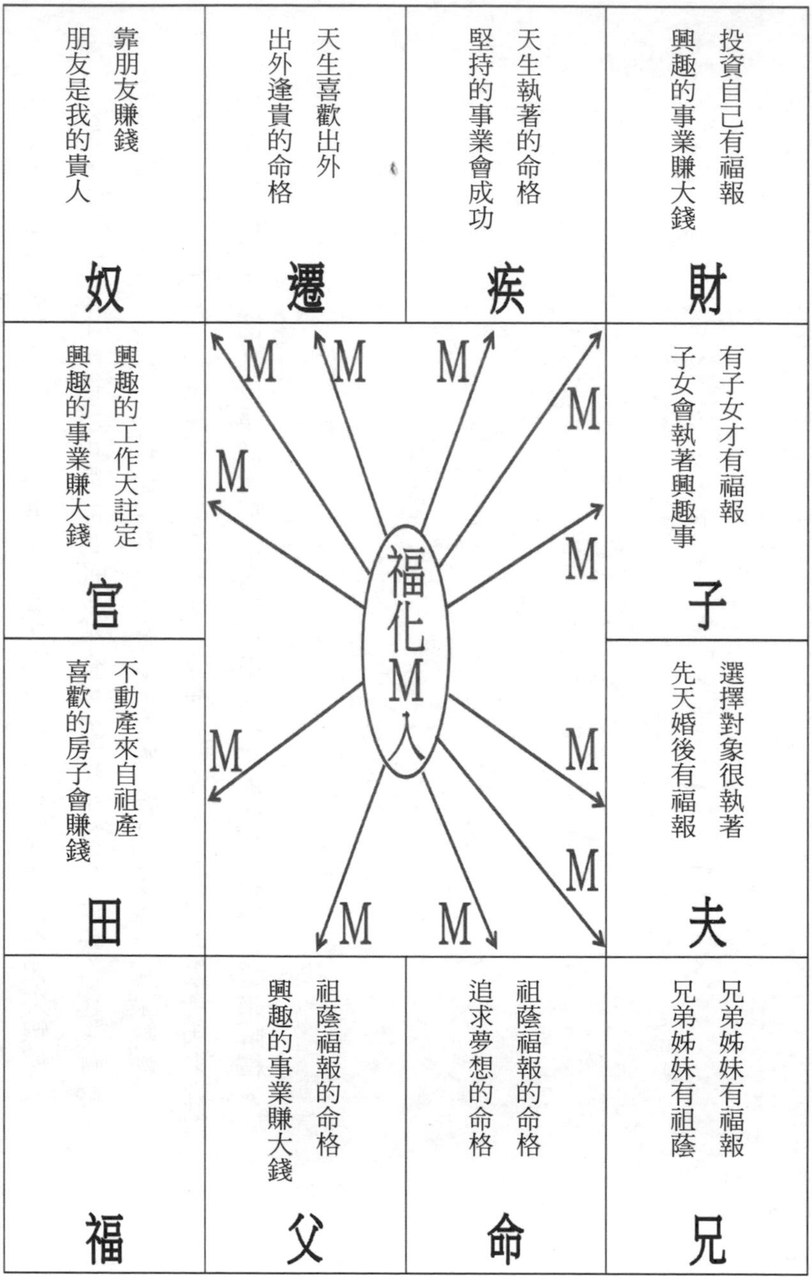
奴
靠朋友賺錢
朋友是我的貴人
遷
天生喜歡出外
出外逢貴的命格
疾
天生執著的命格
堅持的事業會成功
財
投資自己有福報
興趣的事業賺大錢
官
興趣的工作天註定
興趣的事業賺大錢
子
有子女才有福報
子女會執著興趣事
田
不動產來自祖產
喜歡的房子會賺錢
夫
選擇對象很執著
先天婚後有福報
福
父
祖蔭福報的命格
興趣的事業賺大錢
命
祖蔭福報的命格
追求夢想的命格
兄
兄弟姊妹有福報
兄弟姊妹有祖蔭
福化M入
M

(十二) 父母宮的飛星四化

● 父母宮與命宮的現象

▼父母宮

1.在人：一父母、二長輩、三上司、四貴人、五老闆、六神明。

2.在事：七升官、八創業、九考試、十公家、十一學校、十二銀行。

3.在物：十三讀書、十四技能、十五合作、十六加盟、十七客源、十八上游。

▼命宮

1.在人：一本性、二喜好、三才華、四姻緣、五內心世界眞我。

2.在事：六命中優勢、七成功個性、八先天父母宮的條件。

3.在物：九意外、十情緣、十一所有人、事、物有關的定數。

● 父母宮飛四化到其它十一宮位

1.父母宮飛M質到命宮。
2.父母宮飛M質到兄弟宮。
3.父母宮飛M質到夫妻宮。
4.父母宮飛M質到子女宮。
5.父母宮飛M質到財帛宮。
6.父母宮飛M質到疾厄宮。
7.父母宮飛M質到遷移宮。
8.父母宮飛M質到奴僕宮。
9.父母宮飛M質到官祿宮。
10.父母宮飛M質到田宅宮。
11.父母宮飛M質到福德宮。

● 父母宮與命宮的關係

1. 父母宮＋命宮＝解釋兩個宮位合起來的現象。
2. 父母宮之人事物可以與命宮之人事物交叉解釋。
3. 如父母宮在人之一父母可與命宮在人或在事或在物之任何現象合起來解釋。
   如父母宮在事之八創業可與命宮在人或在事或在物之任何現象合起來解釋。
   如父母宮在物之十五合作可與命宮在人或在事或在物之任何現象合起來解釋。
4. 如命宮在人之一本性可與父母宮在人或在事或在物之任何現象合起來解釋。
   如命宮在事之七成功個性可與父母宮在人或在事或在物之任何現象合起來解釋。
   如命宮在物之十情緣可與父母宮在人或在事或在物之任何現象合起來解釋。

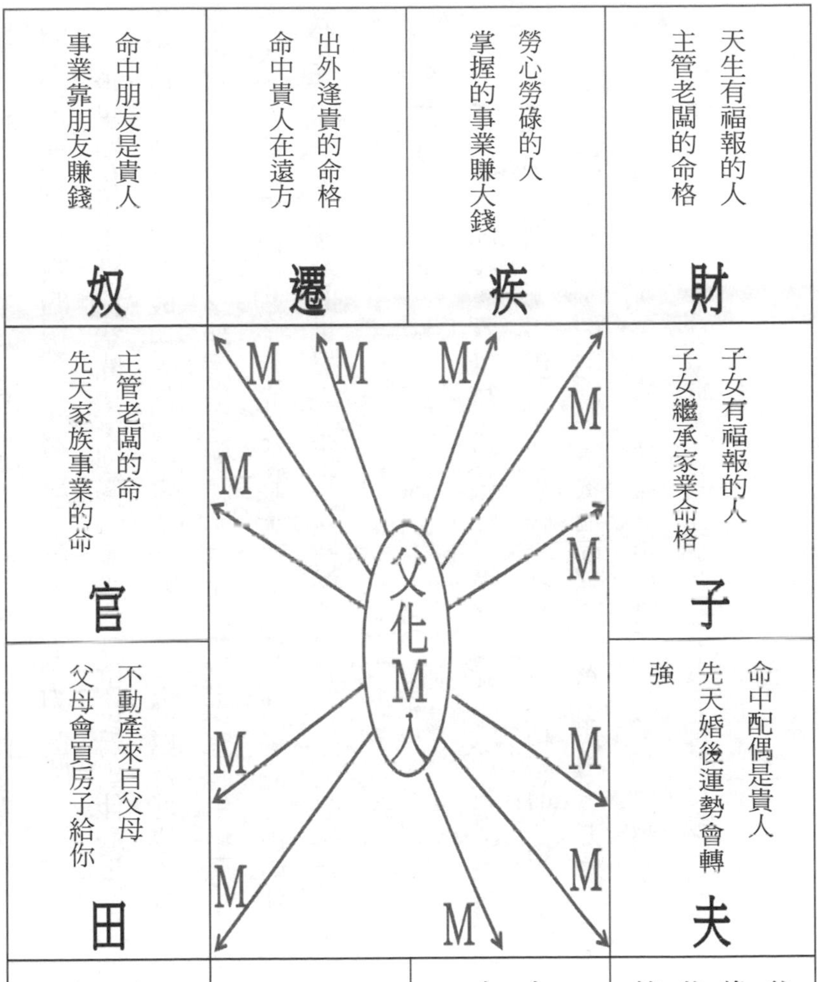
奴
命中朋友是貴人
事業靠朋友賺錢
遷
出外逢貴的命格
命中貴人在遠方
疾
勞心勞碌的人
掌握的事業賺大錢
財
天生有福報的人
主管老闆的命格
官
主管老闆的命
先天家族事業的命
子
子女有福報的人
子女繼承家業命格
父化M入
M
田
不動產來自父母
父母會買房子給你
夫
命中配偶是貴人
先天婚後運勢會轉強
福
天生多貴人相助
祖蔭福報的命格
父
命
命中與父母相欠債
命中照顧父母的人
兄
父母與兄弟姊妹有緣
父母與兄弟姊妹有情

三、飛星四化如何法象

飛星四化算命法與自化算命法，一定回歸生年四化看因緣，稱之為法象。這是華山派紫微斗數最重要的公式之一。法象可以確定時間、緣分、事件、欠債……等等定位與定數的緣分。其算命表達涵意最重要的有三種，一、什麼事？二、在何時？三、什麼債？四化是斗數的用神，自化為斗數的精神，法象為斗數主導生命的方向。

飛星四化之重點在空間學，回歸法象後，就可以看出什麼事？例如：大官飛權星入本官，法象生年權在子女宮，表示成功的創業一定要合夥，子女宮為合夥位；自化之重點在吉凶學，回歸法象後，就可以看出欠誰的債？什麼債？例如：本命命盤子女宮有生年忌星，欠子女債，夫妻宮自化忌星，表示欠子女的結婚債，幫子女完成終身大事，婚姻才能美滿。由前述得知，空間學與吉凶學最重要的公式是法象，進入法象的世界，人事物的因緣才會有定位；有了定位，人事物的緣分才有定數。

● 實例

▼命宮飛四化入官祿宮，法象在夫妻宮，表示成功的事業要靠另一半幫忙。

▼命宮飛四化入夫妻宮，法象在子女宮，表示結婚前必須經過三角關係。

▼命宮飛四化入田宅宮，法象在福德宮，表示我的房子是靠祖產得來。

▼命宮飛四化入子女宮，法象在遷移宮，表示某一年搬家後，才會有子女。

▼命宮飛四化入父母宮，法象在子女宮，表示有子女後，創業才能賺錢。

● 技巧

▼十二宮位互飛四化，即某一宮位飛四化入某一宮位的現象，一定與生年四化所在的宮位合起來解釋。如：命宮飛祿星入官祿宮，生年祿星在夫妻宮，就是命宮＋官祿宮＋夫妻宮合起來解釋。

華山派命理學以現代化科學命理白居，推算人事物的現象、時間、吉凶、內容、影響、改運、轉運、宗教……等等皆以公式化，系統化、透明化來表達其專業知識。故想要學好命理學，華山派的法象就變成關鍵的學問。

學習法象要從四化與六爻開始，四化為祿星、權星、科星、忌星（因緣定數位），六爻為祿權、祿科、祿忌、權科、權忌、科忌（絕對時空位）。四化合乃天之心，上天祂藉由單象四化與雙象六爻之象意來告訴研究命理者，如何推究人、事、物之緣分。

四化與六爻運用在命盤上，看似錯綜複雜，變化萬千，然而，帶入公式組合後，出現的只是人生運勢上，緣起、緣變、緣續、緣滅之人、事、物的因緣而已，並非傳統命理老師以簡單的現象，籠統的說詞，一般的常識，習俗的祭祀，宗教的神鬼……等等不學無術的東西賺錢餬口。

現就法象之基本知識分析如下：

法象之應用一：

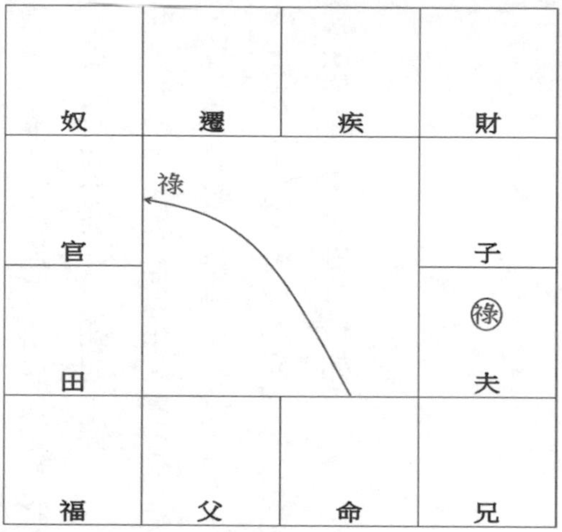

● **法象之應用：**

▼自化與飛星的宮位，一定要法象。

▼命宮飛祿星入官祿宮，生年祿星在夫妻宮。

1.命宮飛祿星入官祿宮，表示天生的事業會成功。

2.生年祿星在夫妻宮，表示配偶是貴人。

3.綜合解釋：表示事業要靠另一半幫忙，才能成功。

▼法象之應用範圍有現象、物相、時間、吉凶、內容……等等。

法象之應用二

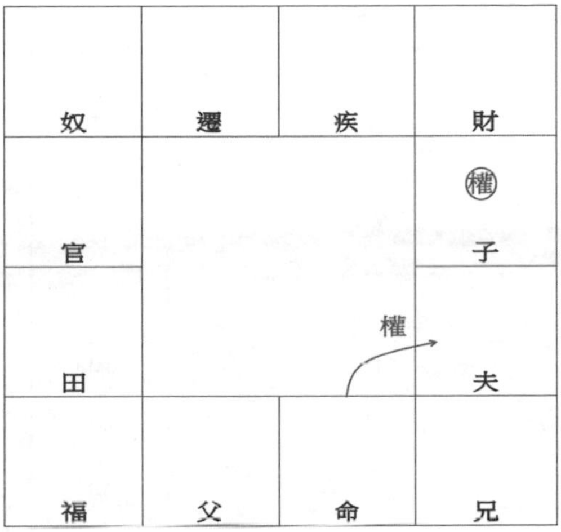

● **法象之應用：**

▼自化與飛星的宮位，一定要法象。

▼命宮飛權星入夫妻宮，生年權星在子女宮。

1.命宮飛權星入夫妻宮，表示命中註定會結婚。

2.生年權星在子女宮，表示結婚前，必須經過三角關係。

3.綜合解釋：表示結婚前必須經過三角關係。

▼法象之應用範圍有現象、物相、時間、吉凶、內容……等等。

法象之應用三

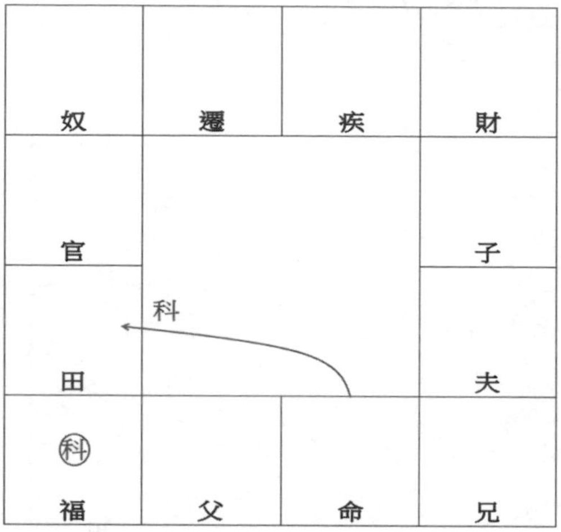

● **法象之應用：**

▼自化與飛星的宮位，一定要法象。

▼命宮飛科星入田宅宮，生年科星在福德宮。

1.命宮飛科星入田宅宮，表示有得到不動產的命。

2.生年科星在福德宮，表示我的不動產來自祖產。

3.綜合解釋：表示我的不動產來自祖產福報。

▼法象之應用範圍有現象、物相、時間、吉凶、內容……等等。

法象之應用四

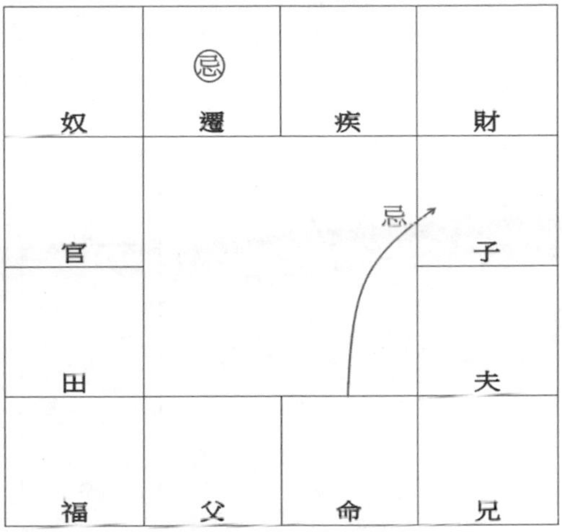

● 法象之應用：

▼自化與飛星的宮位，一定要法象。

▼命宮飛忌星入子女宮，生年忌星在遷移宮。

1.命宮飛忌星入子女宮，表示命中有子女的命。

2.生年忌星在遷移宮，表示搬家後才會有子女。

3.綜合解釋：表示某一年搬家後，才會有子女。

▼法象之應用範圍有現象、物相、時間、吉凶、內容……等等。

法象之應用五

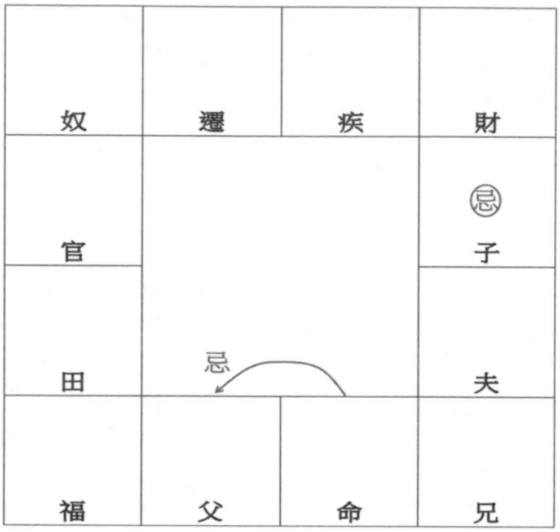

● **法象之應用：**

▼自化與飛星四化的宮位，一定要法象。

▼命宮飛忌星入父母宮，生年忌星在子女宮。

1.命宮飛忌星入父母宮，表示天生是老闆命。

2.生年忌星在子女宮，表示有子女後，就有創業的條件。

3.綜合解釋：表示有子女後，創業才能賺錢。

▼法象之應用範圍有現象、物相、時間、吉凶、內容……等等。

陸、飛星四化「吉凶篇」

飛星四化的發明讓命理學進入了立體的世界，立體的重疊現象讓宮位產生了空間，本命盤與大限盤的重疊現象，讓華山派第一次完成了公式化的空間學，讓命理學正式擺脫籠統統計學的陰影，正式進入能精準預測的命理學。這是華山派命理最引以爲傲的論述與發明，讓命理學有了完整的空間學。

傳統派長久以來一直讓人詬病的是還停留在古人籠統分析人事物的論斷，凡事不敢明確論斷時間與吉凶。例如：算出一個人三十至四十歲會賺大錢。完全沒有明確的答案。這就是傳統命理老師長久以來簡單、籠統、不專業的論斷方式。其實，華山派吉凶學的發明正好彌補了傳統命理學的缺失誤用。

● **以創業爲例：**

1. 現象——先天當老闆的命，這是所有傳統命理老師唯一擅長的本事。
2. 時間——那幾個大限創業會賺錢？人生共有幾次好機會？
3. 吉凶——那幾個大限會賺錢？時間從哪一年到哪一年？
4. 內容——賺錢的大限，應該做那些事才能賺人錢？
5. 影響——第一次創業影響的是什麼事？第二次創業影響的是什麼事？

6.改運——壞運持續中，我要做那一件事，才能讓壞運快速降低或中止。
7.轉運——好運未來前，我要做那一件事，才能讓好運加倍或快速來臨。
8.宗教——論述前世今生之因緣果報，讓七世因緣形成討債與報恩的生肖。

●華山派的吉凶學：單盤算命的吉凶

1.本命飛星四化：100％的因緣，80％的緣分，60％的吉凶。
重點在先天的好運一定要銜接到命中優勢的條件。
2.大限飛星四化：80％的因緣，60％的緣分，40％的吉凶。
重點在十年好運從那一年開始至那一年結束？
3.流年飛星四化：60％的因緣，40％的緣分，20％的吉凶。
這是九成以上命理老師會使用的錯誤算命法，誤用又不準的分析。

總之，本命大限未精通，流年生肖失其用；尋龍點穴未精通，八卦五行失其用，這兩段話道破了命理學吉凶之所在。命理之本命盤為天盤，大限盤為地盤，流年與生肖為人盤；天盤與地盤占算命總分之75％，只論人盤，算命當然只會有25％準確度。地理之尋龍為天盤，點穴為地盤，八卦與五行為人盤，天盤與地盤占算命總分之75％，只論人盤，鑑定陰陽宅之建築物硬體與室內擺設，當然只會有25％準確度。

一、吉凶之形成要件

（一）吉凶的形成與分析

● 吉凶的形成

1. 一盤論格局：乃由生年四化之雙象命盤定格局。
2. 二盤論大限：一定要本命＋大限二種命盤形成相同現象。
3. 三盤論流年：一定要本命＋大限＋流年三種命盤形成相同現象。
4. 四盤論流月：一定要本命＋大限＋流年＋流月四種命盤形成相同現象。
5. 五盤論流日：一定要本命＋大限＋流年＋流月＋流日五種命盤形成相同現象。

● 吉凶的現象：就是體與用的關係

1. 大命與本命兩種命盤的分析

大命——對本命，則會形成兩種命盤，這就是相同的現象。

大兄——對本兄或本命，則會形成兩種命盤，這就是相同的現象。

大夫——對本夫或本命，則會形成兩種命盤，這就是相同的現象。

大子——對本子或本命，則會形成兩種命盤，這就是相同的現象。

大財——對本財或本命，則會形成兩種命盤，這就是相同的現象。

大疾──對本疾或本命，則會形成兩種命盤，這就是相同的現象。
大遷──對本遷或本命，則會形成兩種命盤，這就是相同的現象。
大奴──對本奴或本命，則會形成兩種命盤，這就是相同的現象。
大官──對本官或本命，則會形成兩種命盤，這就是相同的現象。
大田──對本田或本命，則會形成兩種命盤，這就是相同的現象。
大福──對本福或本命，則會形成兩種命盤，這就是相同的現象。
大父──對本父或本命，則會形成兩種命盤，這就是相同的現象。

2.本命與大命兩種命盤的分析

本命──對大命，則會形成兩種命盤，這就是相同的現象。
本兄──對大兄或大命，則會形成兩種命盤，這就是相同的現象。
本夫──對大夫或大命，則會形成兩種命盤，這就是相同的現象。
本子──對大子或大命，則會形成兩種命盤，這就是相同的現象。
本財──對大財或大命，則會形成兩種命盤，這就是相同的現象。
本疾──對大疾或大命，則會形成兩種命盤，這就是相同的現象。
本遷──對大遷或大命，則會形成兩種命盤，這就是相同的現象。
本奴──對大奴或大命，則會形成兩種命盤，這就是相同的現象。
本官──對大官或大命，則會形成兩種命盤，這就是相同的現象。
本田──對大田或大命，則會形成兩種命盤，這就是相同的現象。
本福──對大福或大命，則會形成兩種命盤，這就是相同的現象。

本父——對大父或大命，則會形成兩種命盤，這就是相同的現象。

● **吉凶的三部曲：**

1. 體與用的關係，才能產生吉凶組合。

▼本命與大限形成相同現象後，吉凶才能產生。

2. 吉凶確定後，才能產生時間。

▼不是今年問的事情用流年命盤，而是本命與大限確定吉凶後，就是論流年。

3. 時間確定後，才能產生內容。

▼本命與大限相同現象確定後，已經在論述時間與內容了。

（二）體與用之分析

飛星四化的吉凶必須兩種以上命盤的結合才能存在，本命命盤與大限命盤此兩種命盤就可以定十年的吉凶；本命命盤、大限命盤、流年命盤此三種命盤就可以定流年的吉凶。現就體與用的關係分析如下：

● 體與用關係之一

▼同類互飛四化，現象才會成立。

▼同類互飛四化，吉凶才會成立。

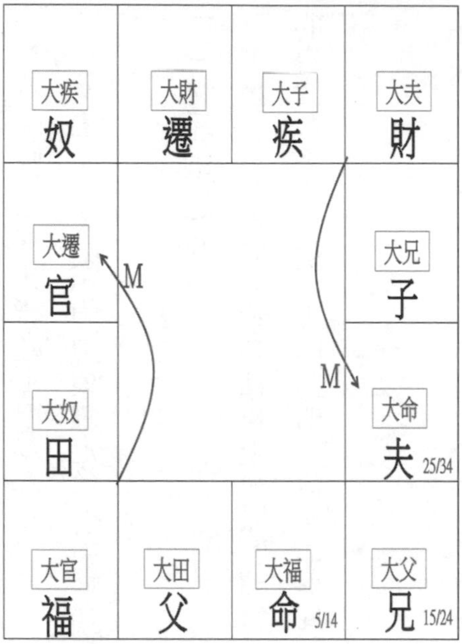

● 體與用關係之實例

1.同類互飛四化，現象才會成立。

▼實例：大夫化M質入本夫。

2.同類互飛四化，吉凶才會成立。

▼實例：大官化M質入本官。

3.大夫化M質入本夫：

▼解釋：此大限會結婚。

4.大官化M質入本官：

▼解釋：此大限有運，事業可以更上一層樓。

● 體與用關係之二

▼同類互飛四化，現象才會成立。

▼同類互飛四化，吉凶才會成立。

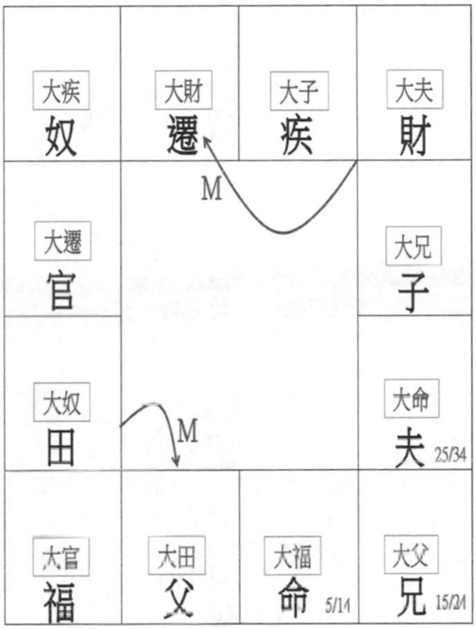

● 體與用關係之實例。

1.同類互飛四化，現象才會成立。

▼實例：本財化M質入人財。

2.同類互飛四化，吉凶才會成立。

▼實例：本田化M質入大田。

3.本財化M質入大財：

▼解釋：此大限會賺大錢。

4.本田化M質入大田：

▼解釋：此大限是買房子最好的時間。

● 體與用關係之三

▼同類互飛四化，現象才會成立。

▼同類互飛四化，吉凶才會成立。

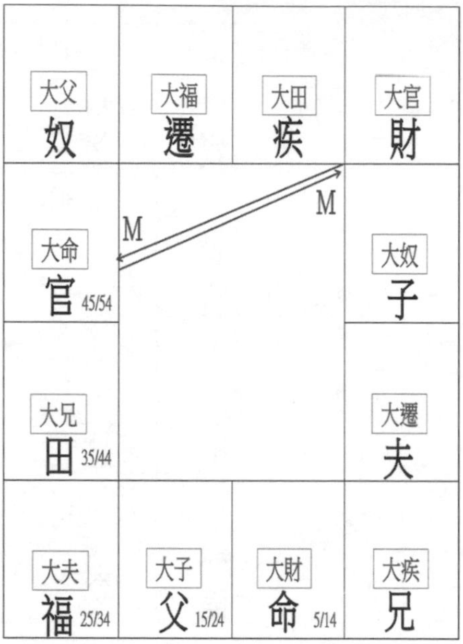

● 體與用吉凶之分類：

1. 體與用互飛四化，就能產生吉凶。

▼例如：大官飛M質入本官，本官飛M質入大官。

2. 體與用單飛四化，但其中一方有生年M質時，就能產生吉凶。

▼例如：大官飛M質入本官，其中大官或本官有生年M質時，就有吉凶。

3. 大官M質入本官或本官M質入大官。

（四化星＝祿、權、科、忌＝M質）

▼大官化祿入本官解釋：此運新事業緣起。

▼大官化權入本官解釋：此運可以創業。

▼大官化科入本官解釋：此運爲學習運。

▼大官化忌入本官解釋：此運會換工作。

● 體與用關係之四。

▼同類互飛四化，現象才會成立。

▼同類互飛四化，吉凶才會成立。

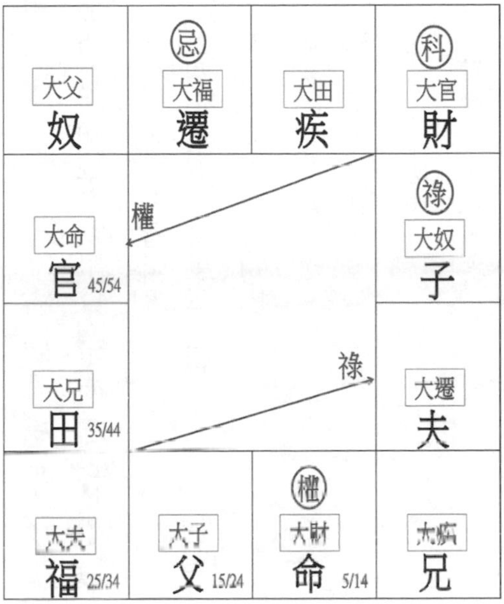

● 體與用之現象與吉凶：

1. 用飛M質入體，就能產生現象。

▼例如：大夫飛祿星入本夫，表示此大限會結婚。

2. 體或用單飛四化，但其中一方有生年科星時，就能產生吉凶。

▼例如：大官飛權星入本官，其中大官有生年科星時，就會產生吉凶。

3. 大官飛權星入本官。

▼解釋：表示此大命可以創業。

4. 大官飛權星入本官，大官有生年科星。

▼解釋：權星表示此大命可以創業，科星表示創業要與原來的工作有關。

二、吉凶之學習順序

●前言

吉凶的產生有一定分類的公式，有一定吉凶的組合，有一定行走的軌跡；先有本命命盤之人事物的分類，再有大限命盤之時間與吉凶組合，最後才有好運與壞運之交叉重疊軌跡，並非如傳統命理老師把東、西、南、北當成吉凶的方位、擺設、小人、貴人……等等簡單、籠統、胡扯、鬼扯、亂算之誤用或騙人而不自知。吉凶學之學習順序是漸進、細膩、公式、學術的組合，乃一步又一步階段性的完成所有吉凶學必須學會的東西。現就如何學會吉凶學分析如下：

1. 十二宮位的基本內涵。
2. 四化星與六爻星之內涵。
3. 忌入與忌冲之關係。
4. 吉凶之分類。
5. 吉凶之應用。
6. 法象之應用。
7. 算命分十八層。

（一）十二宮位的基本內涵

十二宮位的基本內涵乃學習命理學最基礎的功夫，它可以直接單一宮位算命，也可以應用飛星四化之兩個宮位算命或應用生年四化之兩個宮位算命。單一宮位算命又分在人、在事、在物等三種方法算命；飛星四化的算命法乃每一宮位皆可飛四化M質到其他十一宮位來算命；生年四化的算命法乃應用本命命盤與大限命盤之宮位重疊來算命。

● **單一宮位算命法：表示此一宮位一定要有M質。**

▼例如：命宮有M質，算命的表達有四種，一存在，二欠債，三貴人，四有運。若以貴人的角度。

▼解釋：自己是自己的貴人，自己必先擁有條件後，別人才會願意幫助你。

● **兩個宮位算命法：有飛星四化算命法或生年四化算命法兩種。**

● **飛星四化算命法：表示一定要兩個宮位合起來算命。**

▼例如：命宮飛四化星入財帛宮，表示要命宮＋財帛宮合起來解釋。

▼解釋：命宮＋財帛宮，表示命中賺大錢的人。

● **生年四化算命法：表示一定要兩個宮位重疊算命。**

▼例如：命宮有生年M質＋重疊23/31大限夫妻宮，兩個宮位可以合起來解釋。

▼解釋：命宮＋大夫，兩個宮位合起來，表示23/31大限會結婚。

以下以十二宮分析單一宮位算命法與兩個宮位算命法。

1.命宮：

在人：本性、喜好、才華、姻緣、內心世界眞我。
在事：命中優勢、成功個性、先天官祿宮的條件。
在物：意外、情緣、所有人、事、物有關的定數。

● **單一宮位算命法**

在人：以本性角度，表示此人容易想不開、放不下、捨不得。
在事：以命中優勢角度，表示此人付出努力，一定會得到相對的代價。
在物：以意外角度，表示此人命中有意外或無常的人生。

● **兩個宮位算命法**

飛星四化算命法：命宮飛四化M質入子女宮。
解釋：命＋子兩個宮位合起來，表示命中有子女命。
生年四化算命法：命宮有M質，行運再重疊32/41大限田宅宮。
解釋：本命有M質＋大田，表示32/41大限有不動產的好運。

2.兄弟宮：

在人：兄弟、姊妹、母親、朋友、衆生、姻緣。
在事：出外、驛馬、出差、傳銷、業務、外務。

在物：人脈、公關、合作、加盟、保險、傳銷。

●單一宮位算命法

在人：以兄弟角度，表示此人命中有兄弟姊妹。

在事：以出外角度，表示此人適合業務與外務的工作。

在物：以人脈角度，表示此人開拓人際關係，對事業會加倍幫助。

●兩個宮位算命法

飛星四化算命法：兄弟宮飛四化M質入父母宮。

解釋：兄+父兩個宮位合起來，表示兄弟姊妹是貴人。

生年四化算命法：兄弟宮有M質，行運再重疊32/41大限父母宮。

解釋：本兄有M質+大父，表示32/41大限兄弟姊妹會變成你的貴人。

3.夫妻宮：

在人：同居、配偶、異性緣、緣分的對待關係。

在事：共業、格局、事業、先天事業生滅關係。

在物：感情的關係、婚姻的條件、相處的對待。

● 單一宮位算命法

在人：以同居角度，表示此人有女朋友後，就會以同居來穩定感情。

在事：以共業角度，表示此人的事業天生適合夫妻一起共事。

在物：以感情的關係角度，表示此人凡事會以家庭和樂爲重心。

● 兩個宮位算命法

飛星四化算命法：夫妻宮飛四化M質入子女宮。

解釋：夫＋子兩個宮位合起來，表示結婚的首要工作是生小孩。

生年四化算命法：夫妻宮有M質，行運再重疊32/41大限子女宮。

解釋：本夫有M質＋大子，表示32/41大限是生小孩的好運時間。

4.子女宮：

在人：子女、桃花、學生、意外、員工、姻緣。

在事：出外、驛馬、出差、傳銷、業務、外務。

在物：人脈、公關、合夥、合作、加盟、乾股。

● 單一宮位算命法

在人：以子女角度，表示此人先天有子女命。

在事：以出外角度，表示此人是出外逢貴的格局。

在物：以人脈角度，表示此人開拓人際關係，對事業會加倍幫助。

●兩個宮位算命法

飛星四化算命法：子女宮飛四化M質入福德宮。

解釋：子＋福兩個宮位合起來，表示子女是繼承家業的第一人選。

生年四化算命法：子女宮有M質，行運再重疊55/64大限福德宮。

解釋：本子有M質＋大福，表示55/64大限子女是繼承家業時間。

5.財帛宮：

在人：本性、人緣、對象、姻緣、配偶。

在事：上班、事業、創業、才華、專業。

在物：獨資、投資、投機、理財、財運。

●單一宮位算命法

在人：以本性角度，表示此人愛錢、花錢、管錢、喜歡錢是天性。

在事：以上班角度，表示上班要以錢多爲重點，有錢會盡心盡力付出。

在物：以獨資角度，表示創業適合獨資或一定要掌握的事業才能投資。

●兩個宮位算命法

飛星四化算命法：財帛宮飛四化M質入田宅宮。

解釋：財＋田兩個宮位合起來，表示有錢一定要買不動產投資。

生年四化算命法：財帛宮有M質，行運再重疊32/41大限命宮。

解釋：本財有M質＋大命，表示32/41大限有賺大錢的好運。

6.疾厄宮：

在人：思維、脾氣、疾病、個人喜好。

在事：勞力、勞碌、勞心、事必躬親。

在物：災厄、意外、健康、美容養身。

●單一宮位算命法

在人：以思維角度，表示此人重視自己的直覺與感覺，有固執的天性。

在事：以勞力角度，表示此人適合親力親爲，掌握的事業才能成功。

在物：以災厄角度，表示此人有意外命，在不對的時間點搬家容易出事。

●兩個宮位算命法

飛星四化算命法：疾厄宮飛四化M質入命宮。

解釋：疾＋命兩個宮位合起來，表示先天勞碌命。

生年四化算命法：疾厄宮有M質，行運再重疊32/41大限子女宮。

解釋：本疾有M質＋大命，表示32/41大限有生小孩的好運。

7.遷移宮：

在人：個性、姻緣、老運、外人對我的觀感。

在事：驛馬、業務、外務、包裝自己或產品。

在物：留學、出國、移民、出外的一切因緣。

●單一宮位算命法

在人：以個性角度，表示此人學會業務與外務的能力，才能出外逢貴。

在事：以驛馬角度，表示此人勇敢接受任何挑戰，就能承擔主管的位置。

在物：以留學角度，表示此人出外讀書或學習專長，才能事業加倍發展。

●兩個宮位算命法

飛星四化算命法：遷移宮飛四化M質入官祿宮。

解釋：遷＋官兩個宮位合起來，表示接受公司任何調動，就是升官保證。

生年四化算命法：遷移宮有M質，行運再重疊32/41大限命宮。

解釋：本遷有M質＋大命，表示32/41大限有調動後升官的好運。

8.奴僕宮：

在人：朋友、部屬、同事、員工、過客緣分。

在事：異性緣、衆生情、朋友義、人際關係。

在物：人脈、傳銷、業務、外務、依靠關係。

●單一宮位算命法

在人：以朋友角度，表示成也朋友，敗也朋友，但朋友是成就的貴人。

在事：以異性緣角度，表示此人婚前異性緣旺，婚後可以靠朋友賺錢。

在物：以人脈角度，表示此人開拓人際關係，對事業會加倍幫助。

●兩個宮位算命法

飛星四化算命法：奴僕宮飛四化M質入官祿宮。

解釋：奴＋官兩個宮位合起來，表示先天靠朋友賺錢的命。

生年四化算命法：奴僕宮有M質，行運再重疊32/41大限官祿宮。

解釋：本奴有M質＋大官，表示32/41大限是靠朋友賺錢的時間。

9.官祿宮：

在人：本性、同事、情緣、先天優勢的條件。

在事：工作、事業、職業、先天成功的條件。

在物：功名、考試、學校、先天富貴的條件。

●單一宮位算命法

在人：以本性角度，表示此人天生事業企圖心強，事業很容易成功。

在事：以工作角度，表示此人對工作會努力付出，天生成就的人。

在物：以功名角度，表示此命事業成就高，努力付出，上天加倍奉還。

●兩個宮位算命法

飛星四化算命法：官祿宮飛四化M質入田宅宮。

解釋：官＋田兩個宮位合起來，表示適合做與房子有關的工作。

生年四化算命法：官祿宮有M質，行運再重疊42/51大限命宮。

解釋：本官有M質＋大命，表示42/51大限有創業的好運。

10.田宅宮：

在人：家族、親戚、小家庭、家族企業的格局。

在事：搬家、意外、店面、工廠、事業的格局。

在物：家業、祖業、繼承、先天不動產的格局。

● **單一宮位算命法**

在人：以家族角度，表示此人適合住在家裡，繼承家業的命格。

在事：以搬家角度，表示此人年輕出外學習，中年再繼承家業。

在物：以家業角度，表示此人繼承家業的命格，傳宗接代的人。

● **兩個宮位算命法**

飛星四化算命法：田宅宮飛四化M質入命宮。

解釋：田＋命兩個宮位合起來，表示先天有繼承祖產的命。

生年四化算命法：田宅宮有M質，行運再重疊45/54大限命宮。

解釋：本田有M質＋大命，表示45/54大限有繼承祖產的好運。

11.福德宮：

在人：貴人、公媽、祖蔭、積善人家的福報位。

在事：嗜好、興趣、貴人、利害關係的應酬位。

在物：家業、祖業、繼承、宗教角度的因果位。

● **單一宮位算命法**

在人：以貴人角度，表示此人付出努力，一定會得到相對的代價。

在事：以嗜好角度，表示此人是少數興趣可以賺大錢的人。

在物：以家業角度，表示此人繼承家業的命格，傳宗接代的人。

●兩個宮位算命法

飛星四化算命法：福德宮飛四化M質入官祿宮。

解釋：福＋官兩個宮位合起來，表示先天追求夢想的人。

生年四化算命法：福德宮有M質，行運再重疊32/41大限官祿宮。

解釋：本福有M質＋大官，表示32/41大限是追求夢想的時間。

12.父母宮：

在人：父母、長輩、上司、貴人、老闆、神明。

在事：升官、創業、考試、公家、學校、銀行。

在物：讀書、技能、合作、加盟、客源、上游。

●單一宮位算命法

在人：以父母角度，表示此人命中註定是主管、老闆、專業的命格。

在事：以升官角度，表示此人付出努力，一定會得到升官的機會。

在物：以讀書角度，表示此人人生有瓶頸時，讀書或學東西可轉運。

● **兩個宮位算命法**

飛星四化算命法：父母宮飛四化M質入命宮。

解釋：父＋命兩個宮位合起來，表示此人命中主管、老闆的命。

生年四化算命法：父母宮有M質，行運再重疊32/41大限命宮。

解釋：本父有M質＋大命，表示32/41大限有升官的好運。

（二）四化與六爻的基本內涵

紫微斗數以四化爲用神，共分五大類，一是星辰，二是生年四化，三是飛星四化，四是自化，五是左右昌曲。其中星辰是現象學，生年四化是時間學，飛星四化是空間學，自化是吉凶學，左右昌曲是宗教學。以生年四化＋自化爲時間與吉凶之大架構，以飛星四化爲人生內容之大架構，飛星四化的現象等於生年四化＋自化的現象總和。四化爲祿、權、科、忌（因緣定數位），六爻爲祿權、祿科、祿忌、權科、權忌、科忌（絕對時空位）。而四六合乃天之心，順天命，就是善因緣。現就本命命盤、大限命盤、流年命盤與四化、六爻的關係分析如下：

● **天盤地盤人盤：**

在天成象—本命命盤論述先天註定的因緣現象。

在地成形—大限命盤論述後天運勢的吉凶時間。

在人成事—流年命盤論述現在決定的事情吉凶。

● **四化星的因緣：**

1.祿星的緣分：

▼祿星的因緣是廣結下，才有善的緣分，最喜歡或最愛的人事物最無情。

2.權星的緣分：

▼權星的因緣是是非、競爭、衝突的緣分，表示您已經在成功的路上。

3.科星的緣分：

▼科星的因緣是名聲、口碑、特色的緣分，才是人生的最大利益。

4.忌星的緣分：

▼忌星的因緣是禍福相依的緣分，也就是災厄的當下，福報已生。

● **本命命盤：**

▼在十二宮位可以單獨解釋四化。如附表

例如：夫妻宮坐生年忌星，表示有虧欠、口角、衝突、傷害之無緣對待關係。

▼在六爻之各種人、事、物的現象。如附表

例如：官祿宮坐生年權星忌星，表示人生重點必須學會專業、專技、專家、專才。

● **大限命盤：**

▼在十二宮位可以單獨解釋四化。如附表

例如：大命化權星，表示此大限可以升官或創業。

▼在六爻之各種人、事、物的現象（如附表）。

例如：大命坐忌星重疊本命官祿宮，表示此大限事業有緣起或緣滅的分界點。

●流年命盤：

▼在十二宮位絕對不可以單獨解釋四化。

例如：流年官祿宮有生年M質四化星。

▼論流年：一定要本命＋大限＋流年三盤形成相同現象。

論流月：一定要本命＋大限＋流年＋流月四盤形成相同現象。

論流日：一定要本命＋大限＋流年＋流月＋流日五盤形成相同現象。

總之，天盤、地盤、人盤三盤合而爲一的算命方式，就是標準的算運，這是大部分傳統命理老師不會的算命方式，也是一般讀者最不容易分辨清楚的命盤。絕不是本命命盤之單盤就可以算一生的吉凶，大限命盤之單盤就可以算十年的吉凶，流年命盤之單盤就可以算一年的吉凶，而是本命命盤＋大限命盤＋流年命盤三者合一，再加上體與用的關係也產生了相同的現象，才能精準論斷流年的吉凶。

現就四化星與六爻星之基本內涵分析如下：

● 四化星基本內涵：祿、權、科、忌星在人、事、物應該怎麼解釋

項目／四化	祿（緣起）	權（緣變）
人	1. 新歡：不同人又起。 2. 窮則變，變則通。 3. 不能定性才能開智慧。 4. 有人蔭乃因自己捨得付出。 5. 有方向或有目的的堅持。 6. 商場上呈現魅力，到處留情。 7. 適合隨緣、廣緣、開拓新客緣。 8. 聰明、悟性高、反應快是天性。 9. 多元化是人生必須走的路。 10. 唯一最愛最喜歡的人最無情。 11. 改變初衷才能找到人生的方向。 12. 廣結後才能找到善的因緣。	1. 多情、重情、對內之親情。 2. 專制、革新、威嚴、領導。 3. 愛現、任性、爭執、衝突。 4. 當仁不讓、事必躬親。 5. 怨憎會，愛別離。 6. 面對人生之突發與突變。 7. 為目的、理想可以攀富貴。 8. 孤獨孤單是成功者的天命。 9. 無奈面對人生無常的變化。 10. 掌權時要呈現霸氣與王氣。 11. 急流勇退可保長久的利益。
物	1. 加薪、升遷、獎金。 2. 創業、擴大、貴人助。 3. 外包、按件計酬。 4. 資金流通快的行業。 5. 武市、夜市、菜市場。 6. 短期投資的生意。 7. 商學院、科技大學。 8. 買空與賣空的生意。 9. 仲介費與傭金收入。 10. 公關行銷的人才。 11. 不長久的因緣。	1. 加薪、升遷、獎金。 2. 創業、擴大、貴人助。 3. 技能、專業、創作。 4. 業務、外務。外交。 5. 工程、管理、戰略。 6. 科學與理化工科系。 7. 熱情、熱心、熱忱。 8. 突出、突顯、突破。 9. 意外、傷害、不怕死。 10. 行動派的動態行為。 11. 是非、競爭、衝突。
事	1. 主管、老闆命。 2. 階段性的事業。 3. 業務、外務。 4. 公關、外場。 5. 兼職而不專職。 6. 新的因緣變化。 7. 適合兼職轉投資。 8. 賺錢人會變聰明。 9. 求新求變的事業心。 10. 奸巧現實成就高。 11. 對象無特定的族群。	1. 成就、勞心、調動、升遷。 2. 主管、老闆、專業、師格。 3. 事必躬親、自然之變。 4. 能幹、本事、重原則。 5. 舊的裡面產生變化。 6. 不到黃河心不死。 7. 為理想而努力前進。 8. 對事業用力，不能客氣。 9. 創新、革新、革命之心。 10. 不能持久性－天變。 11. 擇善固執，無怨無悔。 12. 條件差，表現在脾氣。

項目／四化	科（緣續）	忌（緣滅）
人	1.思春、舊愛、桃花、異性緣。 2.重複、麻煩、囉嗦、矛盾心。 3.文靜、斯文、風度、幽默感。 4.愛面子、寂寞心、深情款款。 5.依賴、依附、小鳥依人的心。 6.追求真愛的心長久不變。 7.回顧性－多愁善感。 8.理想性－知音難逢。 9.愛心、細心、耐心之人。 10.假會是人生最大的敵人。 11.感覺、感性、重感情之人。 12.不許人間見白頭。	1.內向、在意、執著、守舊。 2.固執、嘮叨、勞心又勞碌。 3.虧欠、怨嘆、溺愛、無緣。 4.摩擦、爭執、是非、報復。 5.自私、自利、靠自己。 6.想不開、放不下、捨不得。 7.還前世因果之債。 8.有限制的情、愛、緣分。 9.不是結束就是開始。 10.先做再講是天性。 11.挫折、失敗後才會認命。 12.保護自己的心不會變。 13.失敗為成功之母。
物	1.才藝、藝術、設計。 2.文書、教學、行政。 3.幕僚、參謀、顧問。 4.文學院、設計學院。 5.思考型的靜態行為。 6.室內與庭園設計。 7.花藝、婚紗、晚會。 8.文藝、寫作、出書。 9.電視與電影的東西。 10.演員、影歌星。 11.所有美的事物。 12.心理、心靈、哲學。	1.現金、收藏。 2.災厄、傷害、意外。 3.重視財帛之安定性。 4.不安寧的住宅。 5.補習班、科技大學。 6.忌不知死、權不怕死。 7.短期、短線交易行為。 8.快速變化的人事物。 9.人事物的緣分不長久。 10.凡事靠自己的心。 11.棄舊迎新緣起。 12.性空後，新因緣起。
事	1.名聲、口碑、聲望高。 2.守舊、守成、守舊愛。 3.保守心讓人易失良機。 4.最好的幕後功臣。 5.不想作主的思維。 6.對情愛不喜歡變心。 7.為臣不為君的人。 8.已有的事業會持續。 9.興趣、專業、堅持。 10.為完美而努力前進。 11.天生追求夢想的人。	1.辛苦、不順、困擾、阻礙。 2.不知變通上班族的心態。 3.再次緣分是成功的開始。 4.事必躬親，凡事靠自己。 5.事業面臨有無的分界點。 6.舊愛有不利的因緣變化。 7.對事業用力，不能假會。 8.擇善固執，常誤判情勢。 9.占有的一切捨不得放棄。 10.想安定卻不得安定。 11.戲棚下站久者得利。

● 六爻星基本內涵：祿權、權科、祿科、權忌的特性

項目／雙象	祿權	祿科
特性	1. 本性適合奸巧、現實、能屈能伸。 2. 人生重點必須學會有錢人的想法。 3. 人生要把握兩次賺大錢的機會。 4. 商場上互相廝殺的生意人。 5. 適合主官、主管、老闆的工作。 6. 小格局會聰明反被聰明誤。 7. 利大於名乃事業成就之天性。 8. 先天俱足愛財才能成就事業。 9. 人、事、物有目地的情緣。 10. 上班要幹掉同事，創業幹掉同行。 11. 格成是生意人或格不成是金光黨。	1. 本性適合以柔克剛、以和為貴。 2. 愛錢錢在遠方，名聲才能長久。 3. 把握兩次跟對公司或人的機會。 4. 穩定中才能發展的命格。 5. 男女戀情在不知不覺中墜入情網。 6. 命中註定巧藝安身的命格。 7. 先天安穩的生意才能長久。 8. 適合幕僚、顧問、倉管的工作。 9. 人生重點必須學會依靠口碑賺錢。 10. 富貴不是強求，而是等待而來。 11. 格成組成團隊，格不成上班。

項目／雙象	權科	權忌
特性	1. 本性適合跟美有關的工作或事業。 2. 人生重點必須學會興趣、專業、堅持。 3. 人生把握兩次讀書或學東西的機會。 4. 曲，迂迴轉進才能成功。 5. 所有才藝或專業之師字輩。 6. 適合參謀、幕僚、顧問的工作。 7. 才藝、設計、生活、養生的事業。 8. 以專技、才藝、老師為主的行業。 9. 名聲、口碑、特色是經營理念。 10. 同行、同類、同門、同派的因緣。 11. 格成是傳承人，格不成是偏才。	1. 本性適合獨立、能幹、競爭、攻擊。 2. 人生重點必須學會專業、專技、專才。 3. 人生要把握兩次升官或創業的機會。 4. 善變、突變、無奈之人生際遇。 5. 天地人、事、物之定位、定緣、天份。 6. 先忌後權，環境倍加辛苦。 7. 專業、專技、刑事之師字輩。 8. 適合技能、科學、理工專業的工作。 9. 面對了業、還債、多變之前世今生。 10. 上班要幹掉同事，創業要幹掉同行。 11. 格成是執行長，格不成是幫凶。

● 六爻星基本內涵：祿忌、科忌的特性

項目＼雙象	祿忌
特性	1. 本性適合現實利益，不能選擇人情。 2. 人生重點必須學會往前走、向上爬。 3. 人生要把握兩次改變自己的機會。 4. 直，人生不走回頭路。 5. 現金買賣之投資。 6. 適合投機、短期、季節性的工作。 7. 財帛、情感永遠與人扯不清。 8. 有兩段不一樣的人生。 9. 人生必須學會第二專長。 10. 有幹掉別人或被別人幹掉的天性。 11. 格成時尚族，格不成過客。

項目＼雙象	科忌
特性	1. 本性改變時要棄舊迎新，追求未來。 2. 人生重點是把握兩次堅持事業的機會。 3. 人生要把握兩次讀書或學東西的機會。 4. 勇敢學習第二專長，成功才能延續。 5. 藕斷絲連、拖拖拉拉之性格。 6. 人生必先經歷忌星後，才能安定。 7. 面對嘮叨、怨嘆、糾纏、是非之因緣。 8. 以學術、才藝、勞碌性為主的行業。 9. 改變以前的自己才能找到人生方向。 10. 格成是幕僚長，格不成是村姑。

(三)忌入與忌沖之關係

● 前言：

觀看飛星四化的凶象，一般人都知道以忌入與忌沖爲主。忌入者，表示十二宮位之某一宮位飛四化到其他十一宮位，稱爲忌入；忌沖者，表示十二宮位之某一宮位飛四化到其他十一宮位，再忌沖到對宮，稱爲忌沖。體與用的關係形成忌入者，表示凶象已達60％，這是無緣的現象；體與用的關係形成忌沖者，表示凶象已達80％，這是無情的現象。舉例說明如下：

▼大夫飛忌入本夫：表示夫妻感情已經無緣，是非衝突指數有60％。

▼大夫飛忌入本官沖本夫：表示夫妻感情已經無情，是非衝突指數有80％。

▼大財飛忌入本財：表示此人財運已經無緣，損財破財指數有60％。

▼大財飛忌入本福沖本財：表示此人財運已經無情，損財破財指數有80％。

1.本宮與對宮的關係：

▼忌在命，對宮就是遷；忌在遷，對宮就是命。

▼忌在兄，對宮就是奴；忌在奴，對宮就是兄。

▼忌在夫，對宮就是官；忌在官，對宮就是夫。

▼忌在子，對宮就是田；忌在田，對宮就是子。

▼忌在財，對宮就是福；忌在福，對宮就是財。

▼忌在疾，對宮就是父；忌在父，對宮就是疾。

本宮　命——遷　對宮

兄——友

夫——官

子——田

財——福

疾——父

2.忌入宮位會使人事物變成無緣的現象：

▼人事物會亮黃燈。

▼對事：現象爲不順。

▼對物：現象爲有災。

▼對人：現象爲聚少離多。

忌入命——忌入遷

忌入兄——忌入友

忌入夫——忌入官

忌入子——忌入田

忌入財——忌入福

忌入疾——忌入父

3.忌冲宮位會使人事物變成無情的現象：

▼人事物會亮紅燈。

▼對人：有五種現象爲死亡、意外、重病、分開、衝突。

▼對物：有五種現象爲不順、變小、損財、中斷、結束。

▼對事：有五種現象爲換工作、換地點、換老闆、換單位、換產品。

忌入命——冲遷

忌入兄——冲友

忌入夫——冲官

忌入子——冲田

忌入財——冲福

忌入疾——冲父

忌入遷——冲命

忌入友——冲兄

忌入官——冲夫

忌入田——冲子

忌入福——冲財

忌入父——冲疾

(四) 吉凶之公式

● **吉凶的概念：**

▼乃由兩種以上的命盤形成體與用之相同現象謂之。

▼例如：本命命盤＋大限命盤形成體與用之相同現象，才能精準論述流年的吉凶。

● **吉凶學的第一大公式：單一命盤的吉凶論斷**

1. 本命命盤之飛星四化：100％的現象，80％的機會，60％的吉凶。
2. 大限命盤之飛星四化：80％的現象，60％的機會，40％的吉凶。
3. 流年命盤之飛星四化：60％的現象，40％的機會，20％的吉凶。
4. 流月命盤之飛星四化：40％的現象，20％的機會，10％的吉凶。
5. 流日命盤之飛星四化：20％的現象，10％的機會，5％的吉凶。

● **吉凶學的第二大公式：**

1. 本命命盤飛M質「入」大限命盤：

▼即體飛M質「入」用。

▼相同的現象，100％的現象，80％的機會，60％的吉凶。

▼不同的現象，80％的現象，60％的機會，40％的吉凶。

2. 大限命盤飛M質「入」本命命盤：

▼即用飛M質「入」體。

▼相同的現象，100%的現象，80%的機會，60%的吉凶。

▼不同的現象，80%的現象，60%的機會，40%的吉凶。

3.本命命盤有M質再飛M質「入」大限命盤：

▼即體有M質再飛M質「入」用。

▼相同的現象，100%的現象，80%的機會，70%的吉凶。

▼不同的現象，100%的現象，80%的機會，60%的吉凶。

4.大限命盤有M質再飛M質「入」本命命盤：

▼即用有M質再飛M質「入」體。

▼相同的現象，100%的現象，80%的機會，70%的吉凶。

▼不同的現象，100%的現象，80%的機會，60%的吉凶。

5.本命命盤有M質再飛M質「入」大限命盤＋用神宮位：

▼即體有M質再飛M質「入」用。

▼相同的現象，100%的現象，80%的機會，80%的吉凶。

▼不同的現象，100%的現象，80%的機會，70%的吉凶。

6.大限命盤有M質再飛M質「入」本命命盤＋用神宮位：

▼即用有M質再飛M質「入」體。

▼相同的現象，100%的現象，80%的機會，80%的吉凶。

▼不同的現象，100%的現象，80%的機會，70%的吉凶。

●第二大簡易公式：

1.體飛M質「入」用：

▼相同的現象，100%的現象，80%的機會，60%的吉凶。

▼不同的現象，80%的現象，60%的機會，40%的吉凶。

2.用飛M質「入」體：

▼相同的現象，100%的現象，80%的機會，60%的吉凶。

▼不同的現象，80%的現象，60%的機會，40%的吉凶。

3.體有生年M質再飛M質「入」用：

▼相同的現象，100%的現象，80%的機會，70%的吉凶。

▼不同的現象，100%的現象，80%的機會，60%的吉凶。

4.用有生年M質再飛M質「入」體：

▼相同的現象，100%的現象，80%的機會，70%的吉凶。

▼不同的現象，100%的現象，80%的機會，60%的吉凶。

5.體有生年M質再飛M質「入」用＋用神宮位：

▼相同的現象，100%的現象，80%的機會，80%的吉凶。

▼不同的現象，100%的現象，80%的機會，70%的吉凶。

6.用有生年M質再飛M質「入」體＋用神宮位：

▼相同的現象，100%的現象，80%的機會，80%的吉凶。

▼不同的現象，100%的現象，80%的機會，70%的吉凶。

● 吉凶學的第三大公式：

四化星代號：祿（A）、權（B）、科（C）、忌（D）＝M質。

1.本命命盤飛A星或B星或C星「入」大限命盤。

▼體飛A或B或C「入」用，則好運指數60％。

▼如用再飛A或B或C「入」體，則好運指數80％。

2.大限命盤飛A星或B星或C星「入」本命命盤。

▼用飛A或B或C「入」體，則好運指數60％。

▼如體再飛A或B或C「入」用，則好運指數80％。

3.本命命盤飛D星「入」大限命盤。

▼體飛D星「入」用，則壞運指數60％。

▼如用再飛D星「入」體，則壞運指數80％。

4.大限命盤飛D星「入」本命命盤。

▼飛D星「入」體，則壞運指數60％。

▼假如體再飛D星「入」用，則壞運指數80％。

5.大限命盤飛D星「沖」本命命盤。

▼飛D星「沖」體，則壞運指數80％。

▼如體再飛D星「沖」用，則壞運指數100％。

6.本命命盤飛D星「沖」大限命盤。

▼體飛D星「沖」用，則壞運指數60％。

▼假如用再飛D星「沖」體，則壞運指數100%。

●第三大簡易公式：

四化星代號：祿（A）、權（B）、科（C）、忌（D）＝M質。

1.體飛A或B或C「入」用，則好運指數60%。
假如用再飛A或B或C「入」體，則好運指數80%。

2.用飛A或B或C「入」體，則好運指數60%。
假如體再飛A或B或C「入」用，則好運指數80%。

3.體飛D星「入」用，則壞運指數60%。
假如用再飛D星「入」體，則壞運指數80%。

4.用飛D星「入」體，則壞運指數60%。
假如體再飛D星「入」用，則壞運指數80%。

5.用飛D星「沖」體，則壞運指數80%。
假如體再飛D星「沖」用，則壞運指數100%。

6.體飛D星「沖」用，則壞運指數60%。
假如用再飛D星「沖」體，則壞運指數100%。

●華山派與傳統派之別：

1.華山派：吉凶只有一種，但現象一定要廣義的解釋。

▼對人的無情——感情或婚姻進入無情期。

發生五種現象，一死亡、二意外、三重病、四分開、五衝突。

▼對事的無情——上班或事業進入無情期。

發生五種現象，一換工作、二換地點、三換老闆、四換單位、五換產品。

▼對物的無情——住家或公司進入無情期。

發生五種現象，一不順、二變小、三損財、四中斷、五結束。

▼化解之道：可以應用陽陰宅、結婚、改名、生小孩、換工作……等方法來改運或轉運。

2.傳統派：現象只有一種，但吉凶可以利用改運來化解。

▼對人的無情——感情或婚姻進入無情期。

可以利用補運、補元神、斬桃花、祭嬰靈……來化解。

▼對事的無情——上班或事業進入無情期。

可以利用造命、補運、做生基、點光明燈……來化解。

▼對物的無情——住家或公司進入無情期。

可以利用補運、補財庫、補元神、拜主神……來化解。

▼誤解誤用：傳統老師改運的方式，心理安慰佔了絕大部分，這是無效的改運方法。

●**吉凶的影響：**

▼由傳統算命的現象學提升到算運的時間學、空間學、吉凶學、宗教學、改運學、轉運學。

▼現象學「轉」空間學論述每一事件的緣分。

▼空間學「轉」時間學論述每一事件的流年。
▼時間學「轉」吉凶學論述每一事件的得失。
▼吉凶學「轉」宗教學論述每一事件的因果。
▼宗教學「轉」改運學論述每一事件的避災。
▼改運學「轉」運學論述每一事件的富貴。

(五) 吉凶之應用

舊時代傳統的現象算命法已經落後社會很久，也脫離了文明人的想法很遠很遠了。故吉凶學的誕生已經取代了它的位置，爲現代科學論命之主流價值，也是華山派科學理論中最重要的部分。

因此，吉凶的應用更加速了我想導正與推翻傳統命理之封建時代思維。其實，學習命理的相關知識比命理本身重要一百倍，算流年不是從流年宮位開始下手，算生肖也不是從生肖宮位開始論斷；算流年一定要先確定本命命盤＋大限命盤形成了相同的現象，才能論斷時間與吉凶；算生肖一定要先確定時間與吉凶，生肖的緣分才能成立。這是命理學的基本概念。

然而，傳統的命理老師九成九卻不知道。這就是爲什麼絕大多數的命理老師一直學不會命理之所在。華山派命理學的重點在預測未來人事物的結果，爲深究前因後果與來龍去脈的學問，爲一層又一層往下追根究柢的功夫；幫求助者做人生最大利益的規劃，讓求助者在壞運持續中，快速降低災厄；好運未來前，提前好運來臨。現就吉凶學之基本理論與應用分析如下：

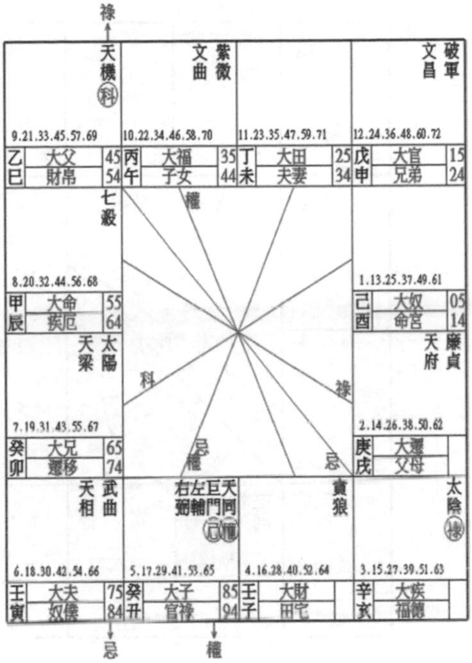

●這是標準命盤或原始命盤。

▼此命盤有本命命盤與大限命盤兩種。

▼這是華山派命理之專用命盤，中間有很多自化的線條。

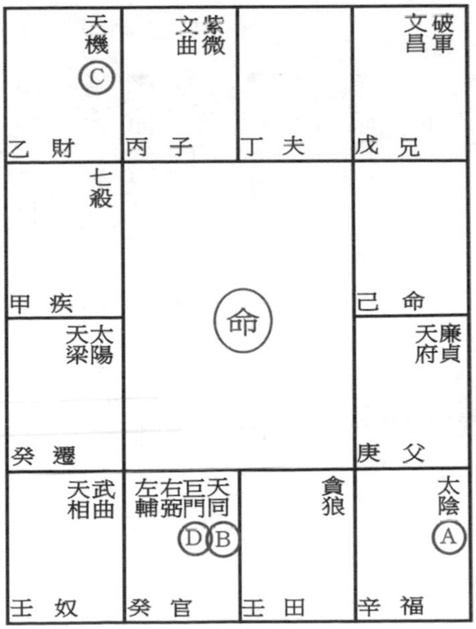

●這是本命命盤，稱之爲算命。

▼簡易的本命命盤。

▼專論命中註定的事。

● 這是本命之飛星四化，算命之一。

▼ 由命宮己天干飛出之四化到其他宮位。

▼ 由命宮飛出之四化稱爲命宮四化。

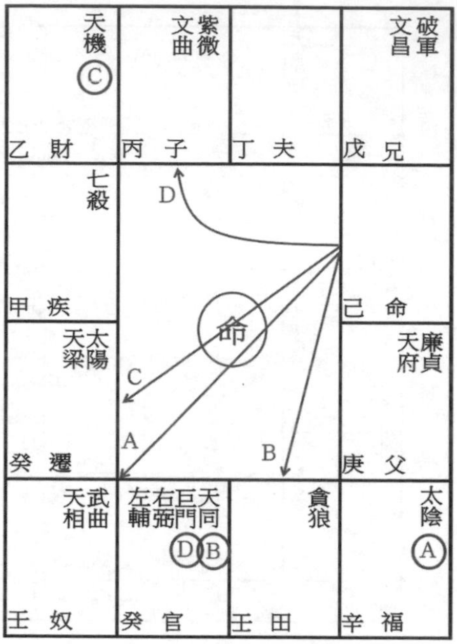

1. 這是本命之命宮四化。
2. 命宮之宮位天干爲己。
3. 由命宮飛出之四化入其他宮位。
4. 命宮飛祿A入奴僕宮。
   命宮飛權B入田宅宮。
   命宮飛科C入遷移宮。
   命宮飛忌D入子女宮。
5. 解釋：

▼ 命飛祿入奴：表示命中事業靠朋友的命。

▼ 命飛權入田：表示命中得不動產的天命。

▼ 命飛科入遷：表示命中出外逢貴的天命。

▼ 命飛忌入子：表示命中有生男育女的命。

● 這是大命（大限）之飛星四化，稱之爲算運。

▼由大命甲天干飛出之四化到其他宮位。

▼由大命飛出之四化稱爲大命之命宮四化。

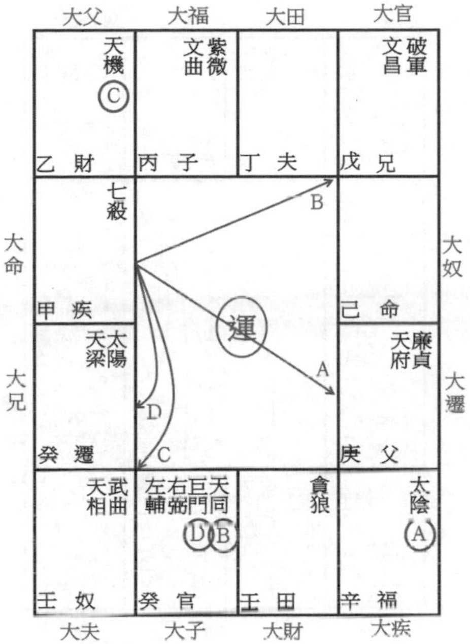

1. 這是大命之命宮四化，稱之爲算運。
2. 大命之宮位天干爲甲。
3. 由大命飛出之四化入其他宮位。
4. 大命飛祿A入大遷。
   大命飛權B入大官。
   大命飛科C入大夫。
   大命飛忌D入大兄。
5. 解釋：
   ▼大命飛祿入大遷：十年有出外逢貴的運。
   ▼大命飛權入大官：十年有機會創業的運。
   ▼大命飛科入大夫：十年有機會結婚的運。
   ▼大命飛忌入大兄：十年此人欠兄弟的運。
6. 大限盤十二宮位互飛四化時，準確率有40%，因單一命盤只論現象而已。

● **這是流年之飛星四化，傳統老師錯誤之算流年。**

▼由流年戊天干飛出之四化到其他宮位。

▼由流命飛出之四化稱爲流年命宮四化。

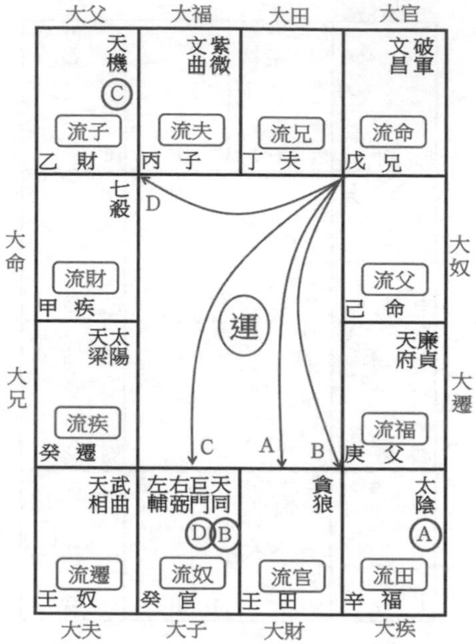

---

1. 這是流年命宮四化，傳統老師錯誤之算流年。
2. 流年之宮位天干爲戊。
3. 由流年飛出之四化入其他宮位。
4. 流命飛祿A入流官。
   流命飛權B入流田。
   流命飛科C入流奴。
   流命飛忌D入流子。
5. 解釋：
   ▼流命飛祿入流官：今年事業想更換的年。
   ▼流命飛權入流田：今年住宅想變動的年。
   ▼流命飛科入流奴：今年朋友是貴人的年。
   ▼流命飛忌入流子：今年是生子生女的年。
6. 流年盤十二宮位互飛四化時，準確率有20%，因單一命盤只論現象而已。

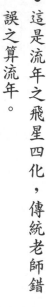

● 本命體與大限用之體用關係。

▼ 體與用形成相同的現象，才會產生吉凶。

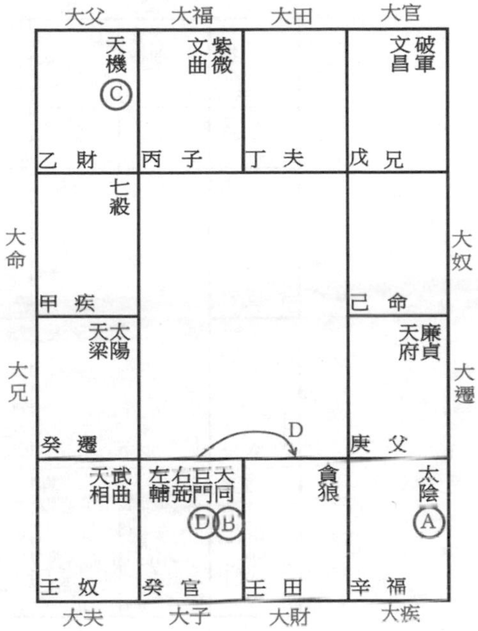

1. 本命（體）與大限（用）之體用關係。
2. 體與用形成相同現象，才會產生吉凶。
▼ 例如：本夫與大夫或本官與大官……等之關係。
3. 本命（體）與大限（用）形成相同現象。
▼ 本命與大限相同現象之M質互飛。
▼ 忌星有忌入及忌沖兩種。
4. 大子（用）化忌D沖本子（體），形成用沖體，乃大凶也。

解釋：教學生的事業會中斷。

● 本命、大限、流年三盤之吉凶

▼本命體與大限用之體用關係。

▼體與用形成相同的現象，才會產生吉凶。

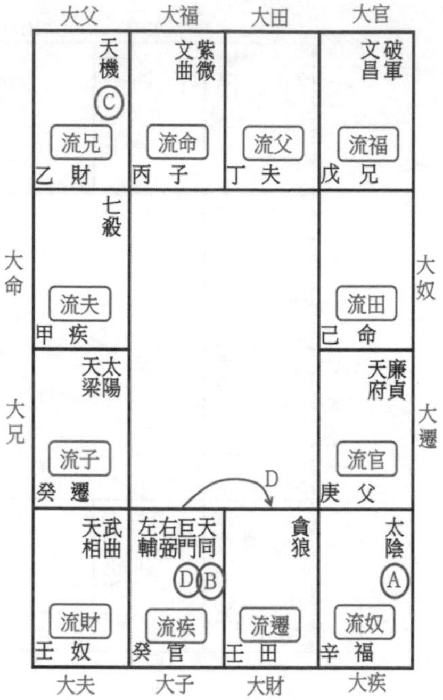

1.本命、大限、流年三盤之吉凶：

2.本命（體）與大限（用）之體用關係。

3.體與用形成相同的現象，忌星有忌入及忌沖兩種。

4.三盤怎麼形成？

▼大子（用）化忌D沖本子（體），形成用沖體，乃大凶也。

▼大子化忌沖本子，沖之年正好爲民國102年，則會形成不利、大凶、無情的三種命盤。

5.解釋：民國102年教學生的事業會中斷。

這是命中註定的定數。

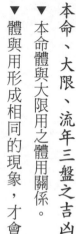

三、本命、大限、流年之吉凶

●前言：

本命命盤與大限命盤重疊的現象稱之空間，本命命盤與大限命盤形成相同的現象稱之體與用的關係，體用關係存在後，才能形成吉凶的條件；並不是算流年用流年命盤，而是大限命盤飛四化入本命命盤後，論述的才是算流年。這是命理學上天地人之三盤，也是90％以上傳統命理老師欠缺的專業知識，誤解「算命格」有吉凶，其實，命格只是現象而已；誤解「算大限」好運時，可以旺十年，其實，每一事件都會有不同的吉凶；誤解貴人與小人會跟著您一輩子，其實，貴人與小人會因不同的人事物而產生不同的結果。

●吉凶的要件：

▼一盤單盤時——本命之單一命盤就可以精論一生註定的命格與人事物的因緣。
這是現象學。

▼二盤合盤時——即本命＋大限二種命盤重疊時，就可以精論十年運勢的時間。
這是時間學。

▼三盤合盤時——即本命＋大限＋流年三種命盤重疊時，就可以精論流年的吉凶。
這是吉凶學。

▼四盤合盤時——即本命＋大限＋流年＋流月四種命盤重疊時，就可以精論趨吉避凶。
這是改運學。

▼五盤合盤時——即本命＋大限＋流年＋流月＋流日五種命盤重疊時，就可以精論掌握良機。這是富貴學。

●吉凶的形成：

▼一盤論格局——乃由飛星四化之本命命盤互飛就能精論先天格局。單盤不能論述吉凶。

▼二盤論大限——一定要本命＋大限二種命盤形成相同的現象。論述流年的吉凶。

▼三盤論流年——一定要本命＋大限＋流年三種命盤形成相同的現象。論述流月的吉凶。

▼四盤論流月——一定要本命＋大限＋流年＋流月四種命盤形成相同的現象。論述流日的吉凶。

▼五盤論流日——一定要本命＋大限＋流年＋流月＋流日五種命盤形成相同的現象。論述流時的吉凶。

●算命之論斷：

▼本命命盤之飛星四化——因命中有100％的現象，80％的機會，60％的事實。故不用豐富之人生經歷，任何人算命都會準。

▼大限命盤之飛星四化——因命中有80％的現象，60％的機會，40％的事實。

故藉豐富之算命技巧，專業老師算命也會準。

▼流年命盤之飛星四化──因命中只有60%的現象，40%的機會，20%的事實。傳統命理老師開始進入亂算亂掰的論斷。

▼流月命盤之飛星四化──因命中只有40%的現象，20%的機會，10%的事實。傳統命理老師開始進入胡扯鬼扯的論斷。

▼流日命盤之飛星四化──因命中只有20%的現象，10%的機會，5%的事實。傳統命理老師開始進入胡言亂語的論斷。

● 算運之論斷：

1. 本命飛星四化：

▼本命命盤影響大限命盤的吉凶。

▼重點在如何應用命中的優勢條件，創造人生的富貴丁壽。

▼重點在好運是那一大限？此十年的好運從那一年開始？那一年結束？

2. 大限飛星四化：

▼大限命盤影響流年命盤的吉凶。

▼重點在本命與大限的優勢一定要銜接到個人流年的好運。

▼重點在好運從那一年開始？那一年結束？壞運從那一年開始？那一年結束？

3. 流年飛星四化：

▼流年命盤只能影響流月命盤的吉凶。

▼不是算流年用流年命盤，而是本命與大限命盤形成相同現象，就是算流年。

▼這是九成以上命理老師錯誤的算命法，也是誤解或誤用之完全不準的論斷。

4.流月飛星四化：

▼流月命盤只能影響流日命盤的吉凶。

▼傳統命理老師算流月已經進入亂算的論斷。

▼算流月：一定要本命＋大限＋流年＋流月四種命盤形成相同現象，才能成立。

5.流日飛星四化：

▼流日命盤只能影響流時命盤的吉凶。

▼傳統命理老師算流日已經進入亂算的論斷。

▼算流日：一定要本命＋大限＋流年＋流月＋流日五種命盤形成相同現象，才能成立。

6.以搬家為實例：

▼2016年3月12日辰時搬家。

▼先論2016年3月12日辰時搬家，我會發生什麼事？

▼再論人事物的吉凶，從何年何月何日開始？何年何月何日結束？

▼最後論搬家對以後的影響是什麼？影響時間從何年何月何日開始？何年何月何日結束？

柒、看命盤說故事

看命盤說故事一直是我二十幾年來堅持的理念，筆者第一本書——《紫微斗數開館的第一本書》有一單元也清楚描述。其實，命盤上本來就可以看出命中註定的人生故事或自己選擇的人生故事，也可以看出每一事件應該怎麼選擇人生的最大利益。看命盤說故事的思維很貼近年輕人的心境，更符合現代人的語言，可以滿足問命者高標準的要求，這是命理界第一次應用說故事的方式來論述人生的故事，也第一次嘗試讓所有人事物的現象從命盤上一眼就可以看出來。這是命理界一大盛事，分基礎篇與進階篇兩篇，基礎篇應用簡單的公式讓一般人快速進入算命的神秘世界；進階篇則應用第二層與第三層的命理學公式，讓愛好命理者快速進入命理之美的境界。

學會命理學其實是很簡單的事，只要把握住兩種基本理念就可以輕鬆入門。一、有定位，才有定數，二、精準應用人、事、物之用神。但此兩點卻是90%以上傳統命理老師不知道的事。算命第一步驟的重點在定位與定數，問命時，可以分兩個階段，一是求助者問還沒決定的事，這是算命的範圍；二是求助者問已經決定的事，這是算運的範圍。算運的問法是從我決定怎麼做開始，個人有明確的方向，老師才能正確回答您的問題。算命第二步驟的重點是如何善用人事物的用神，用神乃華山派精準切入主題的獨門利器，有了用神的幫助，所有人、事、物的現象、時間、吉凶、內容、影響、改運、轉運、宗教，才有明確的目標與方向爲其指導準繩。

現就怎麼幫人算命分析如下：

●先幫助求助者怎麼問問題？

▼今年結婚對事業有沒有幫助？我應該怎麼做？
▼今年創業會不會賺錢？賺錢的時間在何時？我應該怎麼做？
▼今年生小孩帶財？還是帶衰？帶衰的時間在何時？我應該怎麼做？
▼現在搬家會發生什麼事？衰運在何時？我應該怎麼做？
▼現在改名字會發生什麼事？改名的時間在何時？我應該怎麼做？
▼某某生肖對我現在有沒有幫助？我應該怎麼做？

●再知道求助者的問題怎麼切入？

算命怎麼切入？自古以來一直是命理老師最不會的事，也困擾了我二十幾年，每當遇到求助者殷殷期盼時，我內心的自責總是久久不能停息，經過十幾年來不斷的算命歷練、教學相長、同行切磋、突破傳統、精益求精，終於我在2009年春天於新北市建築師公會教課期間，受到幾名教授學員之激勵，突然領悟了讓算命得心應手的切入法——用神，當時內心驚喜若狂，如醍醐灌頂般，讓我打通了正統命理學之任督二脈；如佛祖在菩提樹下頓悟般，讓人看到命理學的未來。

總之，花若盛開，蝴蝶自來；你若精彩，天自安排。成功不一定有理由，但失敗一定有原因。看命盤說故事開啓了所有命理界打不開的鑰匙，它讓人、事、物的定位有了方向，它讓所有高難度的問題都迎刃而解；它讓命理愛好者學會幫人算運，它讓人欣賞到命理之美的魅力。命中註定的人生故事共分二種，一是上天安排的人生故事，它讓人特別順心，凡事皆能得心應手，事半功倍；二是自己選擇的人生故事，它讓人事事多折磨，凡事礙手礙腳，事倍功半。所以，算命過程中，有人事業還沒成功，一定是上天安排的某某事項還未完成，個人務必勇往直前，千萬不要辜負上天安排之愛的禮物。

一、看命盤說故事基礎篇

學會基礎篇必先學會命理學的三件事，一是十二宮位的定位，二是用神的定位，三是體與用的定位。十二宮位的定位，清楚分析人事物之管轄權，讓人快速學會每一事件的分類；用神的定位，清楚分析每一事件之管轄權，讓人快速學會問題的切入法；體與用的定位，清楚分析本命與大限之管轄權，讓人快速學會吉凶的分辨法。十二宮位的定位在下一段文章分析，用神的定位在看命盤說故事——進階篇中分析，體與用的定位在本篇實例中分析。這三種定位都是學習命理最先要學會的本事，有了它們的幫助，你才能大膽地告訴別人說：我會算命了。現就十二宮位的定位分析如下：

●十二宮位的定位：

十二宮位的基本內涵乃學習命理學最基礎的功夫，它可以直接單一宮位算命，也可以應用飛星四化之兩個宮位算命或應用生年四化之兩個宮位算命。單一宮位算命又分在人、在事、在物等三種方法算命；飛星四化的算命法乃每一宮位皆可飛四化M質到其他十一宮位來算命；生年四化的算命法乃應用本命命盤與大限命盤之宮位重疊來算命。

▼單一宮位算命法：表示此一宮位一定要有M質。

例如：命宮有M質，算命的表達有四種，一存在，二欠債，三貴人，四有運。

例如：命宮有M質，以貴人的角度。
解釋：自己是自己的貴人，自己必先擁有條件後，別人才會願意幫助你。
▼兩個宮位算命法：有飛星四化算命法或生年四化算命法兩種。
飛星四化算命法：表示一定要兩個宮位合起來算命。
例如：命宮飛四化星入財帛宮，表示要命宮＋財帛宮合起來解釋。
解釋：命宮＋財帛宮，表示命中賺大錢的人。
▼生年四化算命法：表示一定要兩個宮位重疊算命。
例如：命宮有生年M質＋重疊23/31大限夫妻宮，兩個宮位可以合起來解釋。
解釋：命宮＋大夫，兩個宮位合起來，表示23/31大限會結婚。
現以十二宮分析單一宮位算命法與兩個宮位算命法。

（一）命宮：

在人：本性、喜好、才華、姻緣、內心世界眞我。
在事：命中優勢、成功個性、先天官祿宮的條件。
在物：意外、情緣、所有人、事、物有關的定數。

●單一宮位算命法：

在人：以本性角度，表示此人容易想不開、放不下、捨不得。
在事：以命中優勢角度，表示此人付出努力，一定會得到相對的代價。

在物：以意外角度，表示此人命中有意外或無常的人生。

●兩個宮位算命法：

▼飛星四化算命法：命宮飛四化M質入子女宮。

解釋：命＋子兩個宮位合起來，表示命中有子女命。

▼生年四化算命法：命宮有M質，行運再重疊32/41大限田宅宮。

解釋：本命有M質＋大田，表示32/41大限有不動產的好運。

(二) 兄弟宮：

在人：兄弟、姊妹、母親、朋友、眾生、姻緣。

在事：出外、驛馬、出差、傳銷、業務、外務。

在物：人脈、公關、合作、加盟、保險、傳銷。

●單一宮位算命法：

在人：以兄弟角度，表示此人命中有兄弟姊妹。

在事：以出外角度，表示此人適合業務與外務的工作。

在物：以人脈角度，表示此人開拓人際關係，對事業會加倍幫助。

● **兩個宮位算命法：**

▼飛星四化算命法：兄弟宮飛四化M質入父母宮。

解釋：兄＋父兩個宮位合起來，表示兄弟姊妹是貴人。

▼生年四化算命法：兄弟宮有M質，行運再重疊32/41大限父母宮。

解釋：本兄有M質＋大父，表示32/41大限兄弟姊妹會變成你的貴人。

(三) 夫妻宮：

在人：同居、配偶、異性緣、緣分的對待關係。

在事：共業、格局、事業、先天事業生滅關係。

在物：感情的關係、婚姻的條件、相處的對待。

● **單一宮位算命法：**

在人：以同居角度，表示此人有女朋友後，就會以同居來穩定感情。

在事：以共業角度，表示此人的事業天生適合夫妻一起共事。

在物：以感情的關係角度，表示此人凡事會以家庭和樂爲重心。

● **兩個宮位算命法：**

▼飛星四化算命法：夫妻宮飛四化M質入子女宮。

解釋：夫＋子兩個宮位合起來，表示結婚的首要工作是生小孩。

▼生年四化算命法：夫妻宮有M質，行運再重疊32/41大限子女宮。

解釋：本夫有M質＋大子，表示32/41大限是生小孩的好運時間。

(四) 子女宮：

在人：子女、桃花、學生、意外、員工、姻緣。

在事：出外、驛馬、出差、傳銷、業務、外務。

在物：人脈、公關、合夥、合作、加盟、乾股。

●單一宮位算命法：

在人：以子女角度，表示此人先天有子女命。

在事：以出外角度，表示此人是出外逢貴的格局。

在物：以人脈角度，表示此人開拓人際關係，對事業會加倍幫助。

●兩個宮位算命法：

▼飛星四化算命法：子女宮飛四化M質入福德宮。

解釋：子＋福兩個宮位合起來，表示子女是繼承家業的第一人選。

▼生年四化算命法：子女宮有M質，行運再重疊55/64大限福德宮。

解釋：本子有M質＋大福，表示55/64大限子女是繼承家業時間。

（五）財帛宮

在人：本性、人緣、對象、姻緣、配偶。
在事：上班、事業、創業、才華、專業。
在物：獨資、投資、投機、理財、財運。

●單一宮位算命法：

在人：以本性角度，表示此人愛錢、花錢、管錢、喜歡錢是天性。
在事：以上班角度，表示上班要以錢多爲重點，有錢會盡心盡力付出。
在物：以獨資角度，表示創業適合獨資或一定要掌握的事業才能投資。

●兩個宮位算命法：

▼飛星四化算命法：財帛宮飛四化M質入田宅宮。
解釋：財＋田兩個宮位合起來，表示有錢一定要買不動產投資。
▼生年四化算命法：財帛宮有M質，行運再重疊32/41大限命宮。
解釋：本財有M質＋大命，表示32/41大限有賺大錢的好運。

（六）疾厄宮：

在人：思維、脾氣、疾病、個人喜好。
在事：勞力、勞祿、勞心、事必躬親。

在物：災厄、意外、健康、美容養身。

●單一宮位算命法：

在人：以思維角度，表示此人重視自己的直覺與感覺，有固執的天性。

在事：以勞力角度，表示此人適合親力親爲，掌握的事業才能成功。

在物：以災厄角度，表示此人有意外命，在不對的時間點搬家容易出事。

●兩個宮位算命法：

▼飛星四化算命法：疾厄宮飛四化M質入命宮。

解釋：疾＋命兩個宮位合起來，表示先天勞碌命。

▼生年四化算命法：疾厄宮有M質，行運再重疊32/41大限子女宮。

解釋：本疾有M質＋大命，表示32/41大限有生小孩的好運。

（七）遷移宮：

在人：個性、姻緣、老運、外人對找的觀感。

在事：驛馬、業務、外務，包裝自己或產品。

在物：留學、出國、移民、出外的一切因緣。

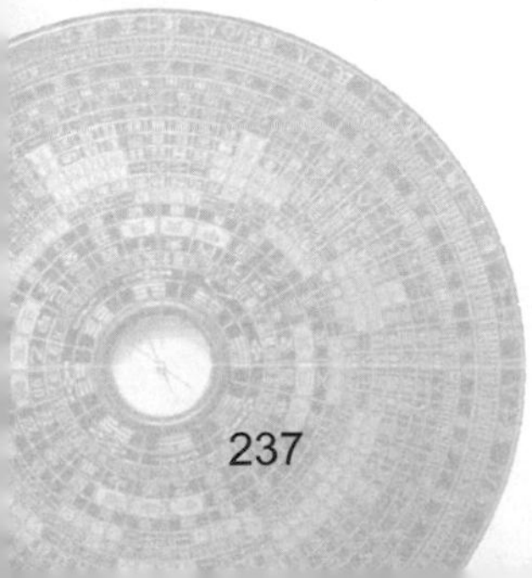

●**單一宮位算命法：**

在人：以個性角度，表示此人學會業務與外務的能力，才能出外逢貴。

在事：以驛馬角度，表示此人勇敢接受任何挑戰，就能承擔主管的位置。

在物：以留學角度，表示此人出外讀書或學習專長，才能事業加倍發展。

●**兩個宮位算命法：**

▼飛星四化算命法：遷移宮飛四化M質入官祿宮。

解釋：遷＋官兩個宮位合起來，表示接受公司任何調動，就是升官保證。

▼生年四化算命法：遷移宮有M質，行運再重疊32/41大限命宮。

解釋：本遷有M質＋大命，表示32/41大限有調動後升官的好運。

(八) 奴僕宮：

在人：朋友、部屬、同事、員工、過客緣分。

在事：異性緣、眾生情、朋友義、人際關係。

在物：人脈、傳銷、業務、外務、依靠關係。

●**單一宮位算命法：**

在人：以朋友角度，表示成也朋友，敗也朋友，但朋友是成就的貴人。

在事：以異性緣角度，表示此人婚前異性緣旺，婚後可以靠朋友賺錢。

在物：以人脈角度，表示此人開拓人際關係，對事業會加倍幫助。

●兩個宮位算命法：

▼飛星四化算命法：奴僕宮飛四化M質入官祿宮。

解釋：奴＋官兩個宮位合起來，表示先天靠朋友賺錢的命。

▼生年四化算命法：奴僕宮有M質，行運再重疊32/41大限官祿宮。

解釋：本奴有M質＋大官，表示32/41大限是靠朋友賺錢的時間。

（九）官祿宮：

在人：本性、同事、情緣、先天優勢的條件。

在事：工作、事業、職業、先天成功的條件。

在物：功名、考試、學校、先天富貴的條件。

●單一宮位算命法：

在人：以本性角度，表示此人天生事業企圖心強，事業很容易成功。

在事：以工作角度，表示此人對工作曾努力付出，天生成就的人。

在物：以功名角度，表示此命事業成就高，努力付出，上天加倍奉還。

● **兩個宮位算命法：**

▼飛星四化算命法：官祿宮飛四化M質入田宅宮。

解釋：官＋田兩個宮位合起來，表示適合做與房子有關的工作。

▼生年四化算命法：官祿宮有M質，行運再重疊42/51大限命宮。

解釋：本官有M質＋大命，表示42/51大限有創業的好運。

（十）田宅宮：

在人：家族、親戚、小家庭、家族企業的格局。

在事：搬家、意外、店面、工廠、事業的格局。

在物：家業、祖業、繼承、先天不動產的格局。

● **單一宮位算命法：**

在人：以家族角度，表示此人適合住在家裡，繼承家業的命格。

在事：以搬家角度，表示此人年輕出外學習，中年再繼承家業。

在物：以家業角度，表示此人繼承家業的命格，傳宗接代的人。

● **兩個宮位算命法：**

▼飛星四化算命法：田宅宮飛四化M質入命宮。

解釋：田＋命兩個宮位合起來，表示先天有繼承祖產的命。

▼生年四化算命法：田宅宮有M質，行運再重疊45/54大限命宮。

解釋：本田有M質＋大命，表示45/54大限有繼承祖產的好運。

（十一）福德宮：

在人：貴人、公媽、祖蔭、積善人家的福報位。

在事：嗜好、興趣、貴人、利害關係的應酬位。

在物：家業、祖業、繼承、宗教角度的因果位。

●單一宮位算命法：

在人：以貴人角度，表示此人付出努力，一定會得到相對的代價。

在事：以嗜好角度，表示此人是少數興趣可以賺大錢的人。

在物：以家業角度，表示此人繼承家業的命格，傳宗接代的人。

●兩個宮位算命法：

▼飛星四化算命法：福德宮飛四化M質入官祿宮。

解釋：福＋官兩個宮位合起來，表示先天追求夢想的人。

▼生年四化算命法：福德宮有M質，行運再重疊32/41大限官祿宮。

解釋：本福有M質＋大官，表示32/41大限是追求夢想的時間。

(十二) 父母宮：

在人：父母、長輩、上司、貴人、老闆、神明。
在事：升官、創業、考試、公家、學校、銀行。
在物：讀書、技能、合作、加盟、客源、上游。

● **單一宮位算命法：**

在人：以父母角度，表示此人命中註定是主管、老闆、專業的命格。
在事：以升官角度，表示此人付出努力，一定會得到升官的機會。
在物：以讀書角度，表示此人人生有瓶頸時，讀書或學東西可轉運。

● **兩個宮位算命法：**

▼飛星四化算命法：父母宮飛四化M質入命宮。
解釋：父＋命兩個宮位合起來，表示此人命中主管、老闆的命。
▼生年四化算命法：父母宮有M質，行運再重疊32/41大限命宮。
解釋：本父有M質＋大命，表示32/41大限有升官的好運。

（一）什麼人還債會帶來現世報

● 吉凶的公式：

1.第一大公式：

▼算運時，本命與大限一定要形成相同的現象，例如本命與大命與大福要形成互飛的現象。

2.第二大公式：

▼飛星四化之本命體與大限用的關係互飛祿、權、科三星辰者，表示此宮位有好運；飛星四化之體用關係飛忌入或忌沖者，表示此宮位有壞運。

例如：本福化科星入本命，本父化權星入本命，表示還債會帶來福報。

3.第三大公式：

▼生年四化星入大限任何宮位，皆表示此一宮位有好運。

例如：生年科星入大命福德宮，表示此大命54/63還債會帶來福報。

● 戊男詳細命盤：

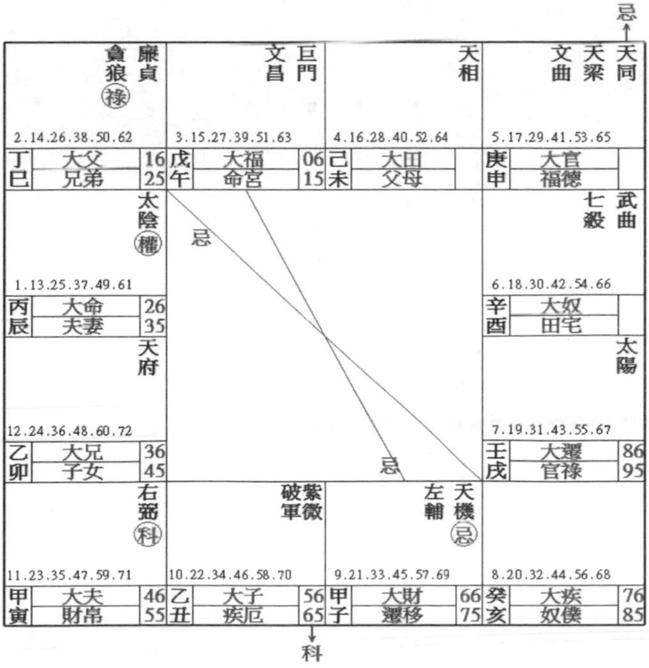

● 戊男簡易命盤：

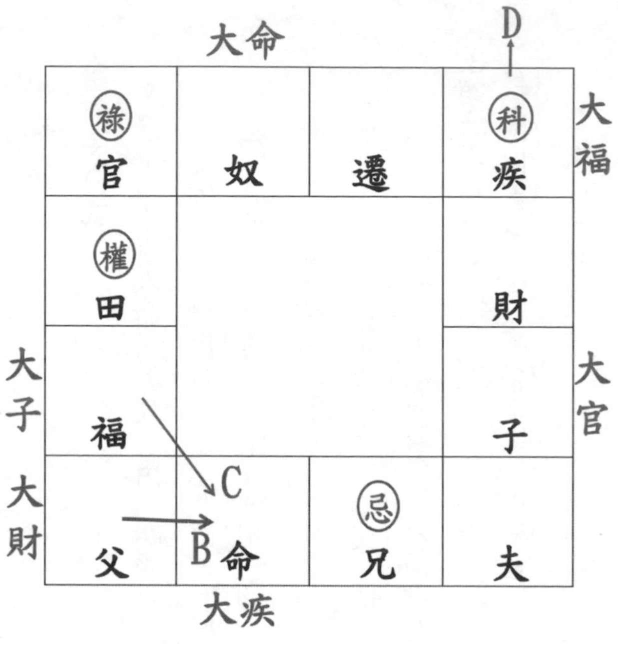

Q問題：什麼人還債會帶來現世報？

A說明：對兄弟姊妹好，事業就會好。

分析：

1.本福化科星與本父化權星入本命。

▼皆表示命中註定還債會帶來福報。

2.生年科星入大命福德宮。

▼表示此大命54/63還兄弟姊妹的債會帶來福報。

▼欠兄弟姊妹的債可以從大福的自化公式中看出來。

3.華山派職業班的課程：

▼做壞事現世報有幾種？

▼還債帶來現世報有幾種？

▼做什麼事？你會報應什麼事？

▼還債的時間？報應的時間？

（二）什麼人做壞事會有現世報

●吉凶的公式：

1.第一大公式：

▼算運時，本命與大限一定要形成相同的現象，例如本福與大福要形成互飛的現象。

2.第二大公式：

▼飛星四化之本命體與大限用的關係互飛祿、權、科三星辰者，表示此宮位有好運；飛星四化之體用關係飛忌入或忌冲者，表示此宮位有壞運。

例如：大命福德宮飛忌星入本命福德宮，表示此大命62/71做壞事會有報應。

3.第三大公式：

▼生年四化星入大限任何宮位，皆表示此一宮位有壞運。

例如：生年忌星在本命福德宮，表示命中做壞事會有報應。

●辛男詳細命盤：

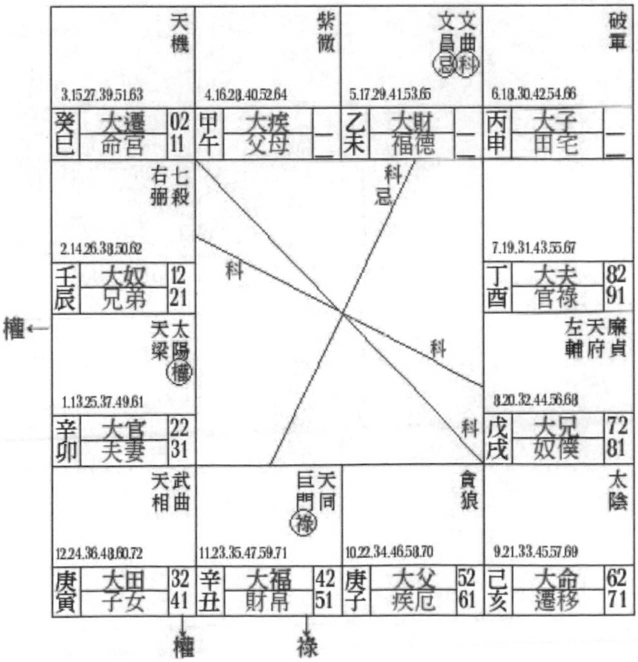

●辛男簡易命盤：

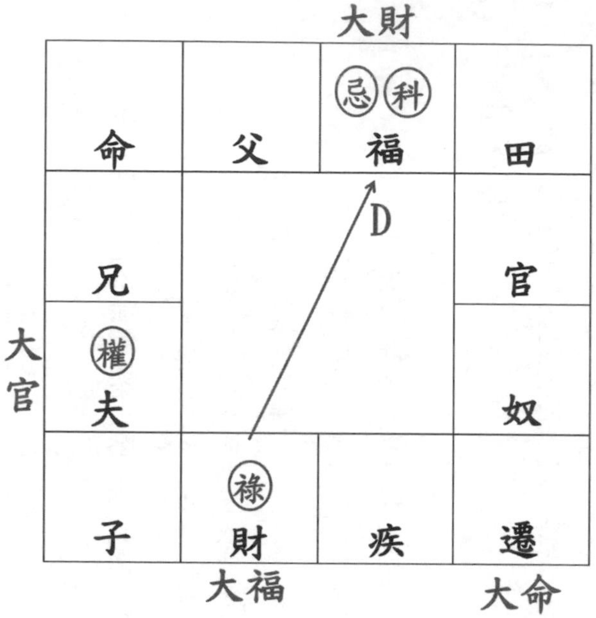

Q問題：什麼人做壞事會有現世報？

A說明：不同的壞事，有不同的報應。

分析：

1. 本福有科星、忌星。
   - ▼科星表示付出、感恩會得到更多。
   - ▼忌星表示做壞事會得到報應。
2. 大命福德宮飛忌星入本命福德宮。
   - ▼表示此大命62/71做壞事會有報應。
3. 華山派職業班的課程：
   - ▼做壞事現世報有幾種？
   - ▼不還債現世報有幾種？
   - ▼做什麼事？你會報應什麼事？
   - ▼還債的時間？報應的時間？

（三）什麼人拜神明有效？

● 吉凶的公式：

1. 第一大公式：

▼算運時，本命與大限一定要形成相同的現象，例如本父與大父要形成互飛的現象。

2. 第二大公式：

▼飛星四化之本命體與大限用的關係互飛祿、權、科三星辰者，表示此宮位有好運；飛星四化之體用關係飛忌入或忌沖者，表示此宮位有壞運。

例如：大父化祿星入本父，表示此大命46/55拜神明有效。

3. 第三大公式：

▼生年四化星入大限任何宮位，皆表示此一宮位有好運。

例如：生年權星在本命父母宮，表示拜神明有效，在神明保佑的範圍內都能心想事成。

● 己女詳細命盤：

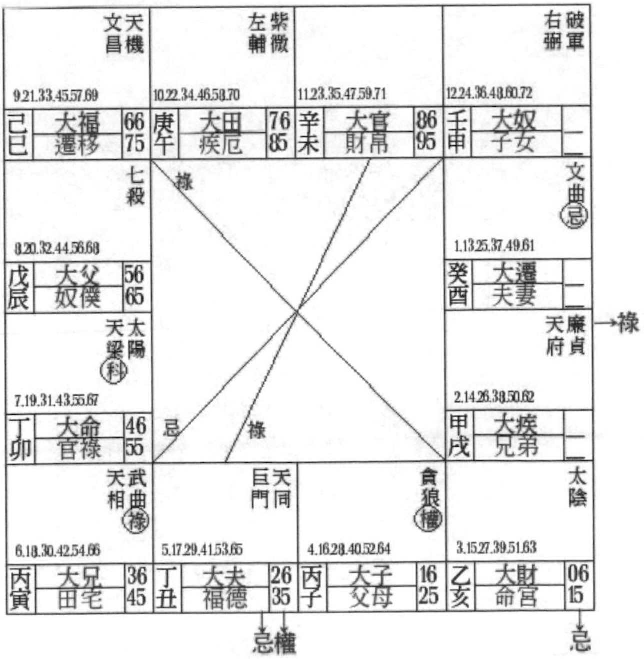

●己女簡易命盤：

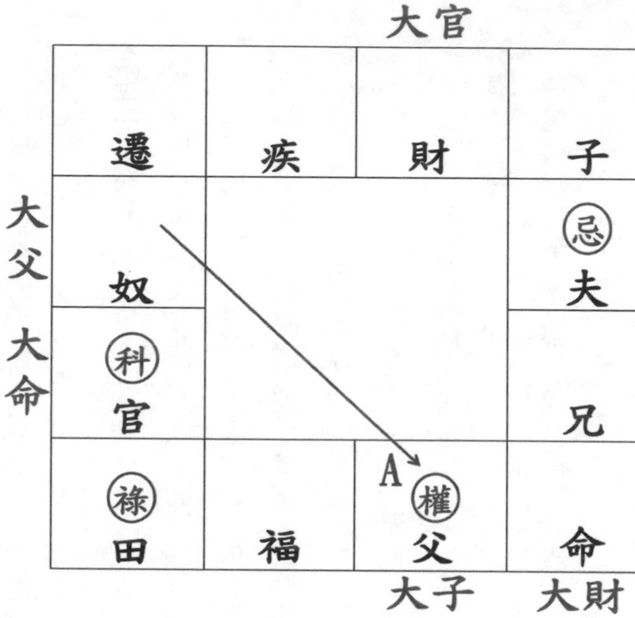

Q問題：什麼人拜神明有效？

A說明：此人現在正領悟玄學的奧秘。

分析：

1.本命父母宮有權星。

▼表示天生有神佛的緣分。

▼也表示命中拜神明有效。

2.大命父母宮飛祿星入本命父母宮。

▼表示此大命46/55拜神明有效，在神明保佑的範圍內都能心想事成。

3.父母宮包含神明、父母、老師、上司、老闆……等。

▼對神明：心中有神明才能迴向自己。

▼對父母：又孝又順才能得到福報。

▼對老師：尊敬老師才能得到學問。

▼對老闆：完成老闆交付的任務。

(四) 什麼人可以結婚？

● 吉凶的公式：

1. 第一大公式：

▼ 算運時，本命與大限一定要形成相同的現象，例如本夫與大夫要形成互飛的現象。

2. 第二大公式：

▼ 飛星四化之本命體與大限用的關係互飛祿、權、科三星辰者，表示此宮位有好運；飛星四化之體用關係飛忌入或忌沖者，表示此宮位有壞運。

例如：本命夫妻宮飛忌星入大命26/35，表示此大命有結婚的好運。

3. 第三大公式：

▼ 生年四化星入大限任何宮位，皆表示此一宮位有好運。

例如：一個宮位有兩個M質，表小命中會結婚的人。

● 己女詳細命盤：

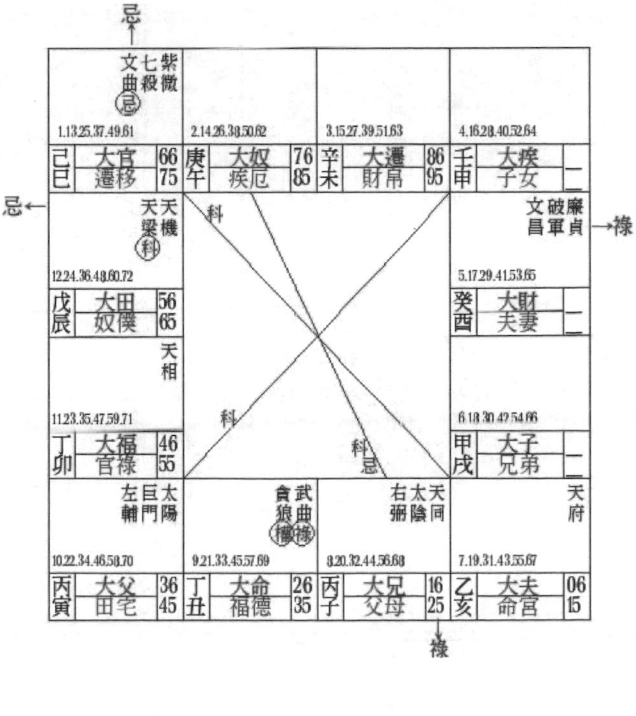

● 己女簡易命盤：

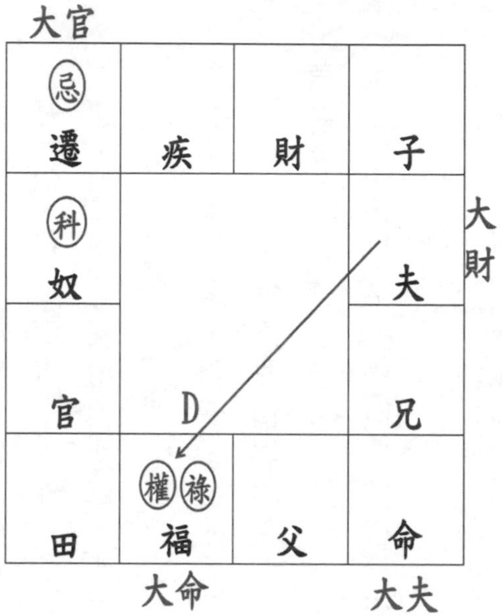

Q問題：什麼人可以結婚？

A說明：先論適婚年齡，再論結婚運。

分析：

1.一個宮位有兩個M質。

▼表示命中會結婚的人。

2.大命命宮有祿星、權星。

▼表示此大命26/35是正緣，可以結婚。

3.本命夫妻宮飛忌星入大命。

▼表示此大命26/35是正緣，可以結婚。

▼本是凶象，但因大命有兩個M質。

4.本命盤大夫不能飛M質入本夫或本命。

▼一個結果，至少有30種以上的公式，不是每一種公式都能看出會結婚。

5.論流年或結婚帶財、帶衰？這是進階班的學問，需要更多的公式分析。

(五) 什麼人可以創業?

● 吉凶的公式：

1. 第一大公式：

▼算運時，本命與大限一定要形成相同的現象，例如本官與大官要形成互飛的現象。

2. 第二大公式：

▼飛星四化之本命體與大限用的關係互飛祿、權、科三星辰者，表示此宮位有好運；飛星四化之體用關係飛忌入或忌沖者，表示此宮位有壞運。

例如：大官化權星入本官，表示此大命26/35可以創業。

3. 第三大公式：

▼生年四化星入大限任何宮位，皆表示此一宮位有好運。

例如：大命命宮26/35有生年祿星，表示此大命有創業的好運。

● 丁男詳細命盤：

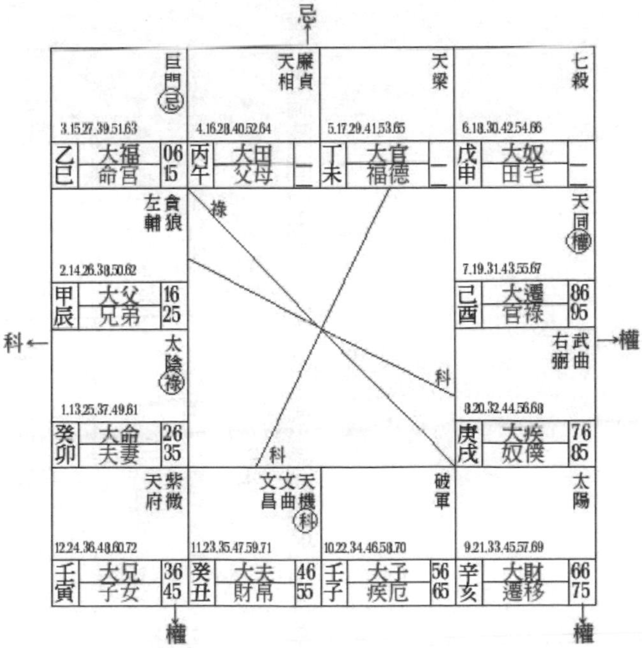

●丁男簡易命盤：

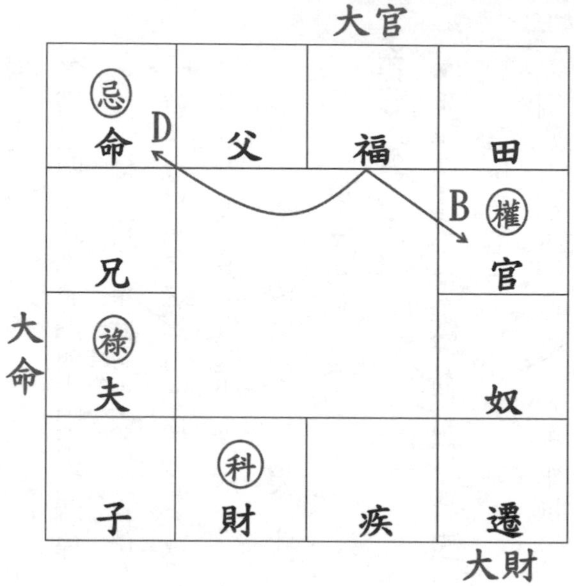

Q問題：什麼人可以創業？

A說明：先論有企圖心，再論創業運。

分析：

1.本命官祿宮有生年權星。

▼表示命中是創業的格局。

2.大命官祿宮飛權星入本命官祿宮。

▼表示此大命26/35可以創業。

3.大命命宮26/35有生年祿星。

▼表示此大命26/35有創業的好運。

4.生年忌星在本命，大官飛忌星入本命。

▼表示此大命26/35上班會結束。

5.論時間或換工作帶財、帶衰的問題，這是進階班的學問，需要更多的公式分析。

（六）什麼人可以換工作？

● 吉凶的公式：

1. 第一大公式：

▼ 算運時，本命與大限一定要形成相同的現象，例如本命與大命要形成互飛的現象。

2. 第二大公式：

▼ 飛星四化之本命體與大限用的關係互飛祿、權、科三星辰者，表示此宮位有好運；飛星四化之體用關係飛忌入或忌沖者，表示此宮位有壞運。

例如：大命24/33飛忌星沖本命，表示此大命24/33會換工作。

3. 第三大公式：

▼ 生年忌星沖大限任何宮位，皆表示此一宮位有壞運。

例如：大命有生年忌星，生年忌星有沖本官，表示此大命24/33會換工作。

● 辛男詳細命盤：

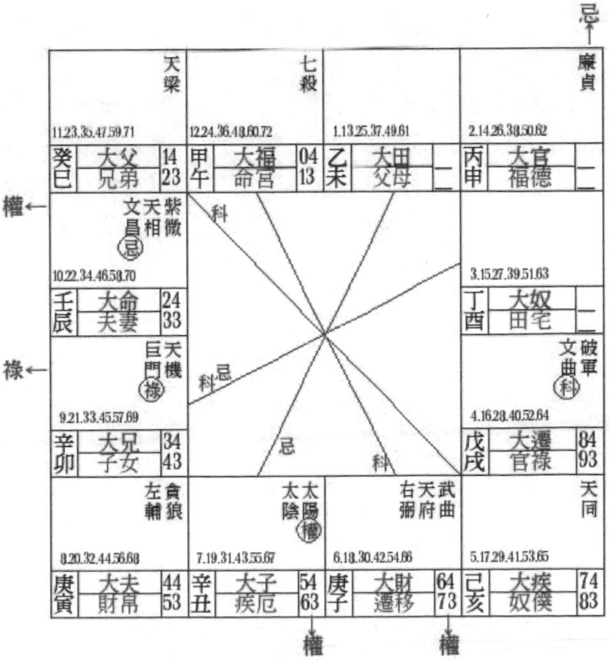

● 辛男簡易命盤：

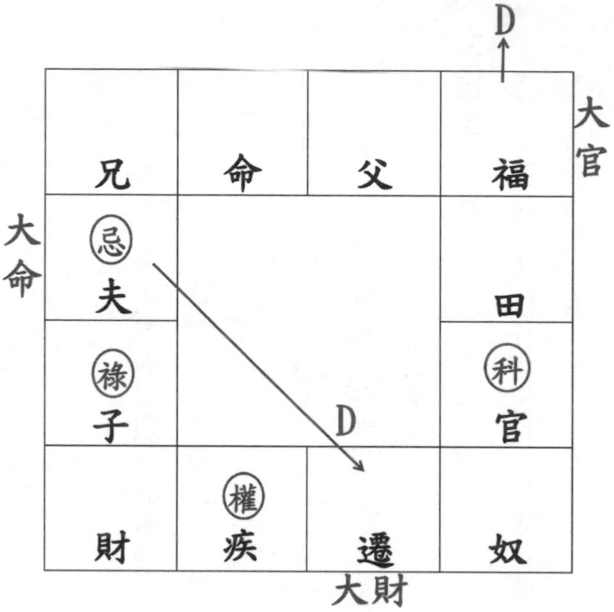

Q問題：什麼人可以換工作？

A說明：換工作帶財或帶衰？

分析：

1.大命24/33飛忌星沖本命。

▼表示此大命24/33會換工作。

2.大命24/33之忌星沖本命官祿宮。

▼也表示此大命24/33會換工作。

3.大官有自化忌星，大命有生年忌星。

▼表示此大命24/33會換工作。

▼這是自化的問題，乃紫微斗數五種分類之一。

4.論時間或換工作帶財、帶衰的問題，這是進階班的學問，需要更多的公式分析。

(七) 什麼人可以考公職？

● 吉凶的公式：

1. 第一大公式：

▼ 算運時，本命與大限一定要形成相同的現象，例如本父與大父要形成互飛的現象。

2. 第二大公式：

▼ 飛星四化之本命體與大限用的關係互飛祿、權、科三星辰者，表示此宮位有好運；飛星四化之體用關係飛忌入或忌沖者，表示此宮位有壞運。

例如：大父化忌星沖本父，表示此大命22/31可以考上公職。

3. 第三大公式：

▼ 生年四化星入大限任何宮位，皆表示此一宮位有好運。

例如：生年忌星在本命父母宮，表示命中公務人員的命。

● 己女詳細命盤：

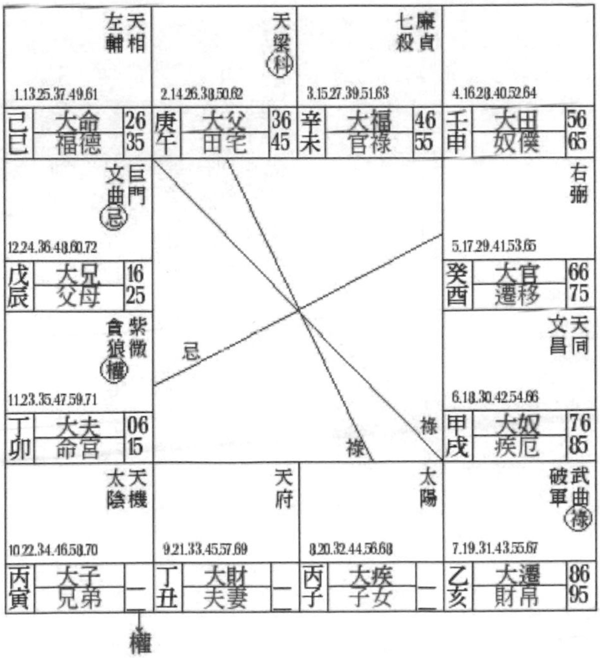

● 己女簡易命盤：

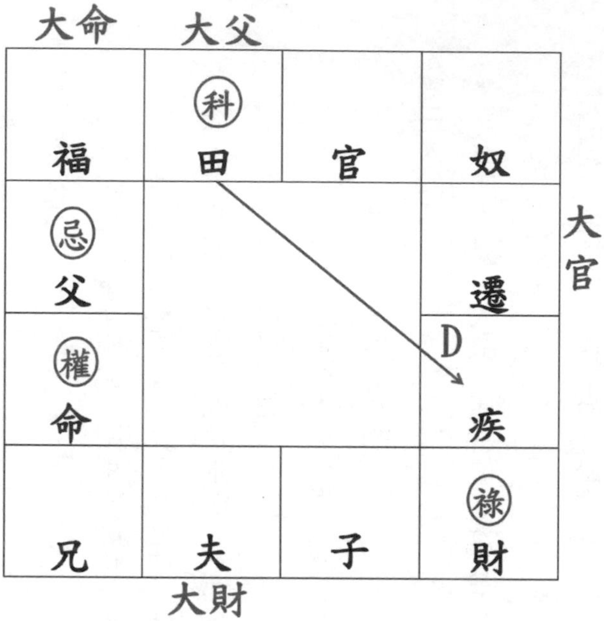

Q問題：什麼人可以考公職？

A說明：已經考了很多年公職。

分析：

1. 本命父母宮有生年忌星。
   ▼表示命中公務人員的命。
2. 大父22/31有生年科星。
   ▼表示此大限有考公職的好運。
3. 本父有忌星，大父化忌星冲本父。
   ▼表示此大命22/31會考上公職。
   ▼這是少數負負得正的命盤。
4. 論時間與次數，這是職業班第三層的學問，需要更多的公式分析。

（八）什麼人可以學算命？

●吉凶的公式：

1.第一大公式：

▼算運時，本命與大限一定要形成相同的現象，例如本子與大子要形成互飛的現象。

2.第二大公式：

▼飛星四化之本命體與大限用的關係互飛祿、權、科三星辰者，表示此宮位有好運；飛星四化之體用關係飛忌入或忌沖者，表示此宮位有壞運。

例如：本子化祿星入大子，表示此大命55/65可以教學生，當老師。

3.第三大公式：

▼生年四化星入大限任何宮位，皆表示此一宮位有好運。

例如：大子有權星，大父有科星，表示此大命55/65可以教學生，當老師。

●丁男詳細命盤：

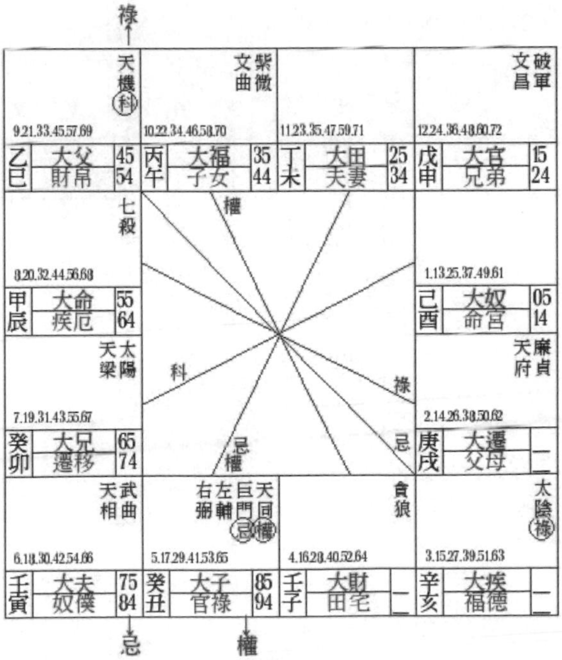

●丁男簡易命盤：

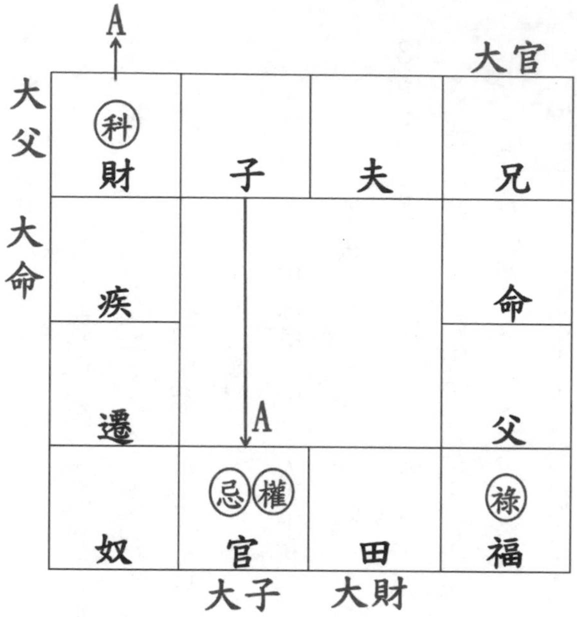

Q問題：什麼人可以學算命？

A說明：至少要符合二種條件才算合格。

分析：

1.學命理的五種基本條件。

▼本命之命、財、官、遷有天字輩的星辰，如天府、天相……等。

▼本命之命、財、官有生年科星。

▼科星自化M質在十二宮位皆可成立。

▼本子或本父有M質。

▼本命、子、官、父有文昌或文曲星。

2.此大命55/64可以學或教命理。

▼大子有權星忌星，大父有科星。

3.進階班的問題：

▼何時可以學會命理？

▼可以從事命理的工作共幾年？

(九)什麼運可以生小孩?

●吉凶的公式：

1.第一大公式：

▼算運時，本命與大限一定要形成相同的現象，例如本子與大子要形成互飛的現象。

2.第二大公式：

▼飛星四化之本命體與大限用的關係互飛祿、權、科三星辰者，表示此宮位有好運；飛星四化之體用關係飛忌入或忌沖者，表示此宮位有壞運。

例如：本命子女宮化忌星入大命，表示此大命24/33有生小孩的好運。

3.第三大公式：

▼生年四化星入大限任何宮位，皆表示此一宮位有好運。

例如：大限子女宮有生年祿星，表示此大命24/33有生小孩的好運。

●辛女詳細命盤：

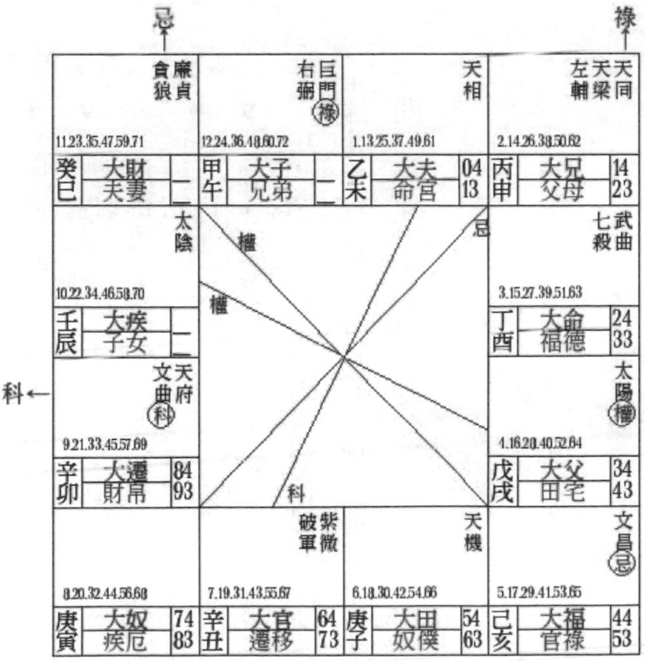

●辛女簡易命盤：

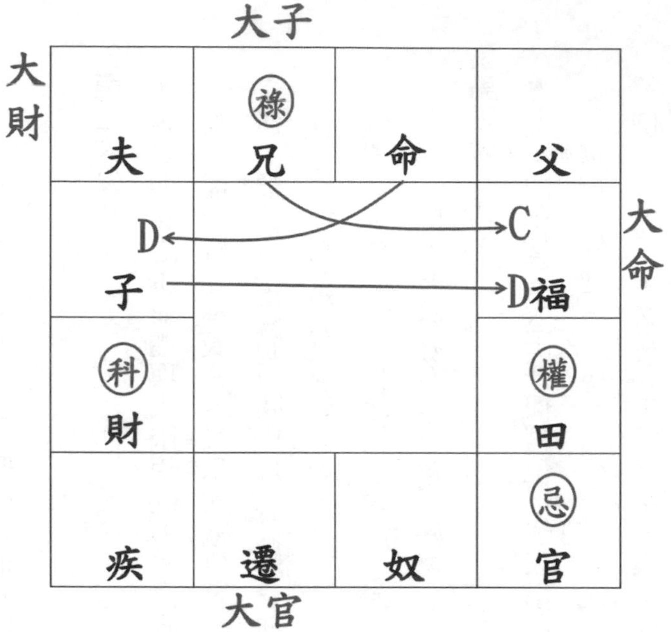

Q問題：什麼運可以生小孩？

A說明：今年生小孩帶財或帶衰？

分析：

1.本命命宮飛忌星入本命子女宮。

▼表示命中有子女的命。

2.本子飛忌星入大命24/33。

▼表示此大限有生子女的好運。

▼第二層論述子女的折磨（忌星）。

3.大子飛科星入大命24/33。

▼也表示此大限有生子女的好運。

▼但是，這是同一個大命命盤，沒有體與用的關係，好運只有三成而已。

4.論生小孩帶財或帶衰？這是進階班的學問，需要更多的公式分析。

(十) 現任女友是不是正緣？

● 吉凶的公式：

1. 第一大公式：

▼ 算運時，本命與大限一定要形成相同的現象，例如本夫與大命要形成互飛的現象。

2. 第二大公式：

▼ 飛星四化之本命體與大限用的關係互飛祿、權、科三星辰者，表示此宮位有好運；飛星四化之體用關係飛忌入或忌沖者，表示此宮位有壞運。

例如：本命夫妻體飛祿星入大限命宮用，表示此運是正緣的緣分。

3. 第三大公式：

▼ 生年四化星入大限任何宮位，皆表示此一宮位有好運。

例如：生年權星、科星在夫妻宮，表示命中是有緣有分的正緣。

● 乙男詳細命盤：

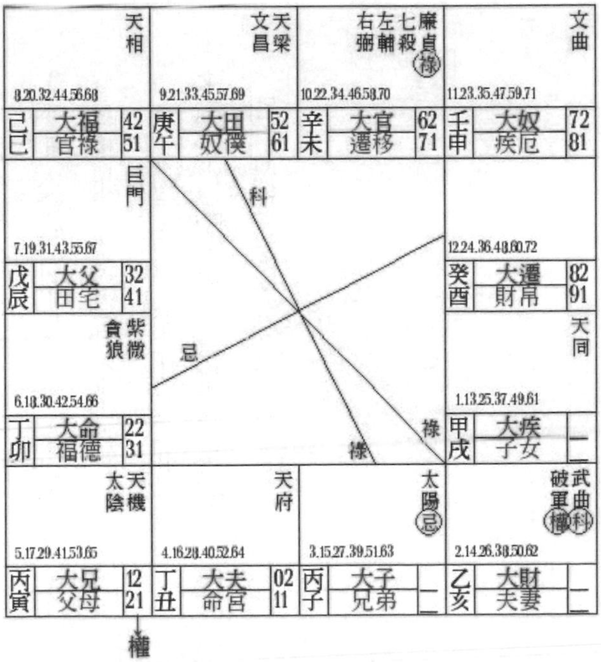

●乙女簡易命盤：

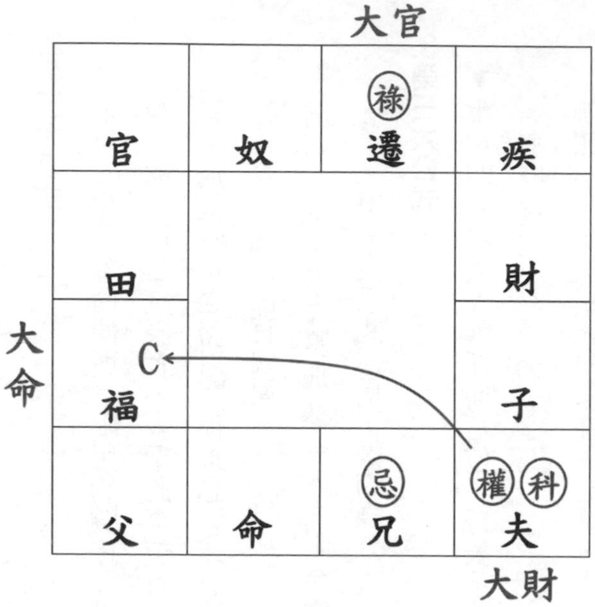

Q問題：現任女友是不是正緣？

A說明：2015年六月交往屬羊的對象。

分析：

1.本夫有生年權星、科星。

▼表示命中有正緣，會結婚。

2.本命夫妻宮化科星入大命22/31。

▼表示此大限會遇到眞命天女。

3.本命夫妻宮有生年權星、科星。

▼權星表示會遇到不怕我的女人。

▼科星表示會遇到我喜歡的女人。

4.論生肖的關係，這是職業班第三層的學問，需要更多的公式分析。

（十一）新歡舊愛怎麼選擇？

● 吉凶的公式：

1.第一大公式：

▼算運時，本命與大限一定要形成相同的現象，例如本子與大子要形成互飛的現象。

2.第二大公式：

▼飛星四化之本命體與大限用的關係互飛祿、權、科三星辰者，表示此宮位有好運；飛星四化之體用關係飛忌入或忌沖者，表示此宮位有壞運。

例如：本命夫妻體飛祿星入大限夫妻用，表示此運是正緣的緣分。

3.第三大公式：

▼生年四化星入大限任何宮位，皆表示此一宮位有好運。

例如：生年忌星入大限子女宮，表示此大限是三角關係。

● 乙男詳細命盤：

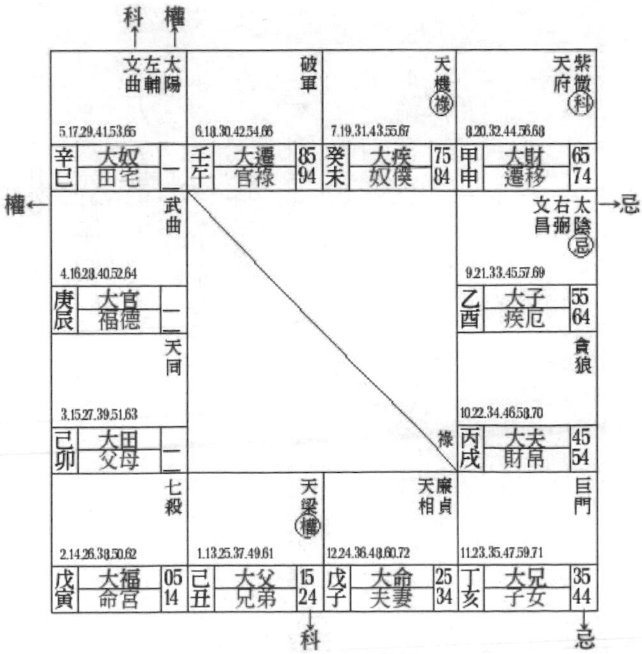

● 乙男簡易命盤：

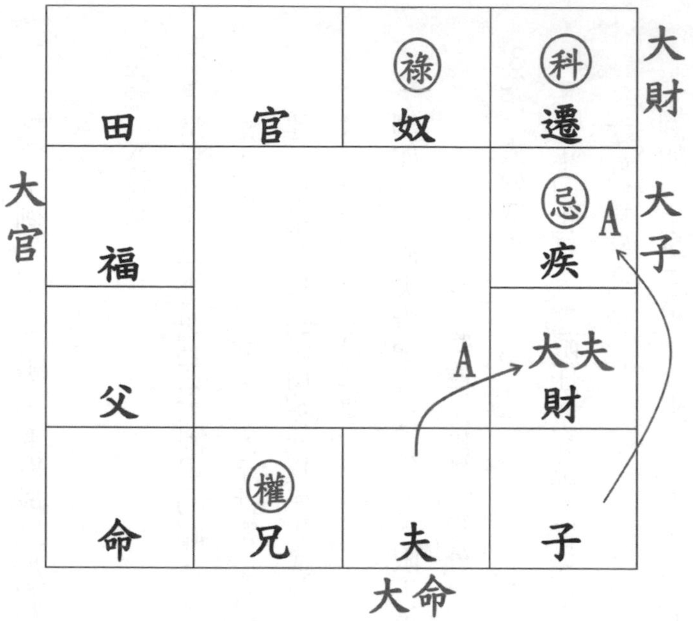

Q問題：新歡舊愛，怎麼選擇？

A說明：2016年新歡屬龍，舊愛屬馬。

分析：

1.本夫化祿入大夫。

▼表示此大限的感情是正緣，交往滿一年才能稱正緣，分手後情傷會很久。

2.本子化祿入大子。

▼表示此大限的感情也是三角關係。

3.大子有生年忌星。

▼表示三角關係不能共存，所以，一定要三角關係變兩角關係。

▼因爲忌星在2017年，故明年才需要選擇。

4.論生肖的關係，這是職業班第三層的學問，需要更多的公式分析。

（十二）命中的感情是無情？

●吉凶的公式：

1.第一大公式：

▼算運時，本命與大限一定要形成相同的現象，例如本夫與大夫要形成互飛的現象。

2.第二大公式：

▼飛星四化之本命體與大限用的關係互飛祿、權、科三星辰者，表示此宮位有好運；飛星四化之體用關係飛忌入或忌沖者，表示此宮位有壞運。

例如：本命夫妻飛忌星沖本命，表示命中的感情無情。

3.第三大公式：

▼生年四化星入大限任何宮位，皆表示此一宮位有好運。

例如：生年忌星入子女宮，表示命中的感情一定要經歷三角關係。

●丙女詳細命盤：

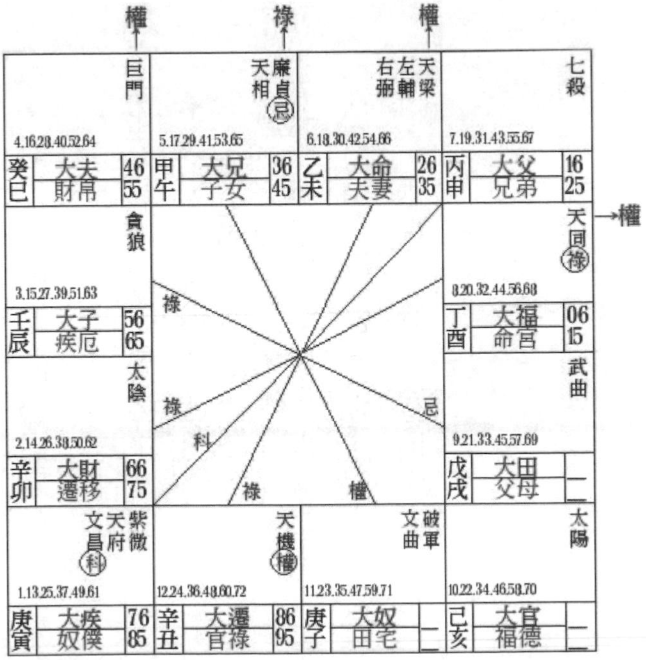

● 丙女簡易命盤：

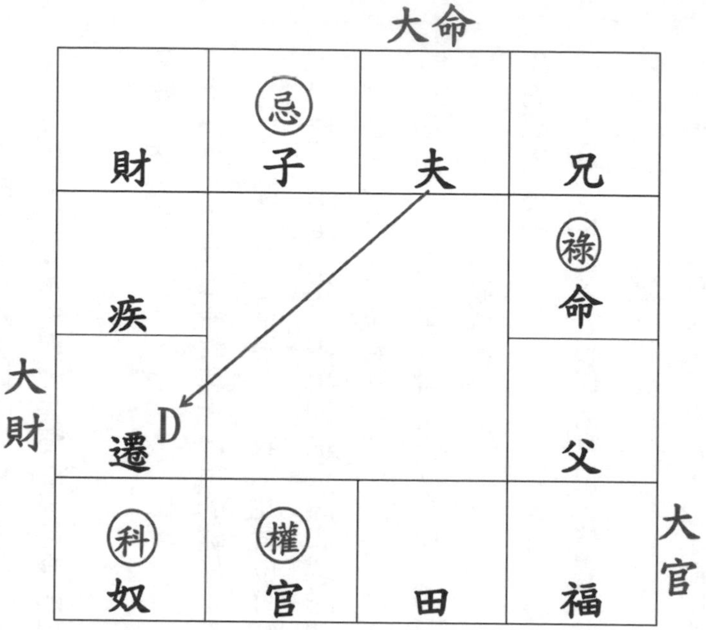

Q問題：命中的感情是無情？

A說明：2016年新歡屬龍，舊愛屬馬。

分析：

1.本夫化忌沖本命。

▼表示命中的感情是無情的。

2.大限走到本夫時。

▼表示此大限十年的感情留不住，有緣無份。

3.本夫化忌沖本命，忌星在子女宮。

▼表示感情有緣無份是因爲三角關係之故。

4.公式：飛星四化與自化一定要法象。

法象：表示一定要回歸生年四化論現象、時間、物相……等因緣。

（十三）第二春是不是正緣？

● 吉凶的公式：

1. 第一大公式：

▼算運時，本命與大限一定要形成相同的現象，例如本夫與大夫要形成互飛的現象。

2. 第二大公式：

▼飛星四化之本命體與大限用的關係互飛祿、權、科三星辰者，表示此宮位有好運；飛星四化之體用關係飛忌入或忌冲者，表示此宮位有壞運。

例如：本命命宮體飛權星入大限夫妻用，表示此運是正緣的緣分。

3. 第三大公式：

▼生年四化星入大限任何宮位，皆表示此一宮位有好運。

例如：生年權星入大限夫妻宮，表示此大限是正緣，想結婚。

● 丙女詳細命盤：

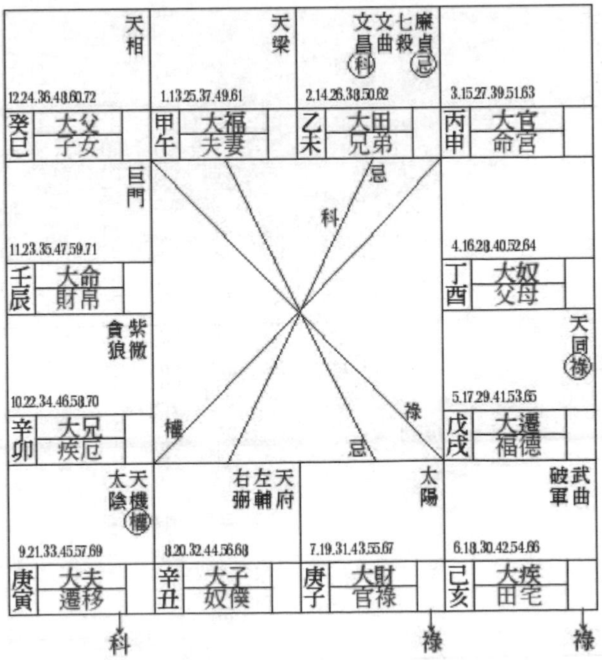

● 丙女簡易命盤：

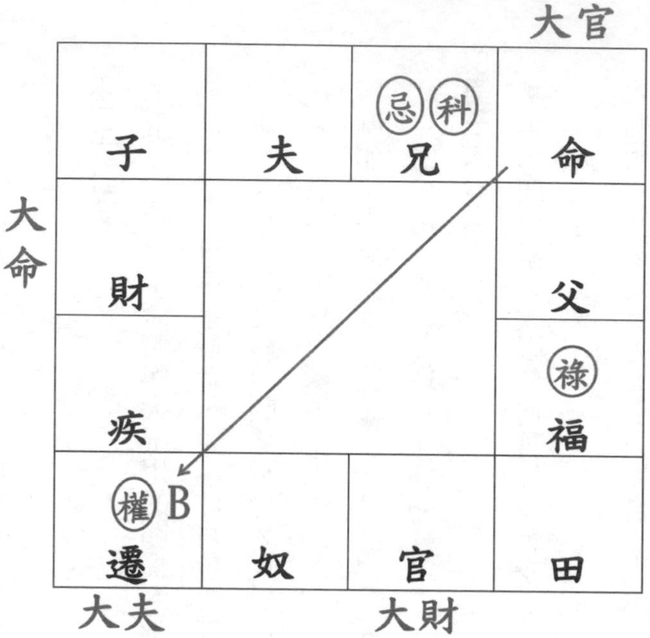

Q問題：第二春是不是正緣？

A說明：2016年五十二歲想結婚。

分析：

1.大命夫妻宮有生年權星。

▼表示此大命46/55是正緣，想結婚。

2.大命夫妻宮有生年權星。

▼表示條件好的男人才是正緣。條件好表示他家裡有錢或本人很會賺錢。

3.本命化權星入大夫。

▼也表示此大命46/55是正緣，想結婚。

4.四化星，祿星表示緣起，權星表示緣變，科星表示緣續，忌星表示緣滅。

（十四）創業要獨資或合夥？

● 吉凶的公式：

1. 第一大公式：

▼ 算運時，本命與大限一定要形成相同的現象，例如本宮與大命要形成互飛的現象。

2. 第二大公式：

▼ 飛星四化之本命體與大限用的關係互飛祿、權、科三星辰者，表示此宮位有好運；飛星四化之體用關係飛忌入或忌沖者，表示此宮位有壞運。

例如：大命子女宮用飛忌星入本命子女宮體，表示此大命35,44創業要合夥。

3. 第三大公式：

▼ 生年四化星入大限任何宮位，皆表示此一宮位有好運。

例如：生年權星入大命，表示此大限可以創業。

● 乙女詳細命盤：

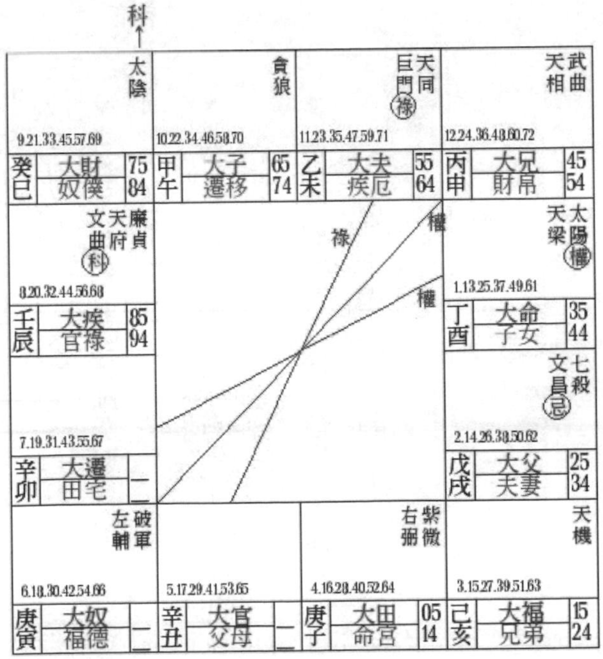

● 甲男簡易命盤：

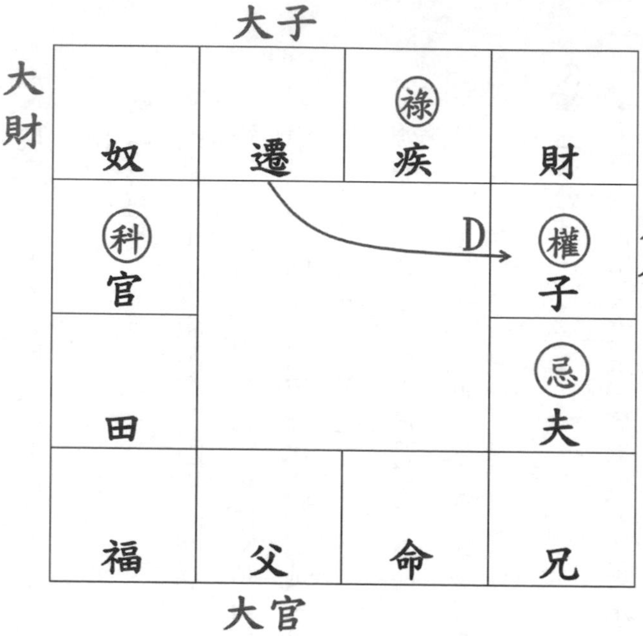

Q問題：創業要獨資或合夥？

A說明：2016年想開餐廳。

分析：

1.大命35/44有生年權星。

▼表示此大命可以創業。

2.大命35/44重疊本命子女宮。

▼表示此大限創業賺錢要合夥。

3.大命子女宮化忌入本命子女宮。

▼也表示此大命35/44創業要合夥。

4.華山派獨門秘笈：

▼每一事件的結果至少有三十種以上的公式看出來。

▼精準掌握每一事件的結果，命理乃一層又一層往下追根究柢的功夫。

（十五）不讀書，創業可以嗎？

●吉凶的公式：

1.第一大公式：

▼算運時，本命與大限一定要形成相同的現象，例如本命與大官要形成互飛的現象。

2.第二大公式：

▼飛星四化之本命體與大限用的關係互飛祿、權、科三星辰者，表示此宮位有好運；飛星四化之體用關係飛忌入或忌冲者，表示此宮位有壞運。

例如：人命父母宮用飛忌星入本命命宮體，表示此大命的讀書運結束了。

3.第三大公式：

▼生年忌星入大限任何宮位，皆表示此一宮位無緣。

例如：生年忌星入大命官祿宮，表示此大命讀書無緣了。

●乙女詳細命盤：

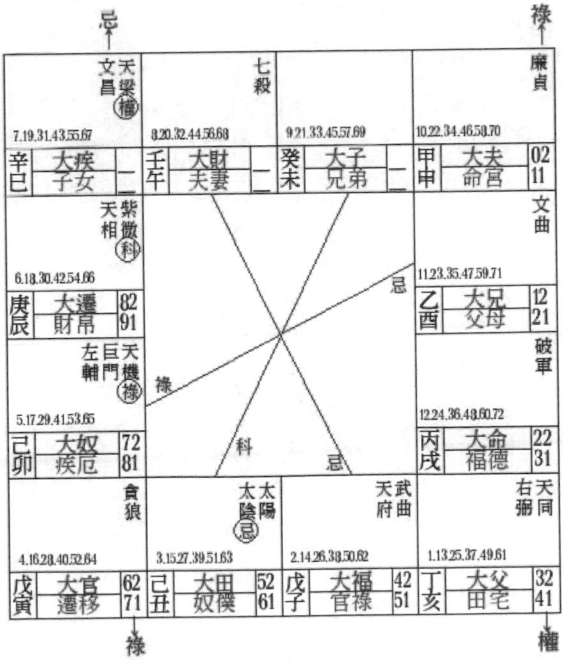

● 乙女簡易命盤：

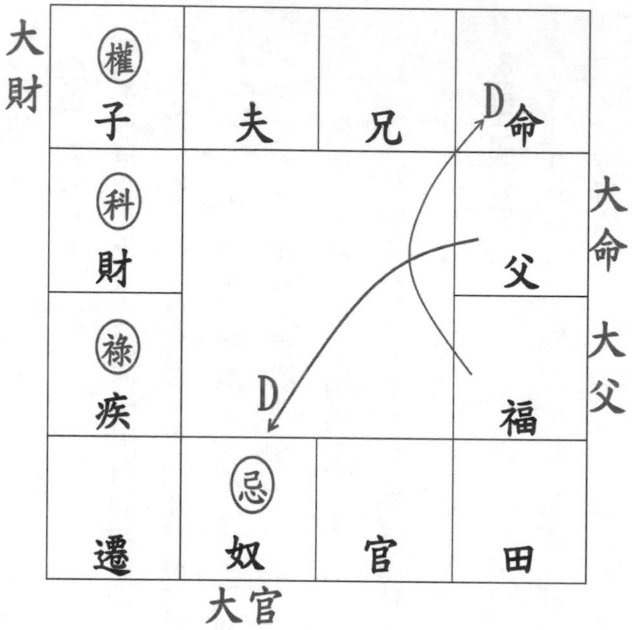

Q問題：不讀書，創業可以嗎？

A說明：2016年就確定要創業。

分析：

1.大官有生年忌星。

▼表示此大限12/21的學業已經緣滅了。

2.大父化忌星入本命。

▼也表示此大限的學業已經緣滅了，流年剛好走到2016年猴年，表示今年學業結束了。

3.大命化忌星入大官。

▼再次證明讀書讀不下去了。

4.四化星，祿星表示緣起，權星表示緣變，科星表示緣續，忌星表示緣滅。

（十八）清大不讀，重考能考上醫學院？

●吉凶的公式：

1.**第一大公式**：

▼算運時，本命與大限一定要形成相同的現象，例如本父與大父要形成互飛的現象。

2.**第二大公式**：

▼飛星四化之本命體與大限用的關係互飛祿、權、科三星辰者，表示此宮位有好運；飛星四化之體用關係飛忌入或忌沖者，表示此宮位有壞運。

例如：忌入表示有60%的凶象，忌沖表示有80%的凶象。

3.**第三大公式**：

▼生年四化星入大限任何宮位，皆表示此一宮位有好運。

例如：生年科星入大命、大財、大官三個宮位，表示此大限十年是讀書運。

●丙女詳細命盤：

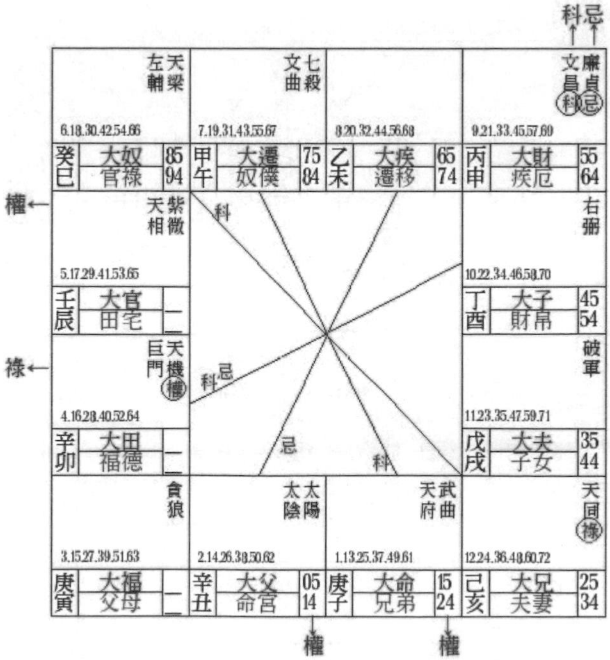

●丙女簡易命盤：

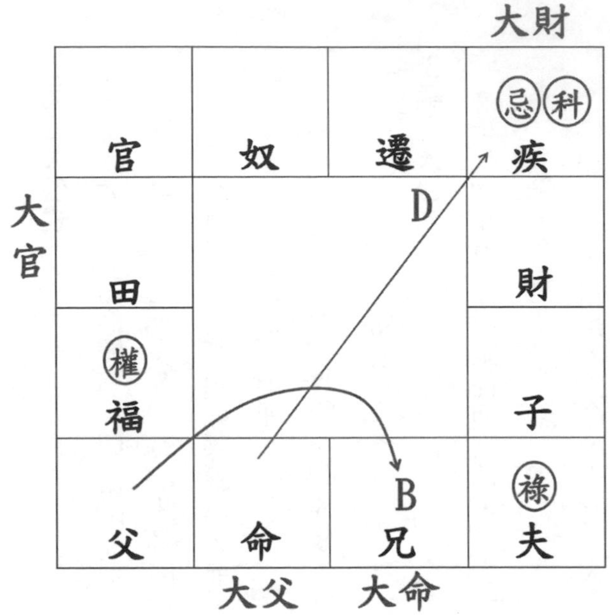

Q問題：清大不讀，重考能考上醫學院？

A說明：2015年考上清大

分析：

1.本命命盤忌星在本命疾厄宮。

▼表示命中的學業有中斷、轉學、轉系的現象。

2.大父用化忌沖本父體。

▼用沖體，凶象有80％，表示此大限15/24學業會中斷。

3.本父化權入大命。

▼表示今年重考會考得更好。

4.華山派獨門秘笈：

▼每一事件的結果，可以應用三十種以上的公式看出來。

（十七）為什麼會為子女的事業煩心？

●吉凶的公式：

1.第一大公式：

▼算運時，本命與大限一定要形成相同的現象，例如本子與大子要形成互飛的現象。

2.第二大公式：

▼飛星四化之本命體與大限用的關係互飛祿、權、科三星辰者，表示此宮位有好運；飛星四化之體用關係飛忌入或忌沖者，表示此宮位有壞運。

例如：大子化祿星入本子，本官化祿星入大官，表示此大命55/64為了女事業煩心。

3.第三大公式：

▼生年四化星入大限任何宮位，皆表示此一宮位有好運。

例如：生年權星在本命子女宮，表示命中會特別煩心子女的事。

●辛女詳細命盤：

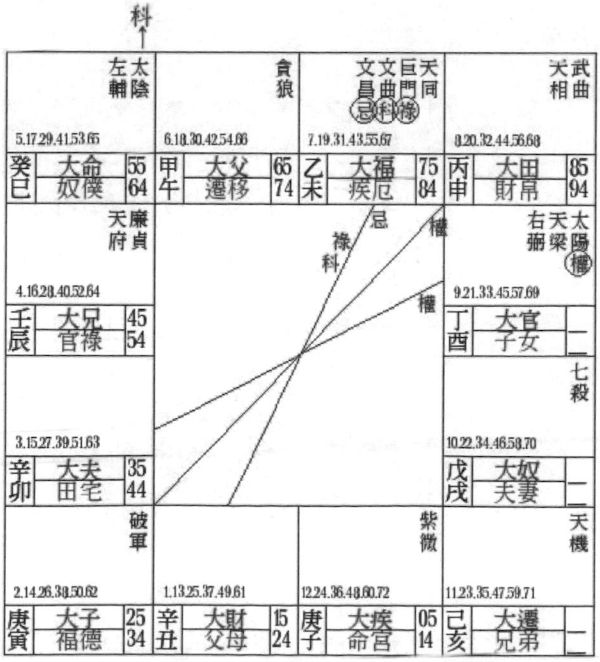

●辛女簡易命盤：

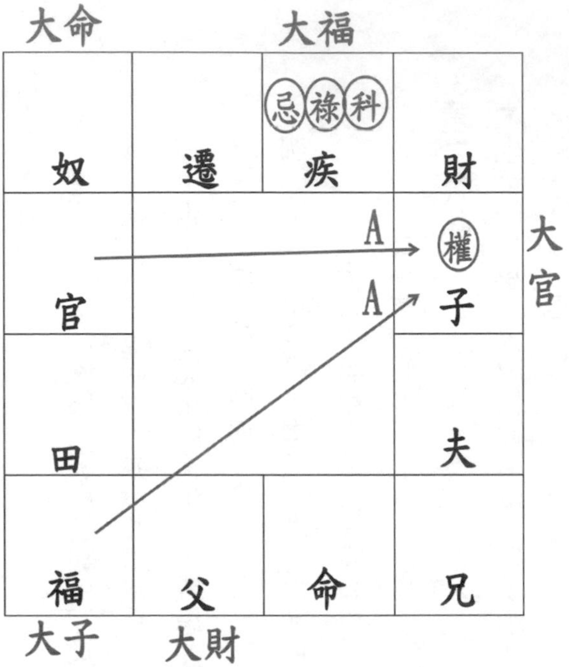

Q問題：爲什麼會爲子女的事業煩心？

A說明：子女換科系，一直不諒解。

分析：

1.本官化祿入大官。

▼表示此大限55/64會爲事業煩心。

2.大子化祿入本子。

▼表示此大限55/64會爲子女煩心。

3.一與二合起來解釋。

▼表示可以一＋二兩者合起來解釋。

▼表示會爲子女的事業煩心。

4.生年權星在本命子女宮。

▼表示命中會特別煩心子女的事。

5.第一、二點乃本命與大命形成兩盤的相同現象，大子對本子，本官對大官形成體與用的關係。

二、看命盤說故事進階篇

▼論命的第一重點是有定位，才有定數。

▼學命理相關知識比命理本身重要一百倍。

看命盤說故事之進階篇是爲開館職業班或對命理學精進者所寫的專業知識，這是一篇完整的命理架構，包含了用神的應用與時間、吉凶、生肖深入淺出的清楚分析，更將所有算運的現象、時間、吉凶、內容、影響、改運、轉運、宗教完整洞悉給讀者，最後再把開館或教書必學的各種專業學問無私的獻給衆生，讓命理愛好者有機會學習命理之專技與命理之美。

用神之發明乃命理界革命性的創舉，這是華山派命理最引以爲傲的成就，解決了長久以來傳統命理老師不知如何切入算命的老問題，更將命理學再次提升到最高階段的精準擇日、掌握算運、如何改運？如何轉運？命理學是由一連串完整有規則的公式所組合而成，也是天盤、地盤、人盤三盤交集的立體學問，並非傳統命理老師只利用簡單的五種方法就能籠統算命。一、利用星辰算命，這是現象算命而已，無法精準掌握時間與吉凶；二、利用心理算命，這是抓人的心態算命，不是命理學；三、利用常識算命，這是欺騙善良的人，不是命理學；四、利用宗教算命，這是個人信仰的問題，不是命理學；五、利用其他如方向、顏色、數字、配戴飾品、擺放物品……等等算命方式，這些都只是簡單又籠統的邏輯概念，完全無法精準掌握命理學之精髓於萬一。用神之應用範圍很廣，有了它，算命的角度就可以無限擴大；有了它，算命的時間與吉凶就可以精準到位；有了它，才能幫助他人生涯規劃；有了它，就可以完成所有算運之不可能的任務。

華山派命理學之算運是一門集合命理、地理、風水、時間、吉凶、數學、心理、經歷、行業別、生涯規劃……之公式化、系統化、科學化的學問，目的在幫助他人發現問題、面對問題、解決問題，進而做人生生涯規劃，創造個人最大利益。它與傳統命理學只能論述簡單的現象或論述籠統時間完全不一樣。所以，學習命理之人都必須經歷命理學的重要三階段：一是職業班必學的三階段，二是職業開館必學的三要素，三是開館教書必學的各種事項。

●職業班必學的三個階段：

人生壞階段：刑剋期、排斥期、冷戰期、折磨期、障礙期、衝突期、怨恨期、撞牆期、卡陰期、發病期、危險期、中斷期、無情期、緣滅期、死亡期……等等壞階段。

人生轉淚點：變化期、選擇期、吉凶期、空窗期、不順期、培養期、充電期、突破期、歸零期、放下期、捨得期、失戀期、失業期、換腦袋期、被出賣期、被拋棄期、棄舊迎新期……等等轉淚點。

人生好階段：穩定期、利益期、升官期、掌權期、創業期、發展期、衝刺期、擴大期、成名期、榮耀期、傳承期、恩愛期……等等好階段。

●職業開館必學的三個定位：時間、吉凶、生肖。

▼相同結果，應用的方法會有30種以上之公式看出來。

▼相同結果，必須本命＋大限＋流年三者形成相同的現象。

▼相同流年，不同生肖，就會產生不同的人生際遇與吉凶。

▼不同流年，相同生肖，也會產生不同的人生際遇與吉凶。

▼相同流年，不同人事物，就會產生不同的人生際遇與吉凶。

▼不同流年，相同人事物，也會產生不同的人生際遇與吉凶。

▼相同生肖，不同人事物，就會產生不同的人生際遇與吉凶。

▼不同生肖，相同人事物，也會產生不同的人生際遇與吉凶。

●開館教書必學的重要事項：

▼必先清楚求助者之目的，而找到適合之用神。

▼有定位，才有定數，這是千古不變的定律。

▼不同行業，賺錢的緣起點與緣滅點一定不一樣。

▼不同規劃，就會有不一樣最大利益的方向。

▼算命之順序，十二宮位大於生年四化大於主要星辰。

▼命理歸命理，習俗歸習俗，宗教歸宗教，絕不可混爲一談。

▼學命理相關知識比命理本身重要一百倍。

▼算運之八種學問應該交叉重疊互用，才是眞正的解盤高手。

總之，認識或學習命理的最高階段必須從華山派命理學開始，精準掌握人生每一事件之時間、吉凶、利益、富貴、改運、轉運……等，才是眞正完整的命理學。用神開啓了學習命理的鑰匙，算運必須學會命理、地理、風水、時間、吉凶、數學、心理、行業別、人生經歷、生涯規劃……等等相關的學問，再憑藉公式化、系統化、科學化的專業學問，才能達成精通命理學的目的。所以，所有學習命理之人都必須經歷學習的三個過程：一是職業班必學的三個階段，二是職業開館必學的三個定位，三是開館教書必學的重要事項。現就開啓了學習命理的鑰匙用神，詳細分析如下：

●一、何謂用神：

狹義的用神：爲特殊專用的單位名稱。例如：一個人、一條魚、一隻狗……等等。

廣義的用神：爲人、事、物的名稱。例如：祿論物，權論事，科論人。

●二、四化的用神：

四化	祿	權	科	忌
用神	物	事	人	吉凶終始

物—表示賺錢、工作、投資。

事—表示工作、事業、成就。

人—表示興趣、名聲、成名。

吉凶表示一切人、事、物的緣起與緣滅。

●三、十二宮位的用神：

1. 命宮：乃所有宮位的用神。
2. 兄弟宮：乃兄弟、驛馬……的用神。
3. 夫妻宮：乃緣分、桃花、正緣……的用神。

4.子女宮：乃緣分、桃花、意外……的用神。
5.財帛宮：乃工作、投資、正緣、緣分……的用神。
6.疾厄宮：乃勞碌、健康、意外、緣分……的用神。
7.遷移宮：乃外務、業務、意外、緣分……的用神。
8.交友宮：乃朋友、過客、眾生、緣分……的用神。
9.官祿宮：乃工作、創業、成就、緣分……的用神。
10.田宅宮：乃家庭、住宅、不動產、緣分……的用神。
11.福德宮：乃福報、興趣、享受、公媽、緣分……的用神。
12.父母宮：乃上司、老闆、老師、父母、宗教、緣分……的用神。

●四、職業別的用神：

1.命理：用神在父、子、官的宮位。
2.宗教：用神在兄、友、子、父的宮位。
3.高官：用神在父、官的宮位。
4.選舉：用神在兄、友、子、官的宮位。
5.教書：用神在父、子、官的宮位。
6.考試：用神在父、命、官的宮位。
7.公職：用神在父、命、官的宮位。
8.投資：用神在命、財、官的宮位。

9. 投機：用神在財、父的宮位。
10. 訴訟：用神在父、官的宮位。
11. 意外：用神在命、遷、子、田的宮位。
12. 直銷：用神在兄、友、子、官的宮位。
13. 保險：用神在兄、友、子、官的宮位。
14. 仲介：用神在兄、友、官、父的宮位。
15. 網拍：用神在田、官、父的宮位。
16. 夜市：用神在兄、友、官、父的宮位。
17. 會計：用神在財、官、父的宮位。
18. 批發商：用神在子、父、官的宮位。
19. 貿易商：用神在子、遷、官的宮位。
20. 不動產：用神在田、官的宮位。

有了用神的基礎認識，以下就從命盤解說實例來深入探討：

（一）感情結束了嗎？

●吉凶的公式：

1.第一大公式：

▼本命與大限一定要形成相同的現象，例如算運時，本夫與大夫要形成相同現象。

2.第二大公式：

▼生年四化星入大限任何宮位，皆表示此一宮位有好運；飛星四化之體用關係互飛祿、權、科三星辰者，表示此宮位有好運；飛星四化之體用關係飛忌入或忌冲者，表示此宮位有壞運。

3.第三大公式：

▼擇日重點：災厄一定要到盡頭，利益一定要已經開始。

●命盤實例：癸男 請依據公式，看命盤說故事。

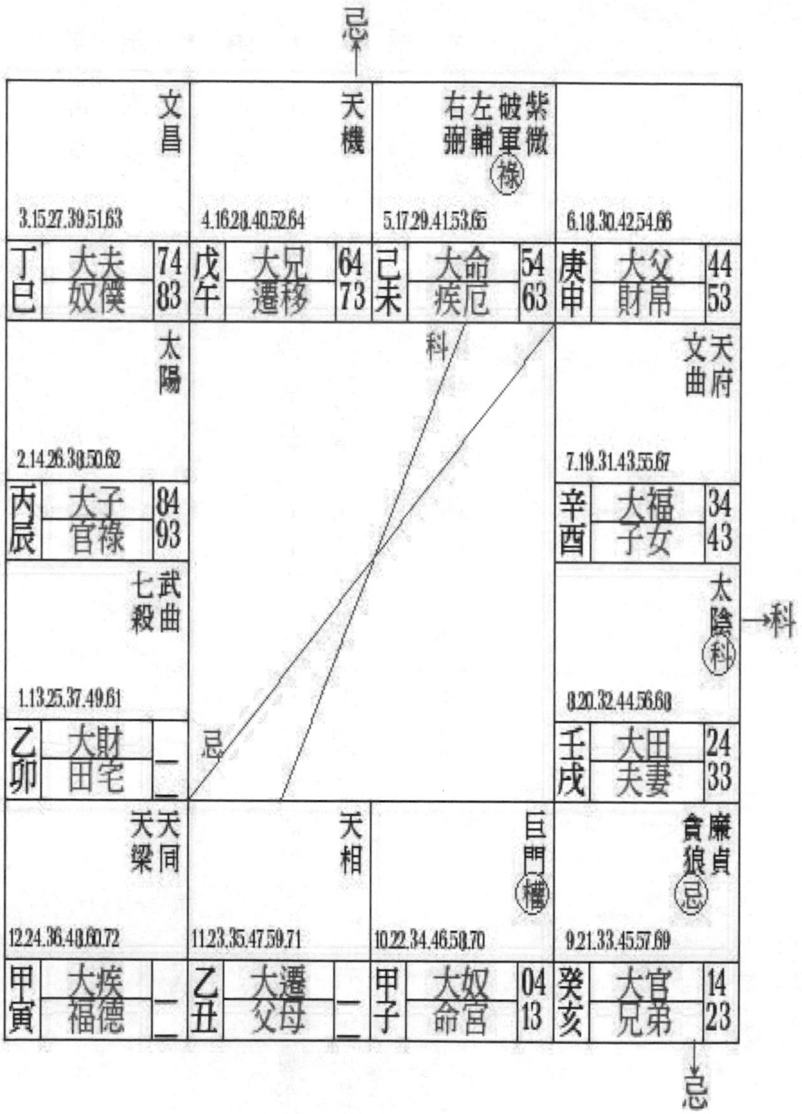

忌
文昌
3.15.27.39.51.63
丁巳 大夫 奴僕 74 83
天機
4.16.28.40.52.64
戊午 大兄 遷移 64 73
紫微 破軍 左輔 右弼 祿
5.17.29.41.53.65
己未 大命 疾厄 54 63
6.18.30.42.54.66
庚申 大父 財帛 44 53
太陽
2.14.26.38.50.62
丙辰 大子 官祿 84 93
科
天府 文曲
7.19.31.43.55.67
辛酉 大福 子女 34 43
武曲 七殺
1.13.25.37.49.61
乙卯 大財 田宅
忌
太陰 科
科
8.20.32.44.56.68
壬戌 大田 夫妻 24 33
天同 天梁
12.24.36.48.60.72
甲寅 大疾 福德
天相
11.23.35.47.59.71
乙丑 大遷 父母
巨門 權
10.22.34.46.58.70
甲子 大奴 命宮 04 13
廉貞 貪狼 忌
9.21.33.45.57.69
癸亥 大官 兄弟 14 23
忌

●問題與說明：

▼此命2009年五月開始交往的女友，一直很穩定在一起。

▼2012年開始感覺女友喜歡拓展外交關係，見面次數少了很多。

●命盤的用神：

▼定位：以結婚爲前提交往。

▼用神：命宮、夫妻宮、子女宮、奴僕宮。

●解盤與公式：

問題：

▼兩人的感情是不是結束了？

▼假如感情結束了，新的戀情何時開始？

解答：

▼本命夫妻宮有生年科星表示此命有兩種註定的現象，一是註定會結婚，二是註定命中的緣分好聚好散。

▼本命坐巨門權星，表示命中的正緣是獨立、能幹、條件好的女人，但一定要可以掌握的女人才是好緣分。

▼44/53大限三方大命、大財、大官走到大官本命坐巨門權星，表示此大限遇到的女人一定是獨立、能幹、條件好的女人。

▼44/53大限，大夫（遷移）自化忌星，法象生年忌星沖54/63之大夫奴僕宮，表示無情的感情提前在2013年發生。這是華山派命理學的高階課程。

▼54/63大限，大夫（奴僕）化忌星入本命（大奴），生年忌星再沖大夫，表示感情結束了。生年忌星沖對宮2015年的流年夫妻宮，也表示今年2015年農曆九月後才有機會遇到眞命天女。

● **未來的影響：**

▼54/63大限，婚姻的緣分一定要利害關係的女人，不是看外表或年紀。

▼54/63大限，有緣分的女人一定要生活在一起，不能分開兩地。

● **華山派叮嚀：**

▼獨立、能幹、條件好又能掌握的女人，才是眞命天女。

▼正緣一定要跟事業有關又一起工作的女人。

（二）發現癌症會死嗎？

● 吉凶的公式：

1.第一大公式：

▼本命與大限一定要形成相同的現象，例如算運時，本疾與大疾要形成相同現象。

2.第二大公式：

▼生年四化星入大限任何宮位，皆表示此一宮位有好運；飛星四化之體用關係互飛祿、權、科三星辰者，表示此宮位有好運；飛星四化之體用關係飛忌入或忌冲者，表示此宮位有壞運。

3.第三大公式：

▼擇日重點：災厄一定要到盡頭，利益一定要已經開始。

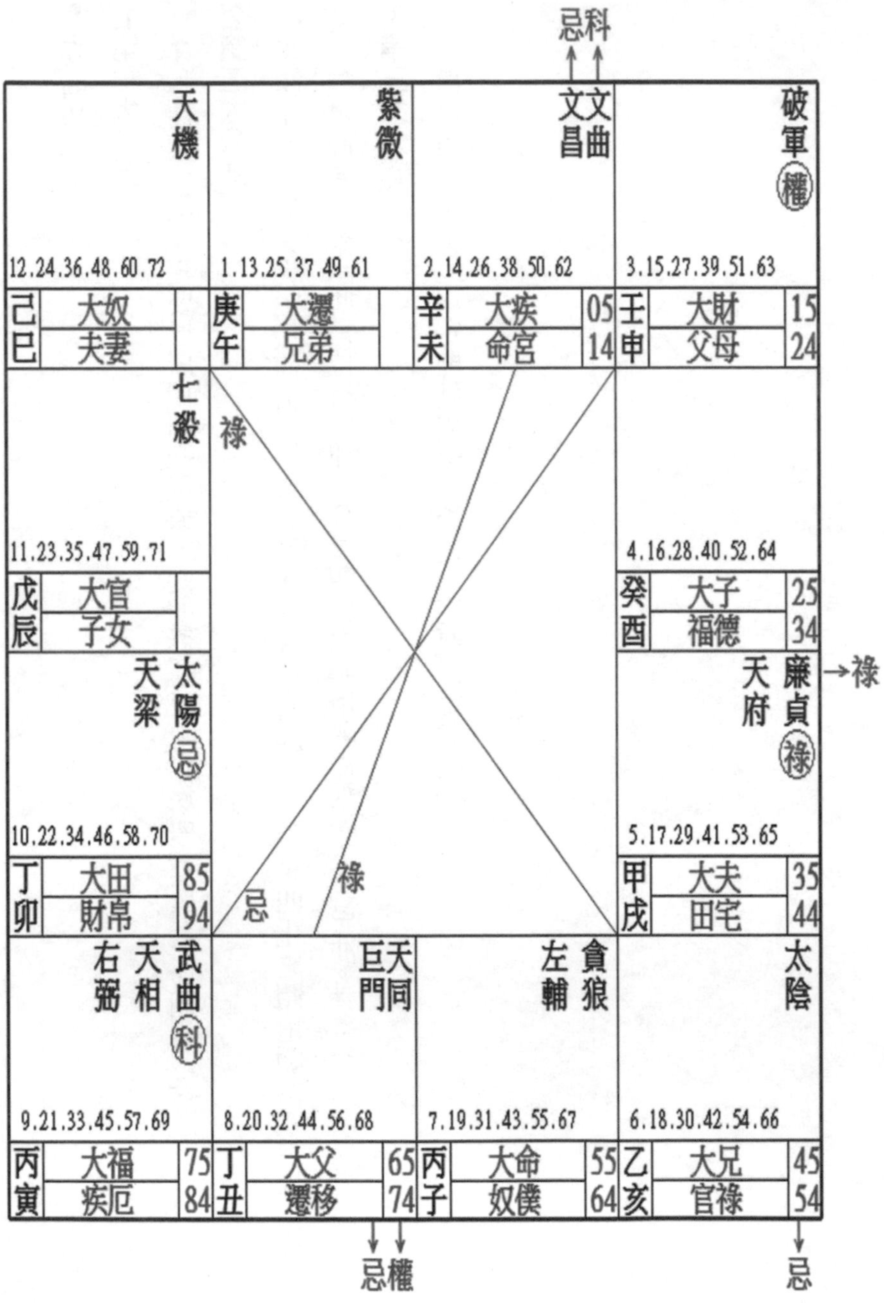

● 命盤實例：甲男 請依據公式，看命盤說故事。

● 問題與說明：

▼此命2015年第一次發現癌症，華山派老師告訴他家人：病源不會斷根。

▼2015年連續發現三次癌症，第一次口腔癌，第二次喉癌，第三次舌癌與鼻癌第四期。

▼本人一直求助傳統命理與宗教，但始終不見效果。

● 命盤的用神：

▼定位：華山派定位死亡，一定要齊全用神之三種條件，死亡才會成立。

▼用神：夫妻宮、疾厄宮、田宅宮。

● 解盤與公式：

問題：

▼2015年連續三次發現癌症，有救嗎？

解答：

▼55/64大限，夫妻宮、疾厄宮、田宅宮三個宮位皆形成無情的條件。大命與本疾皆化忌入大夫（本田），本田（大夫）坐生年祿星，祿隨忌走（公式），忌星在大田；本夫化忌入大疾本命，大疾自化忌星，夫、疾、田三個宮位形成了無情的條件。

▼此人2015年62歲3月第一次發現得到口腔癌，大醫院的醫生馬上幫他動手術，並告訴他切除得很乾淨，請他本人可以放心，結果2015年6月第二次發現得到喉癌，醫生馬上幫他動手術，又告訴他切除得很乾淨，請他本人可以放心，結果2015年12月又第三次得到舌癌與鼻

癌。

▼子女連續三次來問父親的健康，華山派老師告訴他們說：父親的身體不會好，因爲還在發病期間。

▼2016年農曆五月後才能脫離發病期的惡夢。本疾坐生年科星，大疾自化科，2016年壬天干化科星入大命，形成建康有情的公式。

● **未來的影響：**

▼切記，重大疾病一定要拖過發病期，健康才能有救。

▼傳統命理與宗教，這是心理治療的範圍，病人一定要循正常管道治療，再加上華山派順天命而爲，才是最有效的方式。

● **華山派叮嚀：**

▼人生的最大利益是順天命而行，順命盤上之最有利的時間而行。

▼在對的時間點，做對的事，就是完整的命理學。這是華山派命理學最引以爲傲的論述。

▼在對的時間點，做對的事，精算開刀的時間，讓本命＋大限＋流年＋流月＋流日＋流時，此六種時間形成相同的現象，這是最有效的治療時間。

(三) 結婚會發生什麼事？

● 吉凶的公式：

1. 第一大公式：

▼本命與大限一定要形成相同的現象，例如算運時，本夫與大夫要形成相同現象。

2. 第二大公式：

▼生年四化星入大限任何宮位，皆表示此一宮位有好運；飛星四化之體用關係互飛祿、權、科三星辰者，表示此宮位有好運；飛星四化之體用關係飛忌入或忌冲者，表示此宮位有壞運。

3. 第三大公式：

▼擇日重點：災厄一定要到盡頭，利益一定要已經開始。

● 命盤實例：乙卯男　請依據公式，看命盤說故事。

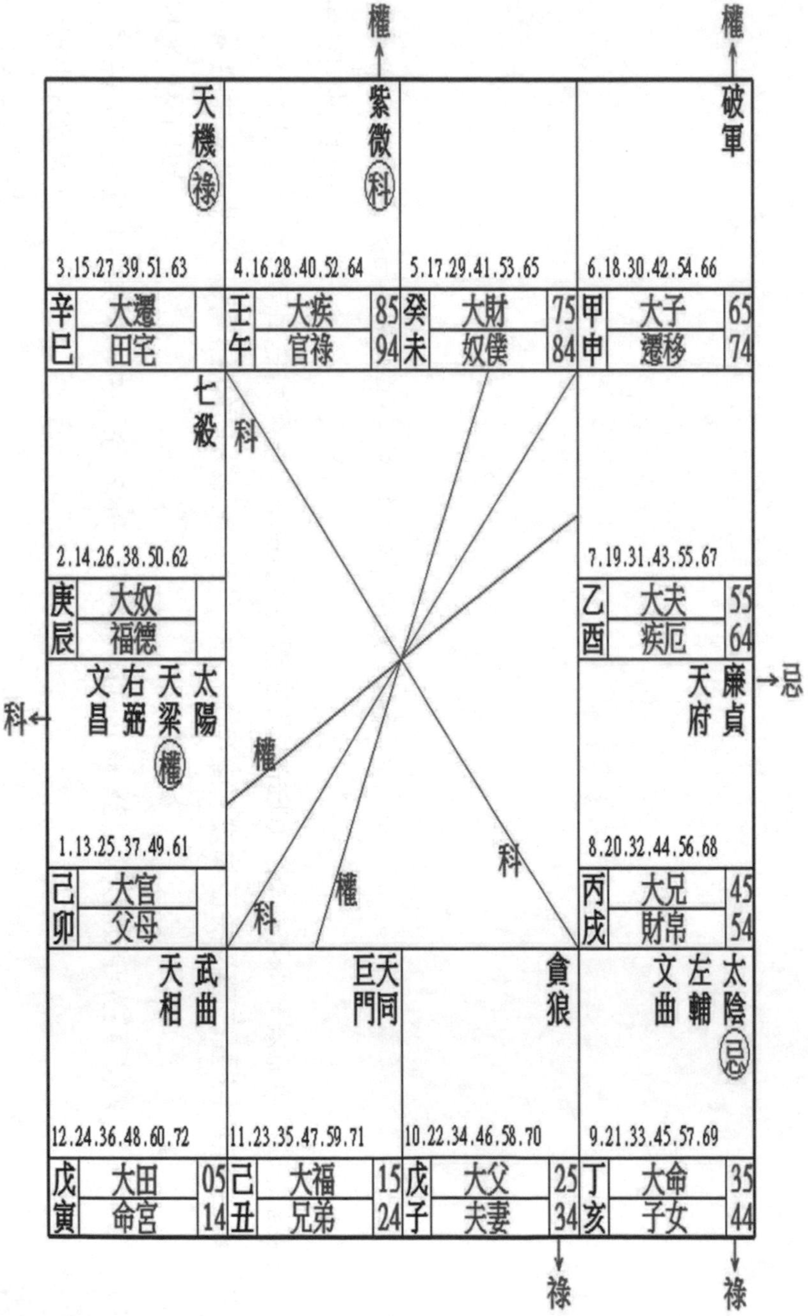

●問題與說明：

▼此命2015年爲感情緣起與緣滅的分界點，有會變無，無會變有。也就是2015年雙方一定要談妥結婚的事，否則會面臨分手的結果。

▼2016年 3月女友已經懷有四個月的身孕了。

●命盤的用神：

▼定位：2016年結婚的緣分。

▼用神：命宮、大妻宮、田宅宮、父母宮。

●解盤與公式：

問題：

▼2016年結婚會發生什麼事？

解答：

▼35/44大限，2015年 41歲雙方一定要談妥結婚的事，否則會面臨分手的結果。大夫化忌入大命，本夫化忌入大遷沖大命，兩者形成吉凶的體用關係。而2015年之流夫又是本夫與大夫之相沖的宮位。表示2015年雙方不是談妥結婚的事，一定會面臨分手的結果。

▼35/44大限，結婚會發生三件事：一是換工作，二是搬家，三是有子女。

▼換工作：大父化忌入大遷沖大命，本父化忌入大命，形成對沖的關係。

▼搬家：大田化忌入本田沖大命，而大命又爲2016年之流田，形成標準之天盤、地盤、人盤三

盤，本命爲天盤，大限爲地盤，流年爲人盤。

▼有子女：本命子女宮有忌星，表示命中有子女，大限35/44行運走到子女宮，形成大限本子重疊，而2016年之流子又被生年忌星沖，表示2016年前會有子女。

● 未來的影響：

▼2016年不結婚，兩個人的感情將會結束。

▼結婚會發生搬家、換工作、生小孩等三件事，缺一不可，否則上天會用其他對本人不利的事情代替。

● 華山派叮嚀：

▼人生的最大利益是順天命而行，順命盤上之最有利的時間而行。

▼在對的時間點，做對的事，就是完整的命理學。這是華山派命理學最引以爲傲的論述。

▼在對的時間點，做對的事，精算結婚最有利的時間，讓本命＋大限＋流年＋流月＋流日＋流時等六種時間形成相同的現象，就是未來幸福婚姻的保證。

（四）錯過人生好姻緣，怎麼辦？

●吉凶的公式：

1.第一大公式：

▼本命與大限一定要形成相同的現象，例如本夫與大夫或本子與大子。

2.第二大公式：

▼生年四化星入大限任何宮位，皆表示此一宮位有好運；飛星四化之體用關係互飛祿、權、科三星辰者，表示此宮位有好運；飛星四化之體用關係飛忌入或忌沖者，表示此宮位有壞運。

3.第三大公式：

▼擇日重點：災厄一定要到盡頭，利益一定要已經開始。

● 命盤實例：甲女 請依據公式，看命盤說故事。

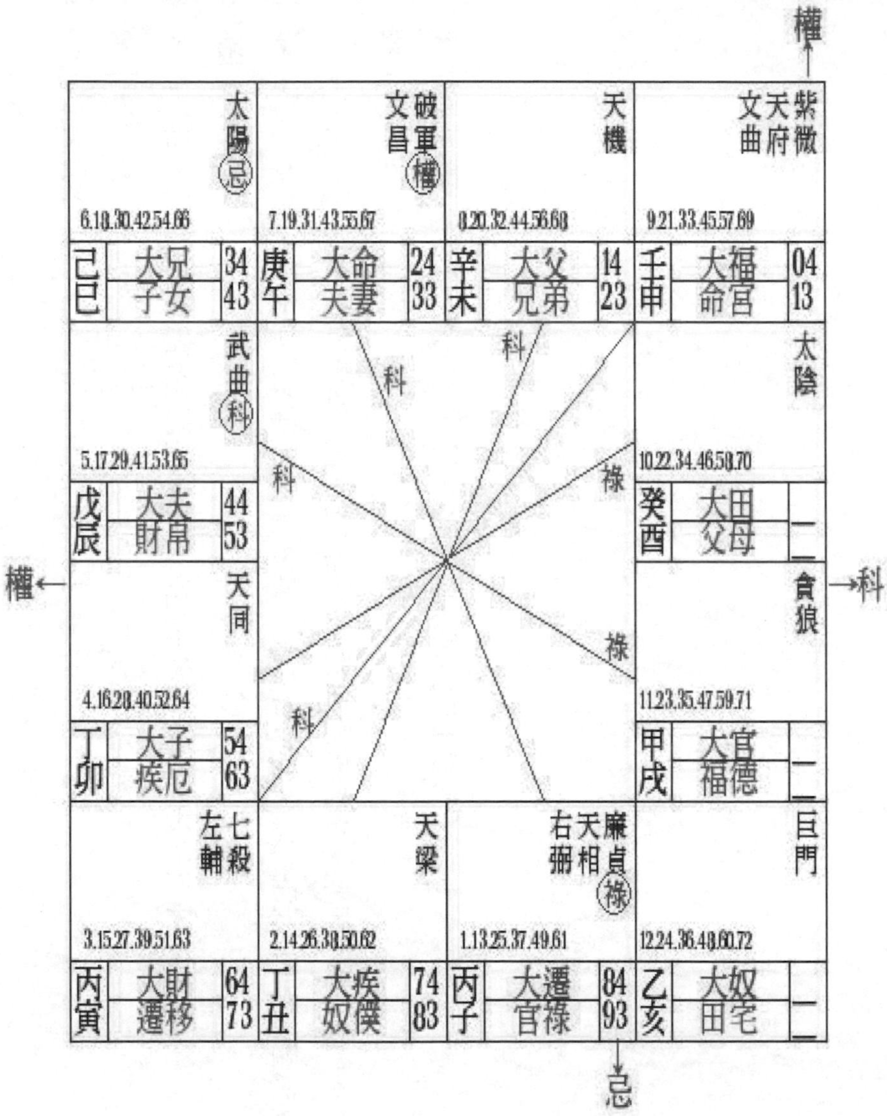
權
太陽 忌
6.18.30.42.54.66
己巳 大兄 子女 34 43
破軍 權 文昌
7.19.31.43.55.67
庚午 大命 夫妻 24 33
天機
8.20.32.44.56.68
辛未 大父 兄弟 14 23
紫微 天府 文曲
9.21.33.45.57.69
壬申 大福 命宮 04 13
武曲 科
5.17.29.41.53.65
戊辰 大夫 財帛 44 53
太陰
10.22.34.46.58.70
癸酉 大田 父母
權←
天同
4.16.28.40.52.64
丁卯 大子 疾厄 54 63
貪狼
→科
11.23.35.47.59.71
甲戌 大官 福德
七殺 左輔
3.15.27.39.51.63
丙寅 大財 遷移 64 73
天梁
2.14.26.38.50.62
丁丑 大疾 奴僕 74 83
廉貞 祿 天相 右弼
1.13.25.37.49.61
丙子 大遷 官祿 84 93
巨門
12.24.36.48.60.72
乙亥 大奴 田宅
科
科
科
科
祿
祿
忌

●**問題與說明：**

▼此女命在24/33十年大限感情的好運裡，當事人都會有許多機會選擇男朋友，但是，爲什麼沒有找到理想的婚姻對象呢？

▼原來當事人二十幾歲時喜歡玩，交男朋友沒有固定的想法，三十歲後想安定尋找自己感覺好的男人，卻一直留不住。

●**命盤的用神：**

▼定位：以結婚爲前提。

▼用神：命宮、夫妻宮、子女宮、奴僕宮。

●**解盤與公式：**

問題：

▼爲什麼一直找不到眞愛？

▼怎麼規劃未來，才能找到眞命天子？

解答：

▼本命夫妻宮有生年權星表示此命有兩種註定的現象，一是會結婚，二是條件好的男人才是正緣。

▼本命夫妻宮有權星行運走到24/33大命，即大命命宮重疊本命夫妻宮，表示此大命會遇到條件好的男人，權星代表條件好的人。

▼由前述得知24/33大命是條件好的男人出現的時間與機會，三十歲前因當事人愛玩而錯過了好姻緣，30、31、32歲前當事人又重視直覺與感覺的選擇，故又錯過天賜良緣的時間。

▼其實，大命（本夫）有生年權星，表示條件好的男人才是正緣；大夫有生年科星，也表示感覺好的男人才是正緣。所以，兩個宮位合起來解釋就變成條件好又有感覺的男人是正緣，並不是只有感覺好的男人是正緣。

● **未來的影響：**

▼此一大命24/33乃交往條件好又感覺好的男人之最好機會，錯過了機會就沒了。

▼下一大命34/43交往的對象很難如自己所願，但會奉子成婚。

● **華山派叮嚀：**

▼2016年33歲是交往條件好又感覺好的男人最後一年好機會，一定要好好把握。

▼前面十年已經錯過了最好的良緣，務必拋開自己的執著，才能找到如意郎君。

(五)二十歲結婚會遇到什麼男人?

●吉凶的公式:

1.第一大公式:

▼本命與大限一定要形成相同的現象,例如本官與大官或本子與大子。

2.第二大公式:

▼生年四化星入大限任何宮位,皆表示此一宮位有好運;飛星四化之體用關係互飛祿、權、科三星辰者,表示此宮位有好運;飛星四化之體用關係飛忌入或忌沖者,表示此宮位有壞運。

3.第三大公式:

▼擇日重點:災厄一定要到盡頭,利益一定要已經開始。

● 命盤實例：癸女 請依據公式，看命盤說故事。

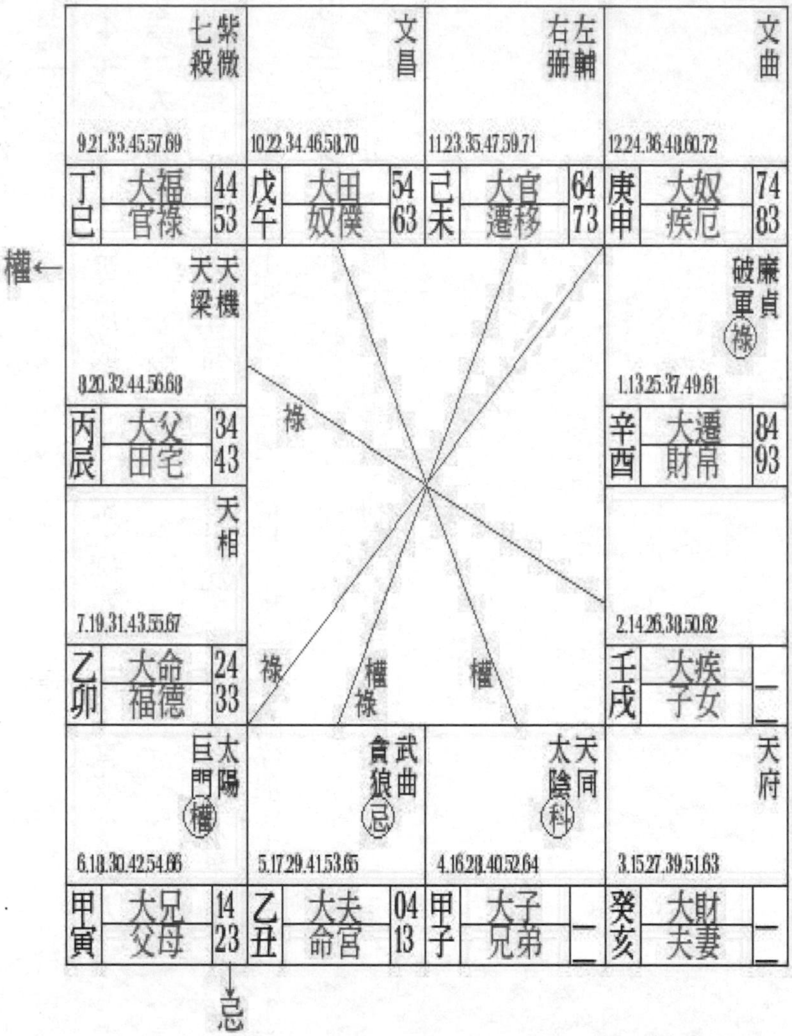

● 問題與說明：

▼ 命中註定會遇到條件差的男人，行運24歲前結婚就會遇到條件差的男人。

▼ 此女20歲結婚，正好印證了命中無情的定數。

▼ 2016年能不能遇到條件好的對象。

● 命盤的用神：

▼ 定位：論述感情的婚姻運。

▼ 用神：命宮、夫妻宮。

● 解盤與公式：

問題：

▼ 2015年23歲離婚，怎麼做才能找到好對象。

解答：

▼ 14/23大限，大夫兄化忌星入大限14/23，法象在本命，表示此大限的婚姻無情。

▼ 此女20歲結婚，正好印證了命中無情的定數，一定會遇到條件差的男人。先生吸毒又不工作。

▼ 24/33大限，大夫（本命）坐生年化忌，這是大算，一定會發生的事，表示此大限的婚姻也是無情，忌星沖23歲，表示23歲2015年前的婚姻是無情的定數，過了2015年才有機會找到好男人。

▼24/33大限，本夫化忌入大夫有生年忌星，忌星＋忌星負負得正，表示此大限會陰陽反，條件差的男人會變成條件好的男人。

●未來的影響：

▼2016年妳有50%機會遇到好男人。

▼2017年妳有70%機會遇到好男人。

▼切記，條件好的男人才是正緣，條件好表示家裡有錢或本人很會賺錢。

●華山派叮嚀：

▼千萬不可對男人失去信心，否則會找不到好男人。

▼吃虧就是占便宜，壞男人後，上天一定會找一個好男人彌補妳。

（六）搬家為什麼找不到好日子？

● 吉凶的公式：

1. 第一大公式：

▼本命與大限一定要形成相同的現象，例如算運時，本田與大田要形成相同現象。

2. 第二大公式：

▼生年四化星入大限任何宮位，皆表示此一宮位有好運；飛星四化之體用關係互飛祿、權、科三星辰者，表示此宮位有好運；飛星四化之體用關係飛忌入或忌沖者，表示此宮位有壞運。

3. 第三大公式：

▼擇日重點：災厄一定要到盡頭，利益一定要已經開始。

● 命盤實例：癸男 請依據公式，看命盤說故事。

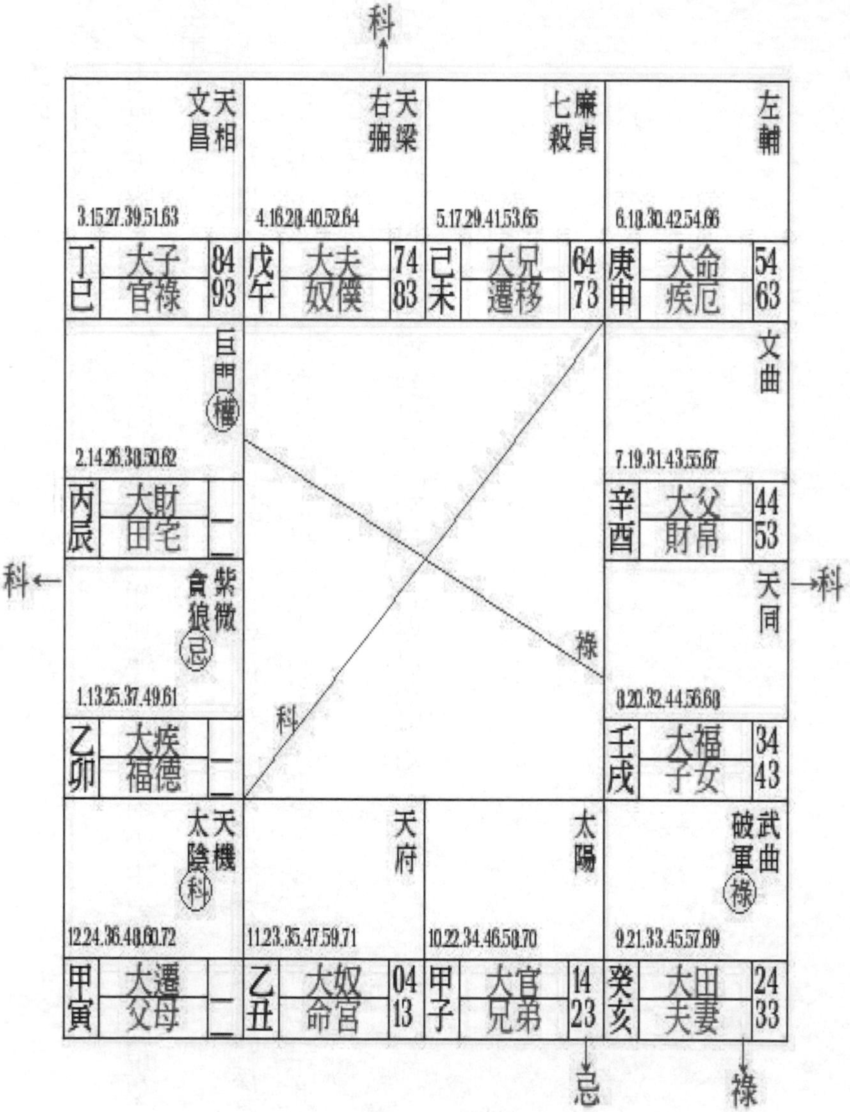
科
天相
文昌
3.15.27.39.51.63
丁巳
大子
官祿
84
93
天梁
右弼
4.16.28.40.52.64
戊午
大夫
奴僕
74
83
廉貞
七殺
5.17.29.41.53.65
己未
大兄
遷移
64
73
左輔
6.18.30.42.54.66
庚申
大命
疾厄
54
63
巨門
權
2.14.26.38.50.62
丙辰
大財
田宅
文曲
7.19.31.43.55.67
辛酉
大父
財帛
44
53
科
紫微
貪狼
忌
1.13.25.37.49.61
乙卯
大疾
福德
天同
科
8.20.32.44.56.68
壬戌
大福
子女
34
43
祿
科
天機
太陰
科
12.24.36.48.60.72
甲寅
大遷
父母
天府
11.23.35.47.59.71
乙丑
大奴
命宮
04
13
太陽
10.22.34.46.58.70
甲子
大官
兄弟
14
23
武曲
破軍
祿
9.21.33.45.57.69
癸亥
大田
夫妻
24
33
忌
祿

● 問題與說明：

▼2015年搬新家找不到好日子。

▼華山派命理學非常堅持原則，沒有好日子是不會幫客戶擇日。

● 命盤的用神：

▼定位：入新宅的擇日。

▼用神：命宮、官祿宮、田宅宮、福德宮、父母宮。

● 解盤與公式：

問題：

▼2015年搬新家對事業的影響。

解答：

▼44/53大限，大父化忌沖本官，表示此大限之事業有災難。

▼44/53大限，大官化忌入本父，與前項形成體與用的吉凶關係，更加確定此大限之事業有災難。

▼本田化忌沖本命，表示命中的公司或住家需要常變動，才不會帶來災厄。而本田化忌入2015年，更表示2015年找不到好日子擇日搬新家。因搬家會引動事業的無情。

▼大田自化忌，與前項形成體與用的吉凶關係，而生年忌星又沖大命，表示2015年找不到好日子擇日搬新家。因搬家會引動事業的無情。

▼54/63大限，大田化權入本田，才能找到好日子搬新家。

● **未來的影響：**

▼54/63大限，2016年54歲才能找到好日子搬新家。

▼2016年公司或住家大變動後，才能進入人生最後一波好運。

● **華山派叮嚀：**

▼人生的最大利益是順天命而行，順命盤上之最有利的時間而行。

▼在對的時間點，做對的事，就是完整的命理學。這是華山派命理學最引以爲傲的論述。

▼精算本命＋大限＋流年＋流月＋流日＋流時，讓此六種時間形成相同的現象，這是華山派命理學最高階段的職業班課程。

(七) 什麼人帶財

● 吉凶的公式：

1. 第一大公式：

▼本命與大限一定要形成相同的現象，例如算運時，本財與大財要形成相同現象。

2. 第二大公式：

▼生年四化星入大限任何宮位，皆表示此一宮位有好運；飛星四化之體用關係互飛祿、權、科三星辰者，表示此宮位有好運；飛星四化之體用關係飛忌入或忌沖者，表示此宮位有壞運。

3. 第三大公式：

▼擇日重點：災厄一定要到盡頭，利益一定要已經開始。

● 命盤實例：乙女　請依據公式，看命盤說故事。

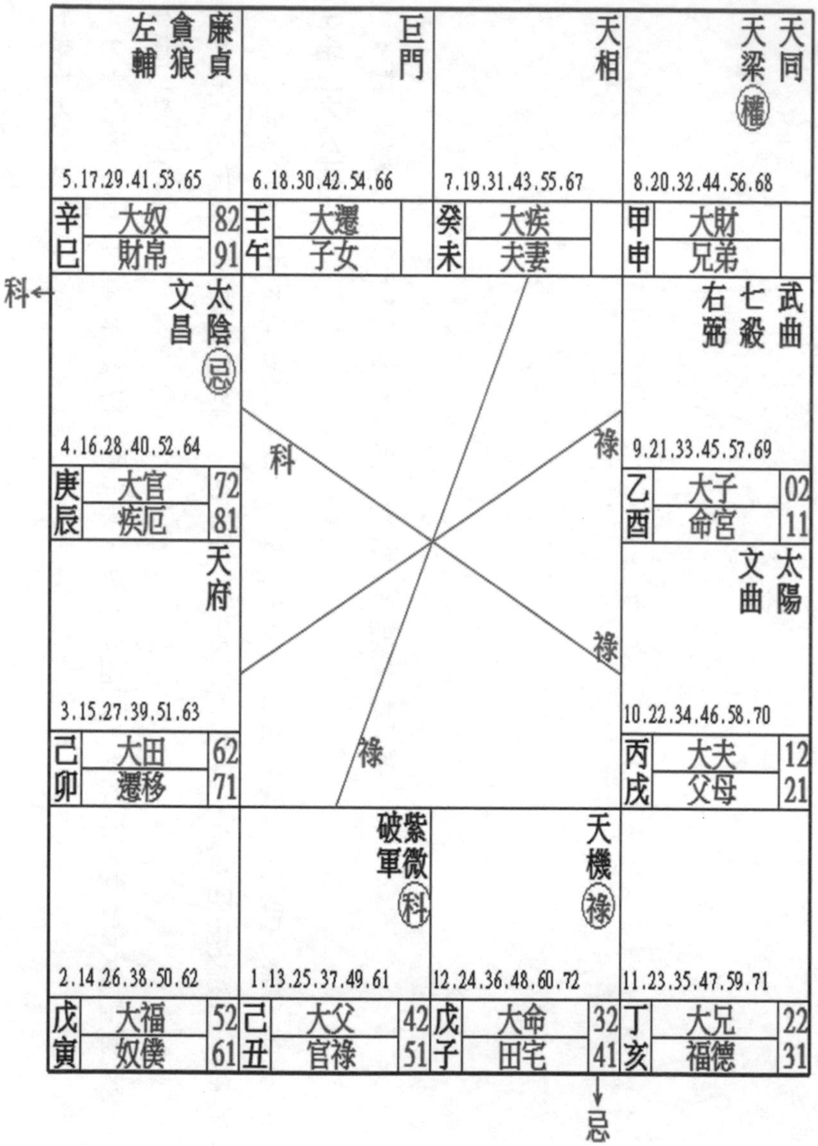
廉貞 貪狼 左輔
5.17.29.41.53.65
辛巳 大奴 財帛 82 91
巨門
6.18.30.42.54.66
壬午 大遷 子女
天相
7.19.31.43.55.67
癸未 大疾 夫妻
天同 天梁 權
8.20.32.44.56.68
甲申 大財 兄弟
科←
太陰 忌 文昌
4.16.28.40.52.64
庚辰 大官 疾厄 72 81
武曲 七殺 右弼
9.21.33.45.57.69
乙酉 大子 命宮 02 11
天府
3.15.27.39.51.63
己卯 大田 遷移 62 71
太陽 文曲
10.22.34.46.58.70
丙戌 大夫 父母 12 21
科
祿
祿
祿
2.14.26.38.50.62
戊寅 大福 奴僕 52 61
紫微 破軍 科
1.13.25.37.49.61
己丑 大父 官祿 42 51
天機 祿
12.24.36.48.60.72
戊子 大命 田宅 32 41
11.23.35.47.59.71
丁亥 大兄 福德 22 31
忌

● **問題與說明：**

▼此命2016年爲事業緣起與緣滅的分界點，有會變無，無會變有。也就是以前上班的公司會結束，新公司的因緣要從2016年農曆10月開始。

▼2016年農曆10月開始的公司，此命會變成公司帶財的人。

● **命盤的用神：**

▼定位：公司帶財的人。

▼用神：命宮、財帛宮、官祿宮、父母宮。

● **解盤與公式：**

問題：

▼什麼人才能替公司帶財？

解答：

▼32/41大限，大父（本官）化忌入本父，大官坐生年忌星，兩者形成本官與大官，本父與大父的無情現象。2016年甲天干化忌入本父，表示2016年的事業一定會結束。

▼32/41大限，大財化權入大父，本財化權入本父，兩者形成體與用的吉凶關係，2016年甲天干化權入人父（本官），表示2016年形成替公司帶財的條件。

▼大官自化科星，本官（大父）坐生年科星，本父化科星入大官，兩者形成本官與大官，本父與大父的有情現象。也表示2016年替公司帶財的人。

●未來的影響：

▼2016年開始就會轉變成替公司帶財的人。

▼假如2016年沒有結束前事業的事實，替公司帶財的條件就不能成立。

●華山派叮嚀：

▼人生的最大利益是順天命而行，順命盤上之最有利的時間而行。

▼在對的時間點，做對的事，就是完整的命理學。這是華山派命理學最引以爲傲的論述。

▼在對的時間點，做對的事，精算離職與就職的時間，讓本命＋大限＋流年＋流月＋流日＋流時等六種時間形成相同的現象，這是找到好工作最有效的方法。

（八）什麼人帶衰

● 吉凶的公式：

1. 第一大公式：

▼本命與大限一定要形成相同的現象，例如算運時，本父與大父要形成相同現象。

2. 第二大公式：

▼生年四化星入大限任何宮位，皆表示此一宮位有好運；飛星四化之體用關係互飛祿、權、科三星辰者，表示此宮位有好運；飛星四化之體用關係飛忌入或忌沖者，表示此宮位有壞運。

3. 第三大公式：

▼擇日重點：災厄一定要到盡頭，利益一定要已經開始。

●命盤實例：己男 請依據公式，看命盤說故事。

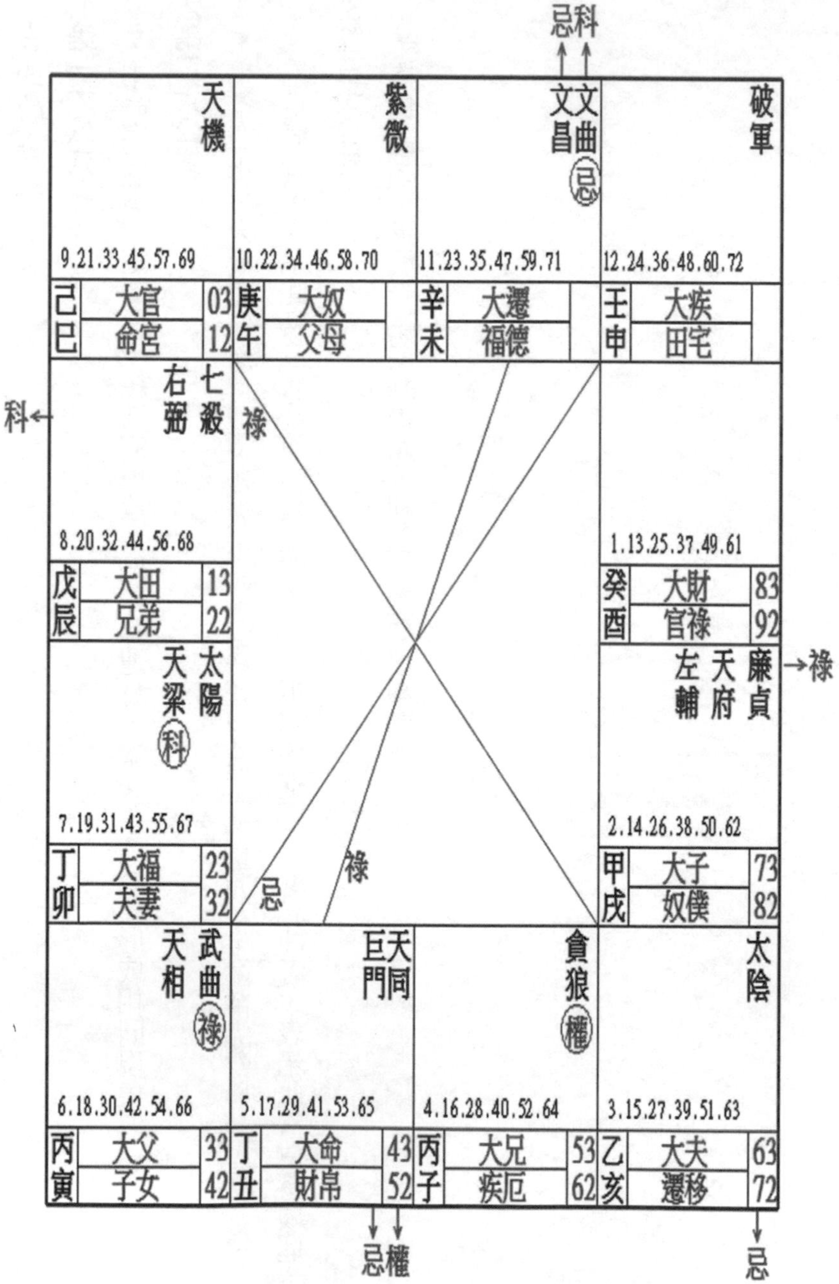

● **問題與說明：**

▼此命2015年為事業緣起與緣滅的分界點，有會變無，無會變有。也就是以前上班的公司會結束，新公司的因緣要從2015年農曆10月開始。

▼2015年與公司交惡後離職，新公司也在同年開始。

▼2015年農曆10月開始的公司，才是真正可以發揮的公司。

● **命盤的用神：**

▼定位：公司帶衰的人。

▼用神：命宮、財帛宮、官祿宮、父母宮。

● **解盤與公式：**

問題：

▼什麼人會給公司帶衰？

解答：

▼43/52大限，2015年47歲與公司交惡後離職，大官（本命）化忌入大遷沖大命，大父坐生年祿星，祿隨忌走（公式）也沖大命，本父化忌入大命，本官化忌沖本父。這命、官、父三個宮位形成無情的現象。表示我是公司帶衰的人。

▼43/52大限，大命化科入本命（大官），表示會換同性質的公司；大官化祿星入大父，大父坐生年祿星，表示新工作會緣起。

▼43/52大限，本父化權入大父，表示新工作才能發揮所長。

● 未來的影響：

▼2015年開始就會變成替公司帶衰的人，他讓舊公司的業務結束。

▼假如2015年沒有結束前事業的現象，在新公司發揮的條件就不能成立。

● 華山派叮嚀：

▼人生的最大利益是順天命而行，順命盤上之最有利的時間而行。

▼在對的時間點，做對的事，就是完整的命理學。這是華山派命理學最引以為傲的論述。

▼在對的時間點，做對的事，精算離職與就職的時間，讓本命＋大限＋流年＋流月＋流日＋流時等六種時間形成相同的現象，這是找到好工作最有效的方法。

（九）換腦袋好運才會來

● 吉凶的公式：

1. 第一大公式：

▼本命與大限一定要形成相同的現象，例如本官與大官或本子與大子。

2. 第二大公式：

▼生年四化星入大限任何宮位，皆表示此一宮位有好運；飛星四化之體用關係互飛祿、權、科三星辰者，表示此宮位有好運；飛星四化之體用關係飛忌入或忌沖者，表示此宮位有壞運。

3. 第三大公式：

▼擇日重點：災厄一定要到盡頭，利益一定要已經開始。

●命盤實例：甲男 請依據公式，看命盤說故事。

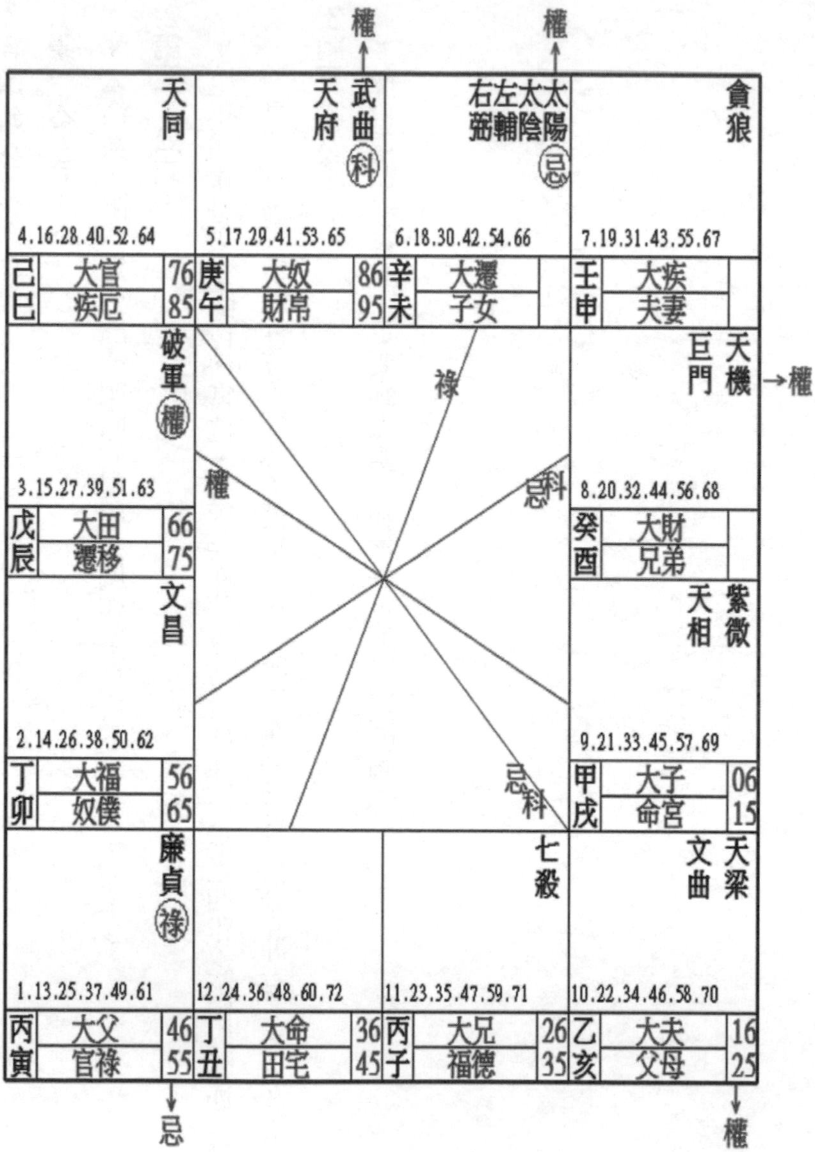

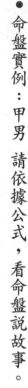

●問題與說明：

▼此命從事飲料業，2014年1月2日開始創業，2015年5月初搬新地點至今。

▼生意保持平順，但股東增加一倍。

●命盤的用神：

▼定位：飲料業的事業運。

▼用神：子女宮、官祿宮、父母宮。

●解盤與公式：

問題：

▼目前的事業應該怎麼做，才能讓事業更上一層樓？

解答：

▼忌星之好運必須經歷兩個階段，一是必須經歷某一事件後，二是必須過了某一年後。此兩件事情都發生後，忌星的好運才會來臨。

▼36/45大限事業之好運，第一件必須經歷的事爲換腦袋，公式爲大父有生年祿星，祿隨忌走入大遷沖大命，本父化忌入大遷也沖大命，形成體與用關係的凶象。

▼第二件必須經歷的事爲2015年換腦袋，公式爲大父有生年祿星，祿隨忌走入大遷沖大命，本父化忌入大遷也沖大命，形成體與用關係的凶象，也就是大父與本父之忌星都在2015年沖大命。

▼此命有兩段完全不一樣的人生，公式爲本命化忌沖大命，故一定要走完全不一樣的想法、方向與方法，時間也在2015年。

▼2015年爲改變的時間點，假如個人因某種原因而不改變，那麼，你的好運將一直順延下去，直到你改變爲止。

● 未來的影響：

▼改變的心乃人生最大利益之所在，上天一定會巧安排讓你改變，假如違背天意，只會讓你的好運縮短而已。

▼換腦袋後，事業運將進入穩定期。

● 華山派叮嚀：

▼2012年是第一次換腦袋的起點。

▼換腦袋後，未來有人生最好的運在等我。

▼堅持到底的決心才能得到上天愛的禮物。

（十）改名可以讓事業轉強

● 吉凶的公式：

1.第一大公式：

▼本命與大限一定要形成相同的現象，例如算運時，本夫與大夫要形成相同現象。

2.第二大公式：

▼生年四化星入大限任何宮位，皆表示此一宮位有好運；飛星四化之體用關係互飛祿、權、科三星辰者，表示此宮位有好運；飛星四化之體用關係飛忌入或忌沖者，表示此宮位有壞運。

3.第三大公式：

▼擇日重點：災厄一定要到盡頭，利益一定要已經開始。

● 命盤實例：壬女 請依據公式，看命盤說故事。

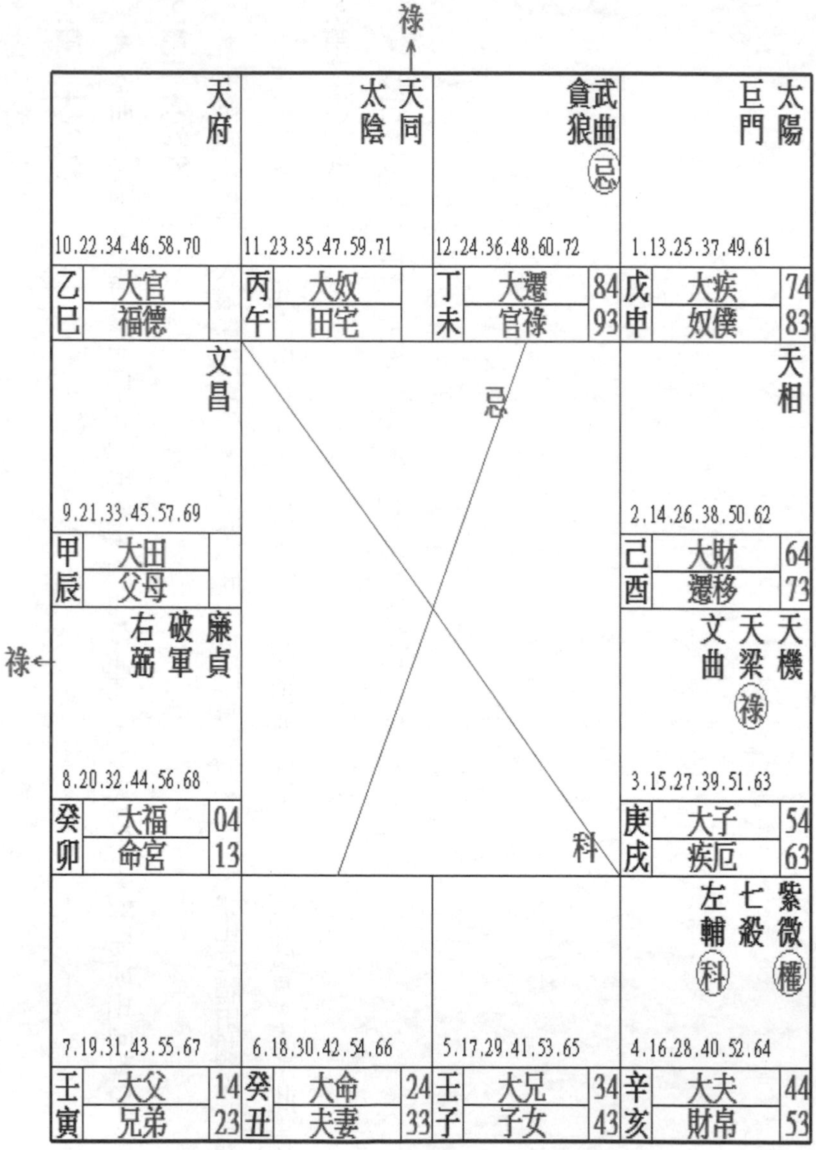

祿
天府
10.22.34.46.58.70
乙巳 大官 福德
天同 太陰
11.23.35.47.59.71
丙午 大奴 田宅
武曲 貪狼 忌
12.24.36.48.60.72
丁未 大遷 官祿 84 93
太陽 巨門
1.13.25.37.49.61
戊申 大疾 奴僕 74 83
文昌
9.21.33.45.57.69
甲辰 大田 父母
天相
2.14.26.38.50.62
己酉 大財 遷移 64 73
祿
廉貞 破軍 右弼
8.20.32.44.56.68
癸卯 大福 命宮 04 13
天機 天梁 文曲 祿
3.15.27.39.51.63
庚戌 大子 疾厄 54 63
忌
科
7.19.31.43.55.67
壬寅 大父 兄弟 14 23
6.18.30.42.54.66
癸丑 大命 夫妻 24 33
5.17.29.41.53.65
壬子 大兄 子女 34 43
紫微 權 七殺 左輔 科
4.16.28.40.52.64
辛亥 大夫 財帛 44 53

●問題與說明：

▼2015年不喜歡現在的名字，希望藉此改名字的機會，讓業績長紅。

▼此女從事汽車業務工作，2015年八月改名字後業績成長三倍。

▼華山派命理學堅持有效的理念，可以達成客人之心願才會幫客人改名。

●命盤的用神：

▼定位：藉改名字讓業績長紅。

▼用神：命宮、官祿宮、父母宮。

●解盤與公式：

問題：

▼有下列三種情形之一者，才能改名字。一、不喜歡現在的名字。二、連續衰兩次以上者。三、有心願要完成者。

▼希望改名字後事業能夠蒸蒸日上。

解答：

▼24/33大限，大命化忌星入本官坐生年忌星，表示事業進入最低潮。

▼本命官祿宮有生年忌星，忌星沖對宮之大命，表示事業進入最低潮，2015年24歲是改運最有效的時機之一，這就是華山派命理學堅持之擇日原則，災厄一定要到盡頭，利益一定要開始。

▼本官有生年忌星，大命24/33又化忌星入本官，負負得正，表示此大命2015年可以開始轉運。

▼轉運表示好運未來前，必須做對一件事，才能讓好運加倍或快速來臨。這是華山派命理學的高階課程。

● 未來的影響：

▼2015年八月改名字後業績成長三倍。切記，改名字的有效期間只有四個月，未來持續的好運還是要靠個人不斷努力才能維持。

▼24/33大限，此大限一定依靠求新求變的原則，才能繼續維持好運。

● 華山派叮嚀：

▼這是人生第一次有效轉運的時間，一定要好好把握前因的緣分，未來的後果才能夢想成真。

▼這也是人生培養專業與經歷失敗最重要的時間。

（十一）緣盡不分手會帶來什麼傷害？

● 吉凶的公式：

1. 第一大公式：

▼ 本命與大限一定要形成相同的現象，例如算運時，本夫與大夫要形成相同現象。

2. 第二大公式：

▼ 生年四化星入大限任何宮位，皆表示此一宮位有好運；飛星四化之體用關係互飛祿、權、科三星辰者，表示此宮位有好運；飛星四化之體用關係飛忌入或忌沖者，表示此宮位有壞運。

3. 第三大公式：

▼ 擇日重點：災厄一定要到盡頭，利益一定要已經開始。

● 命盤實例：辛男　請依據公式，看命盤說故事。

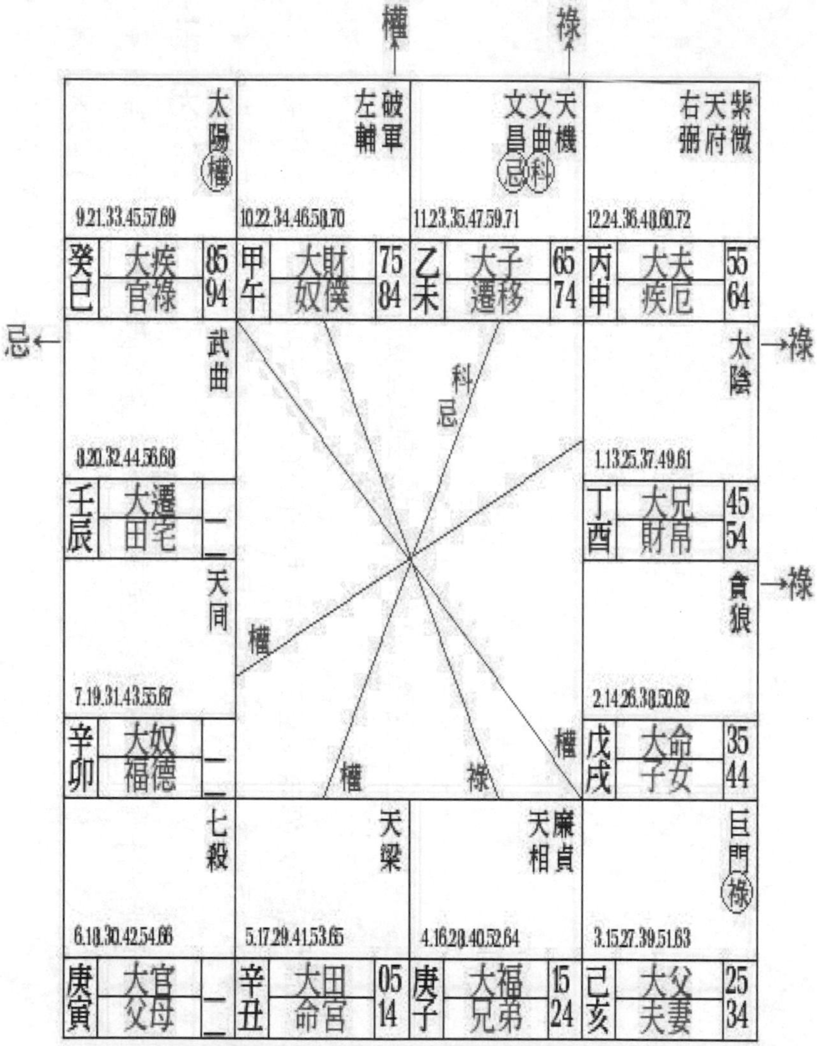

● **問題與說明：**

▼2013年農曆8月是兩人緣分第一次結束的時間。

▼2015年農曆6月是兩人緣分第二次結束的時間。

▼2015年農曆6月兩人正式分手。

● **命盤的用神：**

▼定位：兩人的感情緣盡了嗎？

▼用神：命宮、夫妻宮、子女宮、財帛宮、奴僕宮。

● **解盤與公式：**

問題：

▼緣盡不分手的感情會帶來傷害嗎？

解答：

▼25/34大限，大夫化忌入本夫，表示感情不結婚指數有60%。

▼25/34大限，大夫化忌入本夫，正好衝2013年，表示2013年是兩人緣分第一次結束的時間。

▼本夫之生年祿星，祿隨忌走沖本命，表示不結婚的指數已高達90%以上。

▼大官化忌沖本命大福，表示不分手的感情對事業是帶衰。

▼本財化忌入大命本夫，表示不分手的感情對財運是帶衰。

▼本夫之生年祿星，祿隨忌走沖本命，正好在2015年，表示2015年爲第二次結束的時間。

▼2015年農曆6月後的新戀情，才是結婚的人。

●**未來的影響：**

▼2013年緣盡不分手的感情對事業是帶衰。

▼2013年緣盡不分手的感情對財運是帶衰。

●**華山派叮嚀：**

▼人生的最大利益是順天命而行，順命盤上之最有利的時間而行。

▼告知當事人兩人緣已盡的事實，情難了會帶來彼此事業、財運、新戀情的傷害。

▼精算時間＋吉凶需要更多公式來組成，這是華山派命理學高階的課程，未來有機會再好好探討與細述。

（十二）成就必須用家人的健康來陪葬

● 吉凶的公式：

1. 第一大公式：

▼本命與大限一定要形成相同的現象，例如算運時，本宮與大官要形成相同現象。

2. 第二大公式：

▼生年四化星入大限任何宮位，皆表示此一宮位有好運；飛星四化之體用關係互飛祿、權、科三星辰者，表示此宮位有好運；飛星四化之體用關係飛忌入或忌沖者，表示此宮位有壞運。

3. 第三大公式：

▼擇日重點：災厄一定要到盡頭，利益一定要已經開始。

●命盤實例：甲男 請依據公式，看命盤說故事。

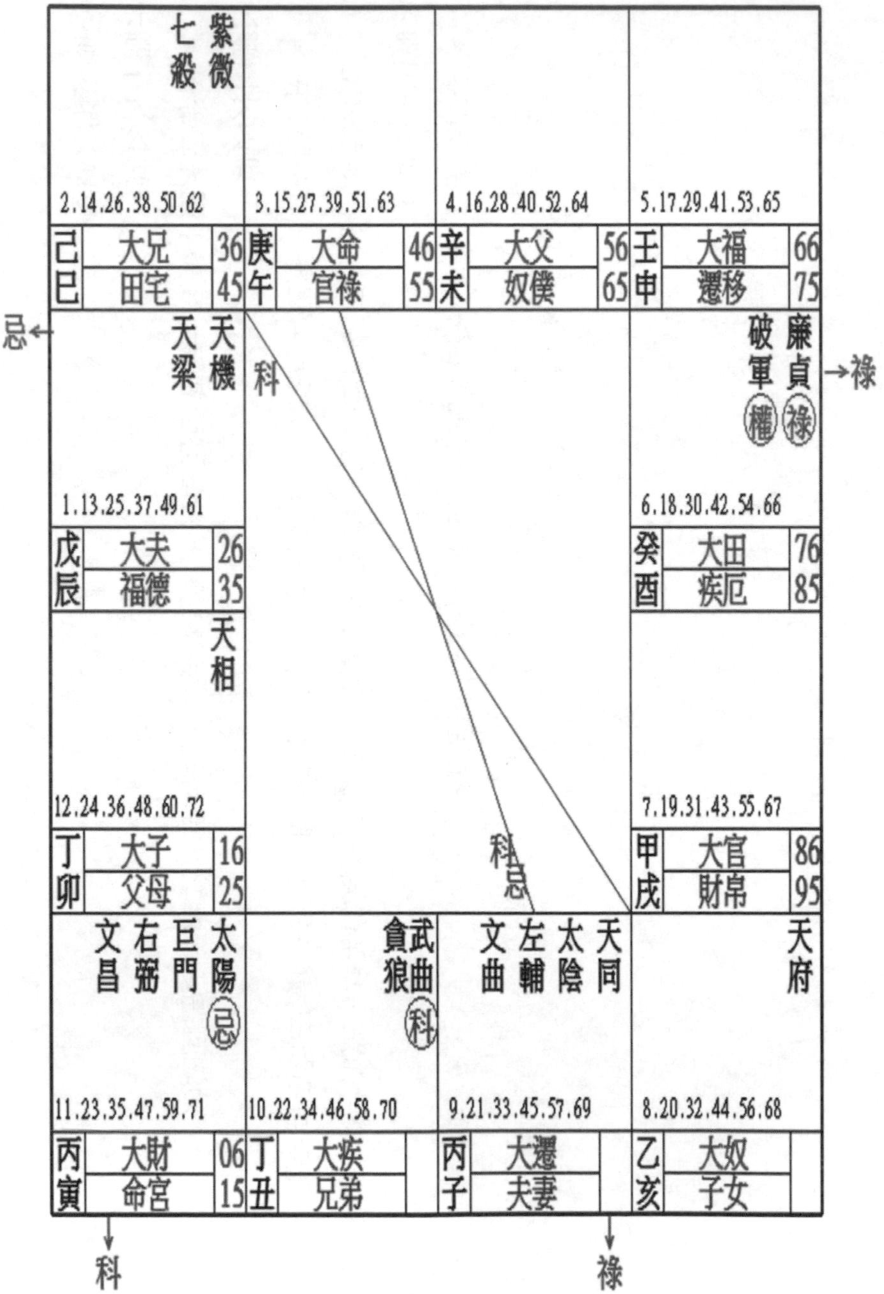

●問題與說明：

▼大陸有名大企業之CEO。

▼命中註定賺大錢的人，但要家人的健康來陪葬。

●命盤的用神：

▼定位：賺大錢與家人的關係。

▼用神：命宮、疾厄宮、官祿宮、福德宮、父母宮。

●解盤與公式：

問題：

▼眞的有命中大富貴的命格嗎？

▼賺大錢爲什麼要家人的健康來陪葬？

解答：

▼一個宮位兩個M質則會形成格局，生年祿星與權星同宮，表示賺大錢的命格。

▼三象一物的公式，祿星權星同宮，媒介在忌星，此命忌星在本命，表示更確定此命是賺大錢的人。

▼本命有生年忌星，本福有自化忌星，表示賺大錢需要家人的健康來陪葬。

▼46/55大限，大父飛祿星與權星入本命大財，本命又忌星，表示此大限是人生最好的運之一。

● **未來的影響：**

▼2017年開始進入尋找接班人的時間。

▼接班的時間從2017年至2021年爲止。

● **華山派叮嚀：**

▼人生的最大利益是順天命而行，順命盤上之最有利的方向而行。

▼每個人的人生都有很多的選擇方式，而每個方式卻都有不同的優點或缺點，所以，上天並不會獨厚任何人。

捌、公開華山派獨創命理學

華山派十八層的算運乃命理學最高階之學術原理，其中隱藏著美好人生之命中註定、優勢命格、重疊命盤、行業選擇、吉凶生滅、事業長短、人生故事、小人貴人、生肖因緣、緣起緣滅、最大利益、矛盾交集、長期規劃、富貴貧賤、前世因果、冤親債主、七世因緣……等等人生算運的規劃。

命理學本來就是一門高深的學問，它是由一連串的公式所組合而成，也是一層又一層往下追根究柢的功夫，更是深究前因後果與來龍去脈的專業學問。簡單又籠統的個性、喜好、數字、顏色、改運、補運、補財庫、斬桃花、配戴飾品、擺放物品……等等算命方式，已經無法滿足現代人複雜的思維，也難以在春秋戰國社會裡生存，更經不起新時代的科學考驗。故傳統派已漸漸被文明社會所淘汰，已漸漸被歷史的洪流所淹沒而不自知。

總之，華山派高階命理學包含了命理學最高階之現象、時間、吉凶、內容、影響、改運、轉運、宗教等八種算命方式，這是史上第一次完整提出所有算運的學術公式。華山派命理學之蛻變是漸進的、累積的、層次的、進化的、公式的、科學的、現代化集大成之學問，打破封建傳統命理學而改革，適應物競天擇的社會而創新，因應現代人的需求而存在，領導命理界的未來而精進。行筆至此，內心百感交集，一則憂一則喜，憂的是命理科學之路一等就是三十年；喜的是一年出兩本新書，現代化的命理學已見曙光。有一感慨，衆生抱古人，往來千百載；回首來時路，笑看華山癡。

一、華山派人事物科學定位

學會命理相關知識比命理本身重要一百倍，這是學習命理學最基本的功夫，也是華山派長期堅持的信念，不懂命理基本的名詞解釋，怎麼選擇人事物的方向，不懂命理人事物的定位，怎能完整分析命盤進而幫助眾生呢？故華山派命理學三十多年來一直不斷的學習，不斷改革，不斷精進，不斷創新，只希望學習命理學的人，以後都可以抬頭挺胸告訴別人，我的事業是——華山派命理學。故有感於傳統命理老師專業能力之不足，特爲命理學重要名詞的解釋而定位之。

(一) 命理界的迷思

●前言：

1.命理界迷思的重點在破除胡扯亂掰，不懂裝懂的傳統陋習，所有人事物定位之歪與偏，就會影響算命之精準度，所謂差之毫釐，失之千里，在這裡就完全表現出程度上之差異；一種是嚇人與恐嚇人的傳統命理學，一種是專業輔導人生規劃的華山派命理學。

2.命是命中註定的定數，運是人生多選擇的變數，命運則是人事物不規則的曲線圖。而命理學爲個人人生之量身訂做，它是掌握前因後果與來龍去脈的學問，也是一層又一層往下追根究柢的算運。

● **定盤的定位：**

▼傳統派慣用的手法，假裝自己很厲害，以爲可以定天命而顯神功，誤用專業而不自知。現代出生時辰都是醫生證明，那來定盤的問題。

▼本性乃先天註定，並非傳統派以求助者現在個性爲定盤的標準。

▼六零年代以前的人，因不知道自己的出生年、月、日、時辰，故應該以身分證或當下時辰爲依據，這就是天意之定盤，絕非傳統老師以瞎掰之理由而幫問命者定盤，這種方法完全由人爲之操弄，怎麼會準呢？

▼只是賣弄算命的技巧之一，對本人未來的吉凶，一點幫助也沒有。

● **時差的定位：**

▼這是傳統派慣用的手法，假裝自己很厲害，可以藉定時差而改天命。其實，出生在世界各地的人，已經按當地不同時差而登記出生時辰，那來時差的問題。

▼任何國家所發布之時差，已經是天意了。何須老師再多此一舉呢？

● **國運的定位：**

▼傳統派國運的推算，還停留在簡單又籠統的階段，如寺廟抽籤般，那麼抽象、籠統、難懂。常常需要個人隨機解釋自己喜歡的事情。

▼正確國運的推算，例如，推算國家經濟運勢，就需要總統、行政院長、經濟部長等三人的出生年月日時辰合盤，才能完整推算國家運勢。

● **四缺的定位：**

▼四缺乃孤、獨、絕、殘四者也，孤爲沒有父母、獨爲沒有結婚、絕爲沒有子女、殘爲身體殘缺。

▼自古以來學習命理者常常只是中下階層之人，所以，明明是一門高深的學問，卻把它搞成怪裡怪氣，裝神弄鬼之詐騙集團，眞是家門不幸啊！

▼四缺的傳說只是傳統派害怕學生背叛師門或害怕學生超越他們所想出來的騙術而已，完全是無稽之談。

● **股票的定位：**

▼傳統派股票的推算，只是利用八字、卜卦、五行、生肖、方向……等等簡單的公式賺錢，這是不精準的邏輯概念。

▼假如可以完全推算，他們自己默默的賺就好，也不用那麼辛苦騙錢。

▼這是公家機關的投資財，需要個人出生時辰之投資運＋偏財運＋貴人運＋福報運之合盤分析。

● **樂透的定位：**

▼傳統派樂透的推算，只是利用五行、生肖、方向……等等簡單的公式賺錢，這是不精準的邏輯概念。

▼假如可以完全推算，他們自己默默賺就好，也不用那麼辛苦騙錢。

▼這是幾十萬人的比賽，當然需要幾十萬人出生時辰之偏財運與貴人運的命盤來比較高低。

●偏財的定位：

▼傳統派對偏財的定位各說各話，有的說股票、樂透、大家樂……是偏財。有的說音樂、美術、畫畫、跳舞……是偏財。

▼華山派偏財的定位是正職以外的收入稱爲偏財。

●通書的定位：

▼通書爲農民曆的進階版，紅紅的封面，傳統派所使用的書籍。

▼通書乃命理界幾百年來傳統派擇日之重要依據，心理作用而已。怎麼可能全天下每一個人的好運與壞運都會在同一天？

▼利用通書擇日的人占90%以上，但遇到個人壞運時，事業該倒的還是會倒；結婚的人，遇到婚姻無情時，婚姻該離婚的還是會離婚，並不因爲選擇了好日子而不會倒或不離婚？所以，通書擇日只是心理安慰而已，通書與眞正的命理學無關。

▼擇日乃個人量身訂做之學問，擇日的重點：一、災厄一定要到了盡頭，二、利益一定要已經開始。

●現景的定位：

▼傳統宗教對現景的淺釋：台灣俚語。乃夢裡神佛來託夢，告知往生者的需求。

▼傳統命理對現景的淺釋：台灣俚語。乃傳統老師對已發生的事情，告訴求助者需要利用發願來降低災厄。

▼華山命理對現景的淺釋：人生突然發生重大事故，這是上天現景的現象。因爲，在天成象（本命），在地成形（大限），在人成事（流年）。此事件就可以確定當事人未來會發生什麼事。

▼例如：緣盡情未了的感情或三角的感情，就知道會發生什麼事。

▼例如：家人發生大意外或本人健康出現了問題，就知道會發生什麼事。

▼例如：最重要的員工辭職或重要案件被同行搶走，就知道會發生什麼事。

● 算自己的定位：

▼算自己不準，這是傳統派給人的印象；多麼悲哀的事啊！修配廠不會修自己的汽車，怎能修理別人的汽車呢？

▼命理學乃一連串之公式所組成，乃精準掌握前因後果與來龍去脈的學問。

▼上天有好生之德，所有人事物的改運與轉運並不需要依靠外求，例如：補運、造命、補財庫、斬桃花……等等。事實上，紫微斗數的命盤早已清楚顯示出應該做那一件事才能快速降低災厄或中止傷害。

● 常算命的定位：

▼算命會越算越薄，這是傳統派怕客人被搶走，所想出來騙人的伎倆。

▼算命重點在人生每一個十字路口，老師應該告訴你人生的正確方向。

● **斷生死的定位：**

▼這是命理學唯一不能鐵口直斷之處，因爲，所有死亡的公式都會因爲個人後天做對因緣而化解。例如：死亡的用神爲命、大、疾、田之無情，假如一個人已經經歷了夫妻之生離死別，那麼，就完全符合命盤上的現象，那有再死亡之理？

● **雙胞胎的定位：**

▼因同年同月同日同時生，故必定有相同的天生命格。

▼兩人因後天環境不同，人事物所選擇的時間也不同，故所發生人事物之吉凶一定會不一樣。

(二) 感情的愛恨情仇

● 前言：

1. 感情的分類有三，一是正緣，二是三角，三是過客等三種；感情的折磨事也有三，一是緣盡情未了，二是情盡緣未了，三是緣情皆了等三種。
2. 命是命中註定的定數，運是人生多選擇的變數，命運則是人事物不規則的曲線圖。而命理學爲個人人生之量身訂做，掌握前因後果與來龍去脈的學問，也是一層又一層往下追根究柢的算運。

● **感情的定位：**

▼在一起滿四個月以上稱之一份感情，分正緣、桃花、過客三種。

▼正緣的時間，在一起滿一年以上者才能稱之正緣。

▼切記，分分合合的感情，兩人的命盤上一定也會呈現相同無情的現象。

● **正緣的定位：**

▼在對的時間遇到對的人，結婚的對象。

▼這是最甜蜜幸福的感情，因年紀之因素，分手後，情傷會很久。

● **惡緣的定位：**

▼在對的時間遇到不對的人，有緣無分的對象。

▼這是期待又傷害的感情，因人爲之因素，分手後，不甘心會很久。

● **桃花的定位：**

▼在不對的時間遇到對的人，三角關係的對象。

▼這是又愛又折磨的感情，因婚姻之因素，分手後，分合會很久。

● **過客的定位：**

▼在不對的時間遇到不對的人，互相傷害的對象。

▼這是最衰最無奈的感情，因誤判之因素，分手後，詛咒會很久。

● **結婚的定位：**

▼結婚或同居滿二年以上者視同結婚。

▼切記，分分合合的感情，兩人的命盤上一定也會呈現相同有情的現象。

● **中斷的定位：**

▼感情的中斷要滿六個月後才算一次中斷。

▼事業的中斷要滿十八個月才算一次中斷。

▼搬家的中斷要滿十八個月才算一次中斷。

● **無情的定位：**

▼對人的無情：有死亡、意外、重病、分開、衝突等五種現象。

▼對物的無情：有不順、變小、損財、中斷、結束等五種現象。

▼對事的無情：有換工作、換地點、換老闆、換單位、換產品等五種現象。

● **選擇的定位：**

▼人、事、物單一選擇謂之決定。

▼人、事、物兩種以上謂之選擇。

● **緣盡情未了的定位：**

▼對人表示感情緣分緣滅了，只是有人會不願意放手而已。

▼對事表示事業緣分緣滅了，只是自己留戀原來的工作而已。

▼對物表示田宅緣分緣滅了，只是自己會不願意搬家而已。

● **情盡緣未了的定位：**

▼對人表示感情情分不見了，只是該負的責任未了而已。

▼對事表示事業不想再做了，只是難捨人情的緣分而已。

▼對物表示房子不想再住了，只是難捨當下的習慣而已。

● **緣情皆了的定位：**

▼對人表示感情緣情皆滅了，只是留下彼此的懷念而已。

▼對事表示事業緣情皆滅了，只是留下難忘的經歷而已。

▼對物表示住宅緣情皆滅了，只是留下美好的回憶而已。

(三) 科學的陽宅風水

● **前言：**

一、科學陽宅風水的第一重點是房子地點的好與壞，第二重點是搬進去後會發生什麼事？第三重點是鑑定房子旺什麼？衰什麼？

二、命是命中註定的定數，運是人生多選擇的變數，命運則是人事物不規則的曲線圖。而命理學爲個人人生之量身訂做，它是掌握前因後果與來龍去脈的學問，也是一層又一層往下追根究柢的算運。

● **漏斗屋的定位：**

▼只是看房子的現象而已，無關吉凶。

▼傳統派命理稱之漏財屋，華山派命理稱之突破屋或創業屋。

▼事實證明：每一地區的角間屋都是最貴與最好的房子。

● **中間屋的定位：**

▼只是看房子的現象而已，無關吉凶。

▼傳統派命理稱之辛苦屋，華山派命理稱之保守屋或安定屋。

▼事實證明：每一排房屋之中間屋都是最不起眼的房子。

● **死巷屋的定位：**

▼這只是看房子的現象而已，無關吉凶。

▼傳統派命理稱之存財屋，華山派命理稱之保守屋或老人屋。

▼事實證明：每一地區的死巷屋都是漸漸沒落的地區。

● 四樓屋的定位：

▼這只是看房子的現象而已，無關吉凶。

▼傳統派命理稱之凶象屋，華山派命理稱之便宜屋或突破屋。

▼事實證明：許多中上人士都喜歡住的房子，可以輕鬆選擇地點好又便宜的房子。

● 路沖屋的定位：

▼這只是看房子的現象而已，無關吉凶。

▼兩極化的房屋，不是特別好，就是特別不好，因爲地氣都會在十字路口匯聚。

▼傳統派命理稱之凶象屋，華山派命理稱之突破屋或創業屋。

▼事實證明：許多路沖屋都是最賺錢的房子。傳統派風水學論述只有與鐵有關的行業才能住；華山派陽宅學論述強命、強運、強求者的好房子。

● 大門轉向的定位：

▼這只是看房子的現象而已，無關吉凶。

▼傳統派命理論述屋主適合什麼方向的房屋，這是不懂陽宅風水的說詞，房屋的重點在位置之吉凶，並不是在座向之不同。

▼華山派命理論述鑑定房屋的重點在第一是先確定屋主的目的是什麼？第二再確定個人運勢的好壞，最後確定此房屋地點的吉凶。

▼事實證明：四周環境占房屋總分70％，屋內占房屋30％；大門雖然改了方向，但事實上此房

屋對外的吉凶並沒有改變，四周的地形地物沒有不同。

● 門對門的定位：

▼只是看房子的現象，無關吉凶，占此房子總分的個位數而已。

▼傳統派命理稱之是非屋，華山派命理稱之設計學上的對稱屋。

▼事實證明：大飯店的房間都是對稱的設計，既美觀又大方。

● 門對廁所的定位：

▼只是看房子的現象，無關吉凶，占此房子總分的個位數而已。

▼傳統派命理稱之生病房，華山派命理稱之不雅房而已。

▼事實證明：一般套房的廁所都會沖到床，假如，把廁所放在外面當公廁，既不方便又不實用，完全影響到實用性的原則。

● 客廳管事業的定位：

▼占此房子總分的15%，這是看事業的重點之一。

▼傳統派命理論述影響財運的現象，華山派命理論述影響主人事業的格局。

▼事實證明：事業好，客廳一定大；但客廳大，不見得事業好。因爲，影響事業好壞的是個人運勢，並不是客廳大小。

● 主臥房管姻緣的定位：

▼占此房子總分的15％，這是看姻緣的重點之一。

▼傳統派命理論述影響婚姻的現象，華山派命理論述影響主人姻緣的格局。

▼事實證明：感情好，主臥房一定設計溫馨；但主臥房設計溫馨，不見得感情好。因為，影響姻緣好壞的是個人運勢，並不是主臥房設計溫馨。

(四) 人生的三扇門

● 前言：

1.人生的三扇門是互相矛盾、互相衝突的。我喜歡的東西不一定有利益，現在遇到的東西不見得會喜歡，上天安排的東西又常常很慢才會來。然而，這就是人生。

2.命是命中註定的定數，運是人生多選擇的變數，命運則是人事物不規則的曲線圖。而命理學乃為個人的人生量身訂做，它是掌握前因後果與來龍去脈的學問，也是一層又一層往下追根究柢的算運。

● 命與運的定位：

▼命是命中註定的定數，運是人生多選擇的變數，命運則是人事物不規則的曲線圖。而命理學乃為個人的人生量身訂做，它是掌握前因後果與來龍去脈的學問。

● 三扇門的定位：

▼ 一是我現在喜歡的，二是我現在會遇到的，三是上天安排的，三者完全是不同的選擇，也會產生完全不一樣的人生。

● 感情的定位：

▼ 感情第一扇門：我喜歡的對象。

▼ 感情第二扇門：現在會遇到的對象。

▼ 感情第三扇門：上天巧安排的對象。

▼ 重點在對的時間，對的選擇，才能得到人生最大的利益。

● 事業的定位：

▼ 事業第一扇門——我喜歡的事業。

▼ 事業第二扇門——現在會遇到的事業。

▼ 事業第三扇門——上天巧安排的事業。

▼ 重點在對的時間，對的選擇，才能得到人生最大的利益。

● 賺錢的定位：

▼ 賺錢第一扇門——我想追求的財富。

▼ 賺錢第二扇門——現在會遇到的財富。

▼賺錢第三扇門——上天巧安排的財富。
▼重點在對的時間，對的選擇，才能得到人生最大的利益。

●陽宅風水的定位：
▼陽宅風水第一扇門——我喜歡的房子。
▼陽宅風水第二扇門——現在會遇到的房子。
▼陽宅風水第三扇門——上天巧安排的房子。
▼重點在對的時間，對的選擇，才能得到人生最大的利益。

(五) 人事物的吉凶

●前言：
1. 人事物的重點是先確定吉凶，再確定時間，最後再確定好與壞的時間從那一年至那一年。
2. 命是命中註定的定數，運是人生多選擇的變數，命運則是人事物不規則的曲線圖。而命理學爲個人人生之量身訂做，它是掌握前因後果與來龍去脈的學問，也是一層又一層往下追根究柢的算運。

●算命的定位：
▼重點在預測未來的結果，人事物當下的決定會影響未來的的吉凶。

● 工作的定位：

▼ 重點在做滿四個月以上才能算一份工作。

● 創業的定位：

▼ 重點在先確定能不能賺錢，才能再論工作的內容。

● 疾病的定位：

▼ 重點在發生的時間，就知道能不能化解災厄。

● 剖腹的定位：

▼ 重點在剖腹後會發生什麼事？

▼ 重點在預知小孩富貴的優勢，帶財？或帶衰？

● 出國的定位：

▼ 重點在出國後會發生什麼事？

▼ 重點在對未來人生的改變是什麼？沒有幫助或更上一層樓？

● 開幕的定位：

▼ 重點在開幕後會發生什麼事？

▼重點在開幕日是不是賺錢日，不賺錢的事業，華山派拒絕擇日。

● **改運的定位：**

▼重點在先確定時間與吉凶。

▼重點在做那一件事，才能讓壞運快速降低或中止。

● **轉運的定位：**

▼重點在先確定時間與吉凶。

▼重點在做那一件事，才能讓好運加倍或快速來臨。

● **擇日的定位：**

▼重點有二，一是災難一定要到盡頭，二是利益一定要已經開始。

● **看房子的定位：**

▼重點在搬家後會發生什麼事？

▼重點在先確定房子地點的好與壞，再論搬家會發生什麼事？

● **改名字的定位：**

▼重點在改名字後會發生什麼事？

▼重點在能不能達成改名字的目的。

●安神明的定位：

▼重點在安神明後會發生什麼事？

▼重點在安神明能不能消災解厄。

●安公媽的定位：

▼重點在安公媽後會發生什麼事？

▼重點在安公媽能不能福蔭子孫。

●斬桃花的定位：

▼重點在斬桃花是無效的方式"

▼傳統老師慣用的伎倆，好處只有一個，心理安慰而已。

(六) 人生的基本常識

●前言：

1.傳統命理老師常用的算命方式就是一般通俗的基本常識，但因命理老師學藝不精，不懂裝懂，總是喜歡胡扯亂掰，賣弄文章。故華山派命理學有責任爲基本常識定位之。

2.命是命中註定的定數，運是人生多選擇的變數，命運則是人事物不規則的曲線圖。而命理學為個人人生之量身訂做，它是掌握前因後果與來龍去脈的學問，也是一層又一層往下追根究柢的算運。

● **故鄉的定位：**

▼一個地方住滿三年，就是故鄉。

● **出外的定位：**

▼住在外面謂之，每天都回家的出外，不能算出外。

● **搬家的定位：**

▼搬家之定義，必須在外住滿十八個月才算搬家。

● **孝順的定位：**

▼對別人的父母孝順者謂之，因為，對自己父母孝順者占70%，乃人之常情；對別人父母孝順者占30%。才能眞正看出一個人的德行。

● **善良的定位：**

▼善良者占總人數不到5%，這是富貴人士在意的事；把別人的事當成自己的事處理就是善

良。

● **傳統改運的定位：**

▼傳統老師慣用的伎倆，好處只有一個，大部分只是心理安慰而已。

● **人之無情定位：**

▼死亡、意外、重病、分開、衝突等五種現象。

● **物之無情定位：**

▼不順、變小、損財、中斷、結束等五種現象。

● **事之無情定位：**

▼換工作、換老闆、換單位、換地點、換產品等五種現象。

● **一技之長的定位：**

▼可以謀生的技能謂之，並非高級專業工作才算。

● **六親無緣定位：**

▼六親代表命、兄、夫、子、奴、父等六種緣分，所以，六親無緣的說法是不正確，一個人不

會與全世界無緣才對。

● 個性強硬定位：

▼本事好，做事會堅持，本事差，對人會固執。

● 愛與喜歡定位：

▼愛是付出，是唯一；喜歡是得到，是多人。

● 宗教因緣定位：

▼順天命，乃善因緣，並不是宗教所謂做好事，善因緣。

二、十八層算運之基本內涵

● 前言：

1. 算命算一種，算運算八種。
2. 算運：現象、時間、吉凶、內容、影響、改運、轉運、宗教。
3. 算運公式是華山派最引以為傲的論述，也是史上第一次的創新與發明。
4. 算運的論述可以讓傳統命理老師不再陷入胡扯與鬼扯的亂算。

第一層現象層：

▼乃註定的因緣。

▼傳統派最擅長的論述，再應用算命的技巧一定會讓求助者誤認是在論吉凶。其實，這是最基本的算命方式，其中沒有正確的時間與吉凶。

▼現象層是命中註定的事，上天愛的禮物，只要個人努力持續去爭取，上天就會有求必應。民間流傳的古諺語「命中該有終須有」最能詮釋現象層的含意。

第二層入門斷：

▼乃累積的經歷。

▼長期經歷所累積之算命方式稱爲入門斷，傳統派因個人累積人生之經歷，有許許多多不同的入門斷算命方式。其實，這只是算命的最基本功夫而已，算命本身並沒有什麼特殊之處。充其量也只是在談論現象而已。然而，傳統派卻故意把它神秘化、神鬼化，宗教化，明明只是粗淺的東西，卻裝扮成高貴的東西騙財騙人。

第三層時間層：

▼乃確定的吉凶。

▼在對的時間點做對的事，就是人生最大的利益；在不對的時間點做不對的事，一切將會白費心機。故時間層就是影響吉凶之關鍵所在。人生最高點時要把握機會全力以赴；人生最低點時要充實條件重新出發。

第四層空間層：

▼乃立體的現象。

▼算命第一層爲現象層，算命第二層爲空間層；單一宮位的解釋稱現象，兩個宮位的解釋稱空間，這是命理學的創新與發明，讓命理學進入立體的世界，才能眞正進入命理之門。

第五層吉凶層：

▼乃利益的終始。

▼人、事、物的緣分皆有吉凶之分界點，如創業賺錢、賠錢的時間起迄年月日，這是命理學最基本的概念。

第六層宗教層：

▼乃今生的功課。

▼以宗教的角度今生的功課爲今生的業障，以命理的角度爲折磨的事情，以華山派的角度爲成就前必須經歷的事。故不同行業有不同說詞和角度，都是讓人生充滿希望的原動力。

第七層用神層：

▼乃確定的方向。

▼有定位，才有定數；有定數，才有吉凶。算命的方法，首先必須先確定人事物之定位，再確定人事物的用神，最後才論述現象、時間、吉凶、內容、影響、改運、轉運。所以，算命就

是一層又一層往下追根究柢的學問，就是精準掌握前因後果與來龍去脈的學問。故算命的精神，用神就是主導你人生方向的男女主角。

第八層行業層：

▼乃得失的多寡。

▼人生行業的選擇，最先影響的是賺錢多寡，再影響的是賺錢的時間長短；不同行業，好運之緣起與緣滅的時間不同；不同行業，壞運之緣起與緣滅的時間也不同。這是傳統派不知道的事。人生行業的選擇，絕非傳統派應用金木水火土等五行來選擇行業，但傳統老師又分不清楚各行各業到底屬於什麼五行，每個老師都各說各話，讓求助者無所遵循。

第九層生肖層：

▼乃緣分的生滅。

▼相同生肖，不同時間，就會產生不同的人生際遇與吉凶；不同生肖，相同時間，也會產生不同的人生際遇與吉凶；相同生肖，不同人事物，就會產生不同的人生際遇與吉凶，不同生肖，相同人事物，也會產生不同的人生際遇與吉凶。

第十層利益層：

▼乃人生的規劃。

▼算命論述先天的優勢與命中的富貴，算運論述後天運勢的吉凶與好運的時間；算命的規劃是

發揮本性的長處，做自己人生的男女主角；算運的規劃是掌握人生的高潮，做自己人生的曲線圖。

第十一層富貴層：

▼乃長期的福蔭。

▼短期的選擇得到的是利益，長期的規劃得到的是富貴；流年的規劃重點在利益，流月的規劃重點在富貴，流日的規劃重點在改運與轉運。故人生富貴的福報需要先天優勢的條件＋後天行業的選擇＋堅持到底的決心，才能美夢成眞。

第十二層避災層：

▼乃行業的選擇。

▼人生有三扇門，以感情爲例，第一扇門是我現在喜歡的對象，第二扇門是我現在會遇到的對象，第三扇門是上天安排的對象。三者之間利益是互相矛盾的，喜歡的人不見得有利益，現在遇到的人又常常自己不喜歡，上天安排的人又遲遲才會來，這就人生。所以，人生都是自己的選擇，好與壞怨不得別人。

第十三層改運層：

▼乃災厄的盡頭。

▼壞運持續中，必須做那一件事，才能讓壞運快速降低或中止。華山派人、事、物之擇日，災

厄一定要到了盡頭，利益一定要已經開始，這是擇日學的基本學問，絕非傳統老師之擇日方式，只把通書當成唯一依循的工具，因不知災厄何時到了盡頭，利益何時才會開始。故創業的人，遇到個人壞運時，事業該倒的還是會倒；結婚的人，遇到婚姻無情時，婚姻該結束的還是會結束。所以，通書擇日只是心理安慰自己而已，通書與眞正的命理學無關。

第十四層轉運層：

▼乃利益的開始。

▼好運未來前，必須做那一件事，才能讓好運加倍或快速來臨。華山派人、事、物之擇日，災厄一定要到了盡頭，利益一定要已經開始。這是擇日學的基本學問。絕非傳統老師之擇日方式，只把通書當成唯一依循的工具，因不知災厄何時到了盡頭，利益何時才會開始。故帶衰的人，遇到個人好運時，事業也會莫名其妙的好轉，賺錢了；想離婚的人，遇到感情好運時，夫妻感情也會突然好轉，不離了。所以，人生因緣皆注定，通書擇日只是心理安慰自己而已。通書與眞正的命理學無關。

第十五層元神層：

▼乃本性的眞靈。

▼今生與來世之間存在著中陰身，思想與做法之間存在著元神；今生所作所爲影響的是來世的果報；今生所思所想影響的是今生的得失。今生所累積的智慧就形成了元神。故本性心靈最深處的元神，主導你的眞善美與貪嗔痴。

第十六層守護神：

▼乃命中的貴人。

▼傳統命理老師最喜歡談論守護神，宗教老師說守護神會在你身邊默默守護著你、保護你；命理老師說配戴飾品或喜好顏色會幫助事業、財運、健康……等。這些安慰型的算命方式，只有一個好處，讓自己短暫得到快樂。守護神的概念就是命中註定會遇到的貴人，今生的貴人緣起於命中優勢本性的發揮，也就是做對命中註定的因緣，就能找到好運時的貴人。

第十七層前世層：

▼乃前世的吉凶。

▼落紅不是無情物，化作春泥更護花，這句名言最能表現前世層的意境。前世業，今生障；前世債，今生還。前世之債，災厄會倍增；前世之情，恩愛會長久。前世的吉凶乃禍福相依，它告訴我們遠離災禍就是遠離福報；前世的吉凶乃災厄與福報重疊，它告訴我們今生的功課就是經歷折磨的事。

第十八層累世層：

▼乃累世的貧富。

▼累世的冤親債主總是折磨人，最愛妳的人，妳不喜歡；不愛妳的人，妳偏偏愛得死去活來；喜歡的工作，常常事與願違，不喜歡的工作，卻一直跟著妳。這是累世因果惹的禍，因果影響了人的吉凶禍福，冤親債主的生肖主導了妳的富貴與貧賤。

三、十八層算運之學術分析

● 前言：

▼ 算命算一種，所有傳統派的算命方法。

▼ 算運算八種，華山派可以同時精算現象、時間、吉凶、內容、影響、改運、轉運、宗教等八種。

第一層現象層：

▼ 這是算運的現象層。

▼ 現象層的公式來傳統命理學，包括八字、卜卦、星座、面相、塔羅牌、姓名學、鐵板神算、求神問事、生命靈數、傳統派紫微斗數……等算命方式。

▼ 論述命中註定的事，這是一般人最容易學會的一種算命方式。

▼ 最基礎的命理學問，也是所有命理老師都會的本事。

▼ 例如：現在想當老闆，但問題是——你現在有沒有條件。

▼ 例如：命中有賺大錢的機會，但問題是——有沒有做對時間。

第二層入門斷：

▼ 這是算運的現象層。

▼入門斷的公式來自所有的命理學，包括八字、卜卦、星座、塔羅牌、姓名學、紫微斗數、鐵板神算、求神問卜……等等算命方式。

▼論述各門派皆有一些才藝的雜技。如台灣俚語：歹歹馬也有一步踢，個人的學習過程都會有比較擅長的地方。

▼例如：傳統派會告訴你適合做水的行業，但水的行業有幾十種，老師並不能告訴你從事那一種才能賺大錢？時間從那一年開始至那一年爲止？

第三層時間層：

▼這是算運的時間層。

▼時間層的公式以生年四化爲主。

▼論述人事物之緣起與緣滅的時間，分界點在那一年？

▼例如：創業賺錢從那一年開始至那一年爲止？

▼例如：正緣從那一年開始至那一年爲止？

第四層空間層：

▼這是算運的內容層。

▼空間層的公式以飛星四化爲主。

▼論述人事物之內容是什麼？

▼例如：創業賺錢應具備的條件是什麼？

▼例如：必須經歷不討厭的男人，才能找到眞命天子。

第五層吉凶層：

▼這是算運的吉凶層。

▼吉凶層的公式以自化爲主。

▼論述人事物之吉凶何時會發生？

▼例如：今年五月搬家會發生什麼事？

▼例如：最重要的工作夥伴不做了，公司會發生什麼事？

第六層宗教層：

▼這是算運的宗教層。

▼宗教層的公式以左右昌曲爲主。

▼論述前世今生之因果關係是什麼？

▼例如：欠子女的債，什麼債？

▼例如：對父母不好會發生什麼事？子女不教養會發生什麼事？

第七層用神層：

▼這是算運的內容層。

▼用神層的公式來自華山派命理學之獨門秘笈。

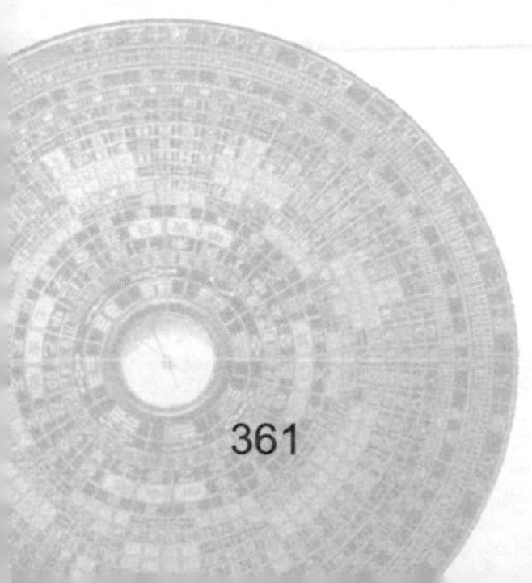

▼論述算命準不準的重點在用神，假如用神定位錯誤，就會差之毫釐，失之千里，完全無法精準掌握人、事、物之未來結果。

▼例如：這是華山派命理學所獨創之處，也是傳統命理老師不會的事。

▼例如：桃花位在子女宮，假如定位在奴僕宮，內容就完全不一樣。

第八層行業層：

▼這是算運的吉凶層與內容層。

▼行業層的公式以格局爲主的定位。

▼論述每一種行業賺錢的時間點不同，緣起與緣滅的時間也不同。

▼例如：從事不動產與飲料店，兩者賺錢的時間點一定會不一樣。

第九層生肖層：

▼這是算運的吉凶層與影響層。

▼生肖層的公式來自華山派命理學之五大系統。

▼論述相同生肖，不同時間，就會產生不同的人生際遇與吉凶。

▼論述不同生肖，相同時間，就會產生不同的人生際遇與吉凶。

▼例如：今年屬狗者是我事業的貴人，貴人時間從那一年至那一年？

▼例如：今年六月遇到生肖虎與龍是我事業貴人或小人？

▼例如：今年三與十月都遇到生肖虎的男人，是正緣或過客？

第十層利益層：

▼這是算運的吉凶層與影響層。

▼利益層的公式來自華山派命理學之五大系統。

▼論述怎麼規劃人生之最大利益。

▼例如：不同行業，創業賺錢的時間點一定不同，何時開始？何時結束？

第十一層富貴層：

▼這是算運的吉凶層與轉運層。

▼富貴層的公式來自華山派命理學之五大系統。

▼論述先天俱足的富貴是什麼？

▼例如：在對的時間，做對的事，找對的人乃人生最大的福報。

第十二層避災層：

▼這是算運的吉凶層與改運層。

▼生肖層的公式來自華山派命理學之五大系統。

▼論述做對因緣就能避災，避災絕非傳統老師人爲之擺放物品與配戴飾品。

▼例如：原來的事業到了結束的時間點，趕快更換跑道就是避災。

第十三層改運層：

▼這是算運的改運層。
▼改運層的公式來自華山派命理學之五大系統。
▼論述壞運持續中，必須做那一件事，才能讓壞運快速降低或中止。
▼例如：在對的時間做對的事就是改運，從個人命盤本身就可以找到化解的方法，並不需要外求，傳統老師利用擺放物品與配戴飾品……等等方法，只有心理安慰而已，改運方法與眞正的命理學無關。

第十四層轉運層：

▼這是算運的轉運層。
▼轉運層的公式來自華山派命理學之五大系統。
▼論述好運未來前，必須做那一件事，才能讓好運加倍或快速來臨。
▼例如：在對的時間做對的事就是轉運，從個人命盤本身就可以找到化解的方法，並不需要外求，傳統老師利用擺放物品與配戴飾品……等等方法，只有心理安慰而已，轉運方法與眞正的命理學無關。

第十五層元神層：

▼這是算運的現象層與內容層。
▼元神層的公式來自華山派命理學之五大系統。

▼論述思想與做法之間存在著元神，乃今生所累積的智慧。

▼元神主導妳人生的眞善美與貪嗔痴，不可不愼。

第十六層守護神：

▼這是算運的現象層與內容層。

▼守護層的公式來自華山派命理學之五大系統。

▼論述人事物的貴人，守護神緣起於發揮命中的優勢本性。

▼做對命中註定的人事物的因緣，就能找到最好的守護神。

第十七層前世層：

▼這是算運的宗教層。

▼前世層的公式以左右昌曲爲主。

▼論述前世業，今生障；前世債，今生還。

▼前世的業報，災厄與福報是重疊的，災厄當下，福報已生。

第十八層累世層：

▼這是算運的宗教層。

▼累世層的公式以左右昌曲爲主。

▼論述冤親債主的因緣，人事物之某某生肖，總是最折磨的人。

▼例如：最愛妳的人，妳不喜歡；不愛妳的人，妳偏偏愛得死去活來。

四、算命算運怎麼問？

（一）算命：

● **現象**：命中會發生的事

▼命格、個性、方向、八卦、五行、數字、顏色、生肖、宗教。

▼星座、卜卦、八字、姓名學、塔羅牌、求神問事、生命靈數。

（二）算運：

● **時間**：我現在想問的事

● **吉凶**：我會發生什麼事？

▼分手後，我會遇到什麼緣分？

▼出國後，我會遇到什麼奇緣？

▼換工作後，我會找到什麼公司？

▼生小孩後，小孩帶財還是帶衰？

● 內容：我應該怎麼做？

▼壞結果時，怎麼降低凶象或中止災厄或趨吉避凶？

▼好結果時，怎麼持續好運或規劃未來或創造高峰？

● 影響：對我以後有什麼影響？

▼上班或創業，對以後有什麼影響？

▼分手或不分手，對以後有什麼影響？

▼生子或不生子，對以後有什麼影響？

● 改運：壞運持續中，我必須做那一件事，才能讓壞運快速降低或中止。

● 轉運：好運未來前，我必須做那一件事，才能讓好運加倍或快速來臨。

(三) 算運SOP怎麼問？

1. 感情怎麼問？

▼下一個男人會不會更好？

▼現在交往對象是不是正緣？

實例：必先經過三角關係的感情，才能找到眞命天子。

▼正緣在何時？何時才能結婚？

▼單身，今年會遇到什麼男人？
▼折磨的感情會不會修成正果？
▼為什麼我的男人都會離開我？
實例：目前我帶衰，與我在一起的男人事業會走下坡。
▼現在兩個對象我該選誰？怎麼選擇最有利？
實例：現在交往的兩個人，虎是有緣無分的男人，龍是養我一輩子的人。
▼今年想結婚會發生什麼事？怎麼規劃未來？
▼追求喜歡的對象會不會成功？怎麼規劃未來？

2.離婚怎麼問？

▼離婚後人生開始轉衰運或轉好運？
▼離婚後能不能找到更好的男人？
實例：確定下一段的感情是條件好的男人。
▼離婚子女歸誰最有利，怎麼規劃未來？
▼我最容易離婚的時間，怎麼規劃未來？
▼我損失財產最少的時間，怎麼規劃未來？
▼我要求財產最多的時間，怎麼規劃未來？

3.結婚怎麼問？

▼結婚可以旺事業、子女、家庭……嗎？
▼結婚會發生什麼事？我應該怎麼規劃未來？

實例：今年結婚的對象會讓我的事業往上爬。

▼結婚人生開始轉衰運或好運？怎麼規劃未來？

▼婚後跟公婆同住會發生什麼事？我應該怎麼做？

4.**事業怎麼問？**

▼創業會不會賺錢？怎麼規劃未來？

▼目前的事業，怎麼做才能升官加新？

▼目前的事業，去留吉凶如何？怎麼規劃？

▼換工作會發生什麼事？怎麼規劃未來？

▼擴大營業會不會賺錢？怎麼規劃未來？

實例：當員工出現離職潮時，就是公司擴大的開始。

▼事業還沒有方向，怎麼找到人生的方向？

▼今年會不會找到好工作？怎麼規劃未來？

▼今年換工作會不會更好？怎麼規劃未來？

5.**子女怎麼問？**

▼我應該怎麼管教子女？

▼我跟子女的緣分如何？

實例：有小孩後，我在家裡的地位才會穩固，此乃母以子貴的命格。

▼我應該怎麼做才能生小孩？

▼怎麼規劃子女的學業或未來？

▼何時生小孩最有利？怎麼規劃未來？

實例：105年生的小孩是傳宗接代的人，也是繼承家產的人。

▼今年生的小孩帶財或帶衰？怎麼規劃未來？

▼父母跟子女同住會發生什麼事？我應該怎麼做？

6.學業怎麼問？

▼我怎麼選科系最有利？

▼我出國深造會發生什麼事？

實例：出國深造是我人生必要的選擇，因為我的真命天子在國外。

▼我不讀書應該怎麼規劃未來？

▼我應該怎麼規劃學業與未來？

▼我怎麼規劃才能考上理想的學校？

▼我想換科系或中斷學業，怎麼規劃未來？

實例：第二次的復學就是真正讀書的時間，命中當老師的格局。

五、婚喪喜事怎麼問？

●前言：

婚喪喜事擇日的重點：

▼災厄一定要到了盡頭。

▼利益一定要已經開始。

婚喪喜事我想問的事：

▼先問我會發生什麼事？

▼再問我應該怎麼做？

▼最後問對我以後有什麼影響？

（一）感情怎麼問？

交往的時間，決定人生帶財或帶衰？

▼先問在一起後，我會發生什麼事？

▼再問在一起後，我應該怎麼做？

▼最後問在一起後，對我以後有什麼影響？

（二）同居怎麼問？

同居的時間，決定人生帶財或帶衰？

▼先問同居後，我會發生什麼事？

▼再問同居後，我應該怎麼做？

▼最後問同居後，對我以後有什麼影響？

（三）結婚怎麼問？

訂婚與結婚，這兩天決定婚姻的幸福。

- ▼先問結婚後，我會發生什麼事？
- ▼再問結婚後，我應該怎麼做？
- ▼最後問結婚後，對我以後有什麼影響？

（四）開幕怎麼問？

裝潢日與開幕日，這兩天決定事業的成或敗。

- ▼先問開幕後，我會發生什麼事？
- ▼再問開幕後，我應該怎麼做？
- ▼最後問開幕後，對我以後有什麼影響？

（五）搬家怎麼問？

裝潢日與搬家日，這兩天決定人生帶財或帶衰？

- ▼先問搬家後，我會發生什麼事？
- ▼再問搬家後，我應該怎麼做？
- ▼最後問搬家後，對我以後有什麼影響？

（六）無感情怎麼問？

下一段感情，決定人生帶財或帶衰？

▼先問下一段感情是正緣？過客？三角關係？

▼再問愛情來之前，我應該做什麼事，才能迎接愛情的來臨？

▼最後問有感情後，對我以後有什麼影響？

（七）換工作怎麼問？

換工作的時間，決定未來運勢的吉凶。

▼先問換工作後，我會發生什麼事？

▼再問換工作後，我應該怎麼做？

▼最後問換工作後，對我以後有什麼影響？

（八）看房子怎麼問？

動工日與入宅日，這兩天決定未來運勢的吉凶。

▼先問搬家後，我會發生什麼事？

▼再問搬家後，凶象時，應該怎麼化解？吉象時，怎麼更上一層樓。

▼最後問搬家後，對我以後有什麼影響？

（九）改名字怎麼問？

叫名日與登記日，這兩天決定未來運勢的吉凶。

▼先問改名字後，我會發生什麼事？

▼再問改名字後，我應該怎麼做？

▼最後問改名字後，對我以後有什麼影響？

（十）生小孩怎麼問？

生小孩的時間，決定小孩帶財或帶衰？

▼先問生小孩後，我會發生什麼事？

▼再問生小孩後，我應該怎麼做？

▼最後問生小孩後，對我以後有什麼影響？

（十一）安神明怎麼問？

稟告日與安神明日，這兩天決定轉運或改運的緣起。

▼先問安神明後，我會發生什麼事？

▼再問安神明後，我應該怎麼做？

▼最後問安神明後，對我以後有什麼影響？

（十二）安公媽怎麼問？

稟告日與安公媽日，這兩天決定子孫的興衰。

- ▼先問安公媽後，我會發生什麼事？
- ▼再問安公媽後，我應該怎麼做？
- ▼最後問安公媽後，對我以後有什麼影響？

（十三）新歡舊愛怎麼問？

新歡與舊愛，誰才是我的眞命天子或眞命天女？

- ▼先問選擇新歡或舊愛，我會發生什麼事？
- ▼再問選擇新歡或舊愛後，我應該怎麼做？
- ▼最後問我選擇新歡或舊愛後，對我以後有什麼影響？

（十四）剖腹生產怎麼問？

剖腹生產的時間，決定小孩帶財或帶衰？

- ▼先問剖腹生產後，我會發生什麼事？
- ▼再問剖腹生產後，我應該怎麼做？
- ▼最後問剖腹生產後，對我以後有什麼影響？

（十五）更換新墳怎麼問？

稟告日與換新墳日，這兩天決定子孫的興衰。

▼先問換新墳後，我會發生什麼事？

▼再問換新墳後，我應該怎麼做？

▼最後問換新墳後，對我以後有什麼影響？

（十六）先人撿骨怎麼問？

稟告日與安檢骨日，這兩天決定子孫的興衰。

▼先問先人撿骨後，我會發生什麼事？

▼再問先人撿骨後，我應該怎麼做？

▼最後問先人撿骨後，對我以後有什麼影響？

（十七）改運、轉運怎麼問？

▼論述壞運持續中，我要做一件事，才能讓壞運快速降低或終止。

▼論述好運未來前，我要做一件事，才能讓好運加倍或快速來臨。

總之，婚喪喜事，怎麼問？乃鑑於傳統命理老師之曲解擇日或民間習俗之誤用通書所產生的反省心。長久以來，民眾已經習慣傳統老師安慰式或恐嚇式的無效擇日。殊不知眞正的擇日乃依據個人出生年、月、日、時辰而量身訂做，絕非單純利用農民曆或通書等簡單方式所能推算出來。農民曆或通書把全世界不同人的創業、安神、開幕、動土、搬家、生小孩、換工作……等等日子都選在同一天，這是多麼好笑的事啊！真正的擇日是每一事件都要清楚告訴求助者：一、我會發生什麼事？二、我應該怎麼做？三、對我以後有什麼影響？這就是華山派命理學十八年來不遺餘力致力於命理學的改革與創新，希望將命理學完全公式化、系統化、透明化，有朝一日科學化的命理學能夠在台灣生根、發芽、成長、茁壯。並帶動命理學的革命，盼望這希望種子能夠傳遍全世界的每一個角落。

玖、命理老師應該學會的事

有心想要學習紫微斗數者，學習命理有三大公式與順序，公式絕不能不精準或順序顛倒。一、先學會命理相關知識，二、再學會命理最專業的學問，三、最後學習相關命理的比較。因此，領悟了學習命理的三大公式後，就會發現華山論劍的重要性，互相切磋，彼此成長，才是命理學進步的原動力。以下給予讀者一些學命理的建議，才能增進其功力。

● **先學會命理相關知識：**

1. 吉凶怎麼算？——本命與大限形成相同現象，才能算吉凶。
2. 流年怎麼算？——本命與大限吉凶確定後，才能算流年。
3. 生肖怎麼算？——流年與吉凶確定後，才能算生肖。

● **再學會命理最專業的學問：**

1. 算命——算一種，乃現象也。
2. 算運——算八種，乃現象、時間、吉凶、內容、影響、改運、轉運、宗教也。

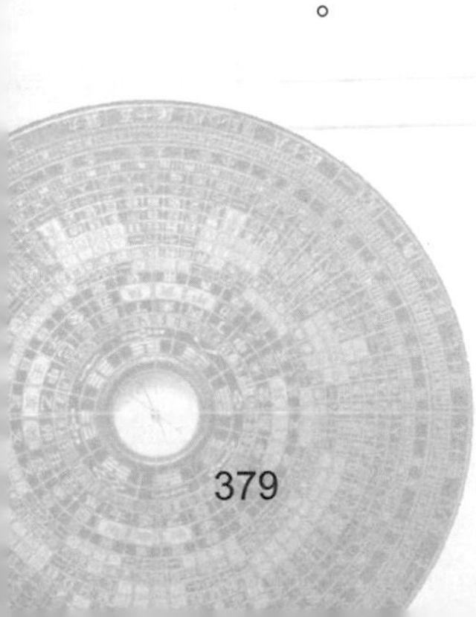

●**最後學習相關命理的比較：正統的命理派系一定要能夠預測下列的事：**

1. 預測人事物發生什麼事？影響多久？
2. 預測人事物衰到什麼人？衰多久？
3. 預測人事物旺到什麼人？旺多久？

命理老師應該學會的三件事，一是算流年，二是算生肖，三是算吉凶，這是傳統派99%以上不會的事，他們只會從該年的流年宮位切入算流年；從該生肖的生肖宮位切入算生肖，把現象當作吉凶算吉凶，這完全在誤解或誤用命理學的公式原理。殊不知算流年應該從本命命盤與大限命盤之吉凶確定後，才能算流年；算生肖應該從時間與吉凶完全確定後，才能算生肖；算吉凶應該從本命命盤體與大限命盤用之關係確定後，才能算吉凶。這是正統標準的算命方法，精準掌握在天成象，在地成形，在人成事，讓點、線、面形成絕對的時間與吉凶，讓本命、大限、流年的組合形成眞正的算命方式。

總之，人在變，時代也在變；天地快速在變化，萬物也快速在進化。人類的文明已取代封建社會的思維，古人簡單的算命方式已被華山派精準的算運所取代；籠統算一種的現象已被精準算八種的現象、時間、吉凶、內容、影響、改運、轉運、宗教所取代；這股人類追求進化的新趨勢想擋也擋不住了。傳統命理之習俗性、宗教性、常識性、簡單性、籠統性……等等不敢預測未來結果的舊時代產物，已經慢慢淹沒在歷史的洪流中，漸漸失去往日的榮景，只有公式化、系統化、現代化、科學化的華山派命理才能引領命理界進入科學之林。

一、流年怎麼算？

● 前言：

1. 算吉凶：本命與大限形成相同現象，就是算吉凶。
2. 算流年：本命與大限吉凶確定後，才能算流年。
3. 算生肖：流年與吉凶確定後，才能算生肖。

(一) 傳統派的流年論斷法：

▼傳統老師只能簡單論述第一層的現象，不知道有流年算命法。

▼傳統老師算流年的方式跟準不準無關，因爲沒有明確的時間或吉凶。

▼籠統論述本命的現象或大限的現象或流年的現象，卻誤認這就是算流年。

▼九成以上命理老師也會鬼扯算流年，殊不知這是錯誤的流年論斷法。

(二) 華山派的流年論斷法：

▼本命命盤：論述第一層的現象，傳統老師只會這一層。

▼大限命盤：論述第二層的時間＋第三層的吉凶。

▼流年命盤：論述第四層的內容＋第五層的影響。

▼流月命盤：論述第六層的改運＋第七層的轉運。

(三) 何謂算流年：

1. 傳統算流年，只是算命格而已。

▼傳統命理老師把一生的命格誤解成算流年，連他們自己也不知道。

▼例如：預測與精算流年的每一重大事件的時間與吉凶，才是眞正的算流年。

2. 時間與吉凶確定後，才能正式進入算流年。

▼本命命盤體與大限命盤用形成相同的現象，才能產生時間與吉凶。

▼即體與用形成相同的現象，才能產生時間與吉凶。

3. 單一流年命盤在算什麼？

▼單一流年命盤：論述流月的人、事、物。

▼單一流年命盤：論述60％的因緣，40％的緣分，20％的準確度。

4. 本命命盤＋大限命盤＋流年命盤，就是真正的算流年。

▼此三種命盤一定要形成相同的現象。

▼此三種命盤也一定要形成相同的流年。

5. 論述流年與生肖、吉凶的關係。

▼相同流年，不同生肖，就會產生不同的人生際遇與結果。

▼不同流年，相同生肖，也會產生不同的人生際遇與結果。

▼相同流年，不同人事物，就會產生不同的人生際遇與結果。

▼不同流年，相同人事物，也會產生不同的人生際遇與結果。

(四) 錯誤的流年、生肖、吉凶算命法：

▼算流年：從該年的流年宮位算命。

▼算生肖：從該生肖的生肖宮位算命。

▼算吉凶：把現象當作吉凶，但可以改命或改運。

二、生肖怎麼算？

●前言：

1. 算吉凶：本命與大限形成相同現象，就是算吉凶。
2. 算流年：本命與大限吉凶確定後，才能算流年。
3. 算生肖：流年與吉凶確定後，才能算生肖。

(一) 傳統派的生肖論斷法：

▼籠統論述某生肖是一生的小人或貴人，誤認生肖的吉凶會跟著一個人一輩子。

▼只能簡單論述第一層本命命盤的生肖，卻不知道有大限盤與流年盤的生肖。

▼傳統老師算生肖的方式跟準不準無關，因爲沒有明確的時間或吉凶。

▼九成以上的命理老師會誤解生肖算命法，鬼扯某生肖對人一生的影響。

（二）華山派的生肖論斷法：

▼本命盤＋大限盤＋流年盤，就是算生肖。

▼每一事件之時間＋吉凶確定後，就是算生肖。

▼人生是起起浮浮，每一生肖也會隨著時間不同而產生不同的吉凶。

▼乃精準掌握某一生肖在每一件事件中扮演的角色，貴人？小人？敵人……。

（三）何謂算生肖：

1.傳統算生肖，只是現象而已。

▼傳統命理老師會把命格中所謂的好生肖誤解成算生肖，殊不知大限十年與流年每一事件的生肖是起起浮浮。相同生肖，不同時間或不同生肖，相同時間，流年的吉凶一定會不一樣。

▼例如：精算流年每一重大事件的時間與吉凶，才是眞正的算流年。

2.時間與吉凶確定後，才正式進入生肖的公式。

▼本命命盤體與大限命盤用形成相同現象，才能產生時間與吉凶的公式。

▼即體與用形成相同現象，才能產生時間與吉凶。

▼有了時間與吉凶，生肖就會在其中。

3.單一生肖命盤在算什麼？

▼單一生肖命盤：只能籠統論述命格的生肖，無關吉凶。

▼單一生肖命盤：論述60％的因緣，40％的緣分，20％的準確度。

4.論述生肖與時間、吉凶的關係。

▼相同生肖，不同流年，就會產生不同的人生際遇與結果。

▼不同生肖，相同流年，也會產生不同的人生際遇與結果。

▼相同生肖，不同人事物，就會產生不同的人生際遇與吉凶。

▼不同生肖，相同人事物，也會產生不同的人生際遇與吉凶。

（四）錯誤的流年、生肖、吉凶算命法：

▼算流年：從該年的流年宮位算命。

▼算生肖：從該生肖的生肖宮位算命。

▼算吉凶：把現象當作吉凶，但可以改命或改運。

三、吉凶怎麼算？

●前言：

1. 算吉凶：本命與大限形成相同現象，就是算吉凶。
2. 算流年：本命與大限吉凶確定後，才能算流年。
3. 算生肖：流年與吉凶確定後，才能算生肖。

（一）傳統派的吉凶論斷法：現象只有一種。

自古以來傳統老師都誤解現象就是吉凶，但不好的都可以改運或補運，從來就不知道吉凶是什麼？所以，才會提出奇奇怪怪的東西化解災難，如祭嬰靈、做生基、畫符咒、斬桃花、招財、造命、補運、補財庫、補元神、點光明燈、祭冤親債主……等等騙人的東西來改運或轉運。因爲，對命理學無知或誤解其含義，所以，只能籠統含糊的論述大概、也許、可能是，恐怕、或許、不一定的名詞來騙錢。

(二)華山派的吉凶論斷法：吉凶只有一種。

華山派命理與傳統派命理最大的不同乃在於對吉凶原理的論述。傳統派命理自古以來都是以現象來論述吉凶，但卻從來不知道吉凶的定義。命理乃預測未來的結果，所以，吉凶只有一種，也是唯一的東西，不能有大概、也許、可能是，恐怕、或許、不一定的名詞而籠統論述人、事、物的吉凶。而算命的順序是先有時間，後有吉凶，再有內容，最後才有影響，缺一不可。故每一事件的吉與凶都是由時間＋內容＋生肖的公式所組合而成。

● **華山派命理學的算運：**

▼時間：我現在決定的事。

▼吉凶：是好？是壞？會不會賺錢？

▼內容：我應該怎麼做，才能創造人生的最大利益？

▼影響：我現在決定的事，對我以後有什麼影響？

●**華山派命理學的定位：**

▼對人的無情：有死亡、意外、重病、分開、衝突等五種現象。

▼對物的無情：有不順、變小、損財、中斷、結束等五種現象。

▼對事的無情：有換工作、換地點、換老闆、換單位、換產品等五種現象。

(三) 何謂算吉凶

1. 傳統派命理的吉凶：只是現象而已。

▼傳統命理老師絕大多數不知道吉凶是何物，只是算命時，總是想幫助別人而賺錢餬口罷了。但無知或誤解的論述比算命錯誤更嚴重100倍。傳統老師的無知，一是把算命的現象當作吉凶論述，讓求助者陷入害怕而藉此改運騙錢，二是把東、西、南、北四個方位當作看風水唯一的吉凶而藉此改運騙錢。

▼例如：精算流年的每一重大事件的時間與吉凶，才是眞正的算吉凶。

2. 傳統派老師的吉凶：算命在算什麼？

▼因誤解現象就是吉凶，所以，最會鬼扯改運的功效。

▼因不知道吉凶是什麼，所以，無知的認爲宗教的儀式，房屋的擺設，配戴的飾品可以改運。

3. 華山派命理的吉凶：算運的兩件大事，一是時間，二是吉凶。

▼時間與事件確定後，吉凶就會在其中。

▼體與用要形成相同的現象，才能產生時間與吉凶。

▼當下決定的事，才能產生時間與吉凶，故算運的吉凶是從決定的流年開始。

▼本命命盤體與大限命盤用要形成相同的現象，才能產生時間與吉凶。

4.華山派命理的吉凶：論述吉凶與時間、生肖的關係。

▼相同流年，不同生肖，就會產生不同的吉凶。

▼不同流年，相同生肖，也會產生不同的吉凶。

▼相同流年，不同人事物，就會產生不同的吉凶。

▼不同流年，相同人事物，也會產生不同的吉凶。

5.算命怎麼問：現在想問的事。

一問：我會發生什麼事？

二問：我應該怎麼做？

三問：對我以後有什麼影響？

6.陽宅怎麼問：現在住的房子。

一問：我會發生什麼事？

二問：凶時，應該怎麼做？吉時，怎麼更上一層樓？

三問：對我以後有什麼影響？

四、算運怎麼算？

(一)算運勢三波段：

每一個人都有連續十年或二十年的好運，也都有連續十年或二十年的壞運。上天有好生之德，它讓每個人都有機會享受上天給的愛之禮物，也會給每個人有兩次以上再出發的機會。人生的規劃，好運時，精準把握人生的高潮——全力以赴；壞運時，培養人生不同的專業——東山再起。人生應該怎麼規劃好運呢？二十幾歲時，準備期要長一點，三十幾歲時，攻擊期要長一點，四十幾歲時，利益期要長一點。

第一波段：25歲至35歲時，準備條件期一定要大於利益的方向。

第二波段：35歲至45歲時，利益中一定要再學習第二專業。

第三波段：45歲至55歲時，把握人生最後一波的攻擊期。

（二）算流年三部曲：每個人都有三波好運或三波壞運。

改變期：人生都會遇到改變期，一定要勇敢改變現狀而迎接好運的來臨。

成熟期：人生都會遇到成熟期，一定要穩健的往上爬而迎接好運的來臨。

攻擊期：人生都會遇到攻擊期，一定要邁大步向前衝而迎接好運的來臨。

（三）算定位之定數：

不同運勢：大限與大限之間，互相橫跨而不中斷。

不同選擇：不同選擇，人事物一定會產生不一樣結果。

不同吉凶：不同因緣，人事物一定會產生不一樣吉凶。

不同生肖：一定有不一樣貴人與小人的起點與終點。

不同職業：一定有不一樣時間與吉凶的起點與終點。

（四）華山派論運技巧一：

連續性：論運的技巧首重同一件事，從頭至尾都不可偏離主題。只有不懂命理的人才會東扯西扯一大堆無用的內容。

一致性：論運的技巧第二重點在論述的內容，第一點與第二點一定要有關，第二點與第三點一定要有關……以此類推。絕不可偏離主題。

（五）華山派論運技巧二：

23/32大限：此大限之前三年，所發生的事一定要與前一大限13/22一樣。

33/42大限：此大限之後三年，所發生的事一定要與後一大限43/52一樣。

兩大限之間：前後三年之人、事、物所發生的好事一定會一樣。

兩大限之間：前後三年之人、事、物所發生的壞事一定會一樣。

五、斬桃花有效嗎？

這是天下最大的謊話之一，傳統命理老師爲了糊口總是喜歡裝神弄鬼賺錢，搞一些奇奇怪怪、神神秘秘、嚇人的或安慰人的東西騙錢。以宗教的觀點，所有的緣分乃天註定，任何人都改變不了。故既是前世未了的桃花姻緣，怎麼能夠斬桃花呢？事實上，桃花與所有的科學知識一樣，人事物的因緣都有固定行走的軌跡，絕不會因人爲的祭拜、補運、造命、擺放物品、配戴飾品……等等人爲因素而改變它或停止運行。

▼春夏秋冬會突然停止四季分明嗎？

▼知名人士會因被詛咒而突然不紅嗎？

▼好運不會因爲囂張而突然中止福報。

▼壞運也不會因爲改運而突然中止傷害。

桃花運——從那一年開始至那一年結束，結束時間未來前，不會因人爲因素而中止。

結婚運——從那一年開始至那一年結束，結束時間未來前，不會因人爲因素而中止。

創業運——從那一年開始至那一年結束，結束時間未來前，不會因人爲因素而中止。

生子運——從那一年開始至那一年結束，結束時間未來前，不會因人爲因素而中止。

意外運——從那一年開始至那一年結束，結束時間未來前，不會因人爲因素而中止。

離婚運——從那一年開始至那一年結束，結束時間未來前，不會因人爲因素而中止。

不要再怨恨某某人的無情：因爲，走到緣盡情未了時，自然會發生這種事，上天給的緣分已到盡頭，只是你的深情未了。

不要再埋怨爲什麼要付出：因爲，走到情盡緣未了時，自然會發生這種事，上天給的情分已到盡頭，只是你的責任未了。

爲什麼人的緣分只剩懷念：因爲，走到情緣皆了了時，自然會發生這種事，上天給的情緣皆到盡頭，只剩下永遠的懷念。

總之，桃花開始後，一定會持續一段時間；創業成功後，也一定會持續一段時間；變壞的小孩會持續一段時間，災厄的傷害會持續一段時間，喜歡你的上司或老闆也會持續一段時間。花開花謝總有時，造物者會給它固定的時間讓人欣賞；月到中秋分外明，造物者也會給它固定的時間讓人思念。天地萬物太奇妙了，人生由愛恨情仇、得失吉凶、富貴貧賤所組成，父母先給了我們命，我們再選擇了事業的運，最後經過華山派老師對的生涯規劃，才有了美麗的人生。所以，懂得感謝、感激、感恩每一個當下的因緣，才不會辜負上天所安排人生愛的禮物。

六、感情債有輪迴？

正緣——在對的時間遇到對的人。

惡緣——在對的時間遇到不對的人。

三角——在不對的時間遇到對的人。

過客——在不對的時間遇到不對的人。

問世間情爲何物，直教人生死相許，浪漫唯美的情話，曾經感動過許多人。自古以來，感情這檔事總是喜歡折磨人，好的姻緣總是令人年青美麗，令人夢裡微笑，令人幸福洋溢；壞的姻緣總是讓人神魂顛倒，讓人鬼迷心竅，讓人傾家盪產，這就是感情的魔力。但爲什麼戀愛中的男女會變得如此不可理喻？原來愛情降臨了！

（一）為什麼有人的感情總是沒有結果呢？

1.有人誤認過客是正緣：

▼所以，愛得很眞、很深、很濃、很美、很用力、很固執、很唯一，因爲，在愛情的眼中只有兩人的世界。

▼所以，當感情漸漸遠離時，無助、傷心、落淚、怨天、尤人、悔恨，這唯一的愛就會讓人痛徹心扉，久久走不出情傷的陰影。

2.有人一直想尋找真愛：

▼所以，一次又一次看了、望了、求了、爭了、找了、尋了、覓了，終於有一天突然清醒了，回神了，反悔了，內疚了，原來真愛是你身邊讓你折磨最久的人。

▼正緣與真愛的時間是固定的，從那一年至那一年，過了正緣的時間，所遇到的對象就會變成彼此傷害的感情。

3.有人不知道正緣已悄悄來臨了：

▼所以，當愛情退了、輕了、淡了、變了、轉了，忘了，才要努力挽回失去的感情，但一切都已經過去了，回不去了。

▼人生至少有兩次以上的正緣，第一次從那一年至那一年，第二次從那一年至那一年。切記，過了正緣的時間，兩人沒有結婚，表示愛情回不去了。

4.有人的正緣是三角關係：

▼所以，愛苗漸漸生根了，認了、愛了、等了、哭了、鬧了、碎了、怨了、恨了、終於走不下去了，回不了頭了。

▼感情的緣分常常是兩種姻緣，既是正緣，但又是三角關係。

(二)怎麼化解感情的折磨呢？

1.過客感情的化解方法：

▼以正緣的角度，過客感情只是無緣無份的姻緣。

▼過客的感情常常只是個人認知上的誤判，人生必須經歷的過程之一。

▼心態化解的重點在於一開始就不能有所期待。

2.三角感情的化解方法：

▼以正緣的角度，三角感情只是有緣無份的姻緣。

▼三角的感情常常是還過去的姻緣債。

▼心態化解的重點在於能不能修成正果。

3.正緣感情的化解方法：

▼二十歲交往的感情，交往超過五年，還沒有結婚，一定要準備迎接第二次正緣的來臨。青澀的戀情，常因爲習慣這個人而耽誤自己的青春。

▼二十七歲交往的感情，交往超過五年，還沒有結婚，一定要有實質的承諾或訂婚。否則，一定要準備迎接第二次正緣的來臨。

總之，感情沒有結果的因素有四，一是有人誤認過客是正緣，二是有人一直想尋找眞愛，三是有人不知道正緣已悄悄來臨了，四是有人的正緣只是三角關係。而感情化解之道有三，一是過客感情化解的重點乃在於一開始就不能有所期待；二是三角感情化解的重點乃在於能不能修成正果；三是正緣感情化解的重點在交往超過五年而沒有結婚，一定要準備迎接第二次正緣的來臨。所以，每一份感情，無論是正緣或三角緣或過客緣，當愛情漸漸遠離時，一般人的情感總是要經歷不甘願、不相信、不認命、不放手、自欺欺人、由眞愛轉變成怨恨的過程後，才會明白一切的因緣，其實冥冥中早已註定。

七、天下最大的謊話

今天什麼生肖是貴人？

今天什麼生肖是小人？

今天的幸運顏色是什麼？

今天的幸運方向是什麼？

今天的感情運有幾顆星？

今天的事業運有幾顆星？

這是胡言鬼扯的亂算方式，不準度有99%以上，也是天下最大的謊話之一，雖然只是心理安慰的話，跟眞正的命理學無關。但每天總是在各人媒體不斷的放送，對專業命理老師則是一種侮辱，這種簡單又無知的算命方式，眞的讓命理界蒙羞。

老師在算什麼？：

傳統派：

▼算命中會發生的事。

▼算流年，其實只是算一生的命格而已。

▼傳統老師不敢肯定每一事件的時間與吉凶。

▼傳統老師誇大改運的效果，常常連自己都不相信。

華山派：

▼算流年乃預測未來人事物的結果。
▼華山派有效改運就是在對的時間點做對的事。
▼華山派精準掌握每一事件的時間與吉凶。
▼算運乃人事物之吉凶，從那一年開始？那一年結束？

各派算命法：

星　座——跟傳統生肖算命法一樣，把人分十二種，這是簡單的算命方法之一。
——這是簡單又籠統的算命方法之一。
——算命的準確度有70％，算運的準確度有30％。

塔羅牌——跟傳統卜卦算命法一樣，隨意抽出撲克牌，這是簡單的算命方法之一。
——這是簡單又籠統的算命方法之一。
——算命的準確度有70％，算運的準確度有30％。

八　字——傳統的算命方法，利用金、木、水、火、土五行來分析個人的事業。
——算命的準確度有85％，算運的準確度有50％。
——八字老師無法精準掌握不同行業的吉凶與時間。
——不同行業，賺錢的時間，從那一年開始？那一年結束？

其他命理——只能籠統論述命中會發生的事情。
——這是簡單又籠統的算命方法之一。
——算命的準確度有70％，算運的準確度有30％。

——無法精準預測未來人事物的吉凶。

——無法精準預測現在想問的事：我會發生什麼事？

星座、塔羅牌算命法：

▼算命方式跟傳統老師一樣，只是籠統論述簡單的現象而已。

▼算流年跟準不準無關，因爲不敢肯定時間與吉凶。

▼改運方法跟有沒有效無關，因爲只是心理安慰而已。

▼星座算命法類似心理諮詢，塔羅牌算命法類似卜卦，不能精準預測未來。

▼眞正完整的命理學是精準預測未來的吉凶。人事物何時開始？何時結束？

華山派特色一：

▼本命命盤：論述第一層的現象，傳統老師可以籠統的論述。

▼大限命盤：論述第二層的時間，傳統老師可以籠統的論述。

▼流年命盤：論述第三層的吉凶，傳統老師無法精準的論述。

▼流月命盤：論述第四層的富貴，傳統老師可以胡扯的論述。

▼流日命盤：論述第五層的改運，傳統老師可以鬼扯的論述。

華山派特色二：單盤論斷現象、機會、吉凶。

▼本命命盤：論述100%的現象，80%的機會，60%的吉凶。

▼大限命盤：論述80％的現象，60％的機會，40％的吉凶。
▼流年命盤：論述60％的現象，40％的機會，20％的吉凶。
▼流月命盤：論述40％的現象，20％的機會，10％的吉凶。
▼流日命盤：論述20％的現象，10％的機會，5％的吉凶。

流年生肖吉凶的定義：

▼算吉凶：本命與大限形成相同現象，就是算吉凶。
▼算流年：本命與大限吉凶確定後，才能算流年。
▼算生肖：流年與吉凶確定後，才能算生肖。

流年生肖吉凶的因緣：

▼相同時間，不同生肖，就會產生不同的人生際遇與吉凶。
▼不同時間，相同生肖，也會產生不同的人生際遇與吉凶。
▼相同時間，不同人事物，就會產生不同的人生際遇與吉凶。
▼不同時間，相同人事物，也會產生不同的人生際遇與吉凶。

八、算命不是統計學

●前言：

命理學乃預測未來的學問，絕非傳統命理老師口中籠統的統計學，統計學表示凡事只能依靠古人的經驗或本身長久的歷練所得到的結果。這是簡單、粗淺、籠統的論述，難怪中上階層人士把命理視爲無稽之談。其實，命理學與所有科學知識一樣，皆以公式化、系統化、現代化來呈現其命理之美，可以精準掌握每一事件未來之吉凶。

（一）算命怎麼問？

我現在想問的事

一問——我會發生什麼事？

二問——我應該怎麼做？

三問——對我以後有什麼影響？

（二）算運怎麼問？

一問現象——命中會發生什麼事。

二問時間——何時創業會賺錢？

三問吉凶——生小孩帶財？帶衰？

四問內容——創業應該怎麼做才能賺大錢？
五問影響——分手後，能不能找到更好的對象？
六問改運——壞運持續中，我必須做那一件事，才能讓壞運快速降低或中止。
七問轉運——好運未來前，我必須做那一件事，才能讓好運加倍或快速來臨。
八問宗教——您前世未了的因緣是什麼？您今生的冤親債主是什麼人？

（三）陽宅怎麼問？

住家或公司，怎麼問？
一問——我現在住的房子吉凶如何？搬進去住會發生什麼事？
二問——凶時，應該怎麼降低災厄？吉時，應該怎麼更上一層樓？
三問——對我以後有什麼影響？

（四）預測未來的吉凶

▼創業會發生什麼事？吉或凶？我應該怎麼規劃未來？
▼搬家會發生什麼事？吉或凶？我應該怎麼規劃未來？
▼換工作會發生什麼事？吉或凶？我應該怎麼規劃未來？
▼新歡與舊愛應該怎麼選擇？吉或凶？我應該怎麼規劃未來？
▼生小孩會發生什麼事？帶財？帶衰？我應該怎麼規劃未來？

（五）好運與壞運的影響

▼好運來了，怎麼知道？

▼壞運來了，怎麼辦？

▼做對好運的那件事，好運會提前早2～3年來臨。

▼壞運持續中而不理它，壞運也會在2～3年後自然中止。

▼一個大限好運與壞運至少會持續2～3年左右。

九、冤親債主是什麼？

●前言：

▼冤親債主乃與前世今生有關的宮位，命盤上稱之來因宮。

▼來因宮即與生年天干相同的宮位天干謂之。

▼冤親債主即前世未了的因緣，乃做對的因緣或做錯的因緣之輪迴。

▼冤親債主即過去因緣的來時路；前世因，今生果；若問前世因，今生受者是。

▼左右昌曲乃冤親債主的星辰，也是發生人事物的宮位或生肖。

（一）定數因緣：

▼一般人的災厄期都有2～3年之久，不理它，也會自然的結束。

▼一般人的準備期都有2～3年之久，不理它，好運會自然順延。

▼宗教人士口中的現景現象，其實，紫微斗數的命盤早已清楚顯示出改運、轉運的現象與方法。

▼上天有好生之德，所有的改運並不需要依靠外求，紫微斗數的命盤早已清楚顯示出應該做那一件事才能快速降低災厄或中止傷害。

▼命中註定的因緣果報，並不是一般人口中什麼因，有什麼果。而是人生遇到什麼緣，才會有什麼果，

▼命中註定的人事物的定數，所指的緣分是時間＋數目。時間在何時？需幾次？才能成就此定數因緣。

(二) 討債與報恩：

▼冤親債主的緣分三世因果與七世因緣。

▼觀看一世在命宮四化，觀看二世至四世在祿權科忌，觀看五世至七世在左右昌曲。

▼祿權科忌的緣分一定要交往滿一年以上才會成立。

▼左右昌曲的緣分一定要交往滿三年以上才會成立。

▼討債與報恩乃冤親債主之兩個主角，也就是前世的冤親債主，今生就會形成討債與報恩的緣分。

▼討債是對你特別不好的人，沒有任何原因而持續很久，也不會因你的好意而改善。

▼報恩是對你特別好的人，沒有任何原因而持續很久，也不會因你的壞意而改變。

▼討債與報恩的重點在遇到的生肖？而不是你遇到的事情，即有生肖後才能產生今生討債與報

恩的事情。

▼討債與報恩的重點在什麼事？影響從那一年至那一年爲止？

(三)緣盡情未了

▼過去曾經愛過的人，兩人緣分的時間從那一年至那一年？

▼緣盡情未了，表示兩人緣分已盡了，但有人情未了。

▼常見的恐怖情人就是最明顯的例子。

▼化解之道在於當事人必須勇敢斬斷情絲，否則會發生惡果之事。

(四)情盡緣未了：

▼過去曾經愛過的親人，兩人情分的時間從那一年至那一年？

▼情盡緣未了，表示兩人情分已盡了，但有人緣未了。

▼常見有親人在二十年後再見面就是最明顯的例子。

▼化解之道在於當事人必須勇敢面對再續的前緣，否則會發生報應之事。

(五)冤親債主是什麼人？

▼討債與報恩的重點是先遇到的生肖？而不是你遇到的事情。

▼冤親債主是最親的人，最愛的人，最傷你的人，最折磨的人。

▼現實環境中之利害關係人，普通關係的人很難成立冤親債主。

▼討債與報恩的重點是遇到什麼生肖會發生什麼事？影響從那一年至那一年爲止？

（六）冤親債主化解之道

▼化解之道看格局，即雙象命盤。
▼祿權組合：應用奸巧、現實、分利益之天生優勢，利用花錢消災來化解。
▼祿科組合：應用協商、應付、喜拖延之天生優勢，利用留情不留人來化解。
▼祿忌組合：應用求新、求變、不留情之天生優勢，利用變換環境來化解。
▼權科組合：應用名人、專業、求名譽之天生優勢，利用共同理想來化解。
▼權忌組合：應用爭執、衝突、硬碰硬之天生優勢，利用吃軟不吃硬來化解。
▼科忌組合：應用棄舊、迎新、放下怨之天生優勢，利用守住夢想來化解。

（七）冤親債主之善惡因緣

▼以宗教的角度，冤親債主乃前世之善惡因緣，因果輪迴的報應。
▼報恩應該報什麼事？時間從那一年至那一年？
▼還債應該還什麼事？時間從那一年至那一年？
▼報恩後會發生什麼事？不報恩會發生什麼事？
▼還債後會發生什麼事？不還債會發生什麼事？
▼論斷時間不在紫微斗數之生年四化或飛星四化，這是另一種專業的知識。
▼實例請看本書之第六篇看命盤說故事。

（八）冤親債主之折磨因緣

▼冤親債主的因緣是福禍相依，災厄的當下，福報已生。

▼冤親債主的災厄，遠離災厄就是遠離福報。

▼冤親債主的災厄，緣盡才無災，緣在成傷害。

▼冤親債主的災厄，才能讓你更上一層樓，讓你成大功，立大業。

▼冤親債主的災厄，落花不是無情物，化作春泥更護花最能表現討債與報恩的情境。

（九）主導生命的星辰：

▼左輔星、右弼星之四化只有科星，故左右是累世星辰，讓人成名成就。

▼文昌星、文曲星之四化只有科星與忌星，故昌曲是前世的星辰，讓人愛恨輪迴。

▼左右昌曲之災，您永遠看不到，前與古人同根，後與來者同源，現與衆生休戚。

▼右乃前世之因，因爲貴人位；左乃前世之報，報爲報應位；昌乃前世之業，昌爲業障位；曲乃前世之果，曲爲果報位。

▼左輔星讓人經歷劫數，右弼星讓人充滿希望，文昌星文曲星讓人經歷折磨。

▼左右昌曲的宮位爲因緣果報，因緣果報不是什麼因得到什麼果；緣在這裡指的是時間或生肖，人的緣分是因爲相同時間，不同生肖或不同時間，相同生肖而產生不同的人生際遇與結果。

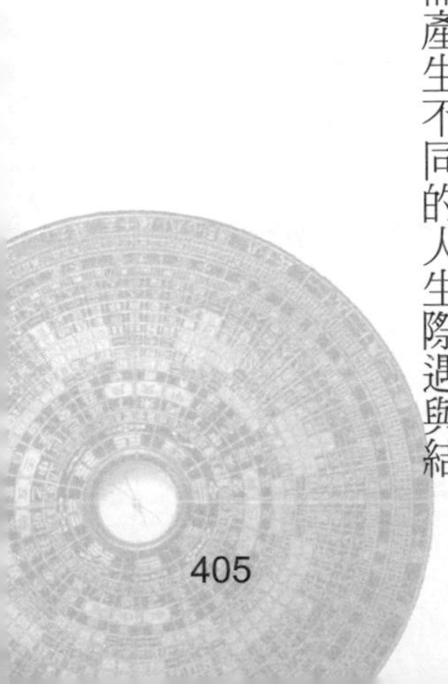

（十）法身、化身、報身：

1.法身：右弼星。

▼命中該有終須有，命中無時莫強求。

▼如紫微斗數生年四化之M質，存在論，本來就如此。

2.化身：左輔星。

▼假使千百劫，所作業不亡。

▼左輔星的宮位是今生要經歷報應的事。

▼左輔星的宮位是你今生累世之劫，人生必須經歷的劫難。

▼左輔星的宮位也是你今生成就之鑰，經歷了此劫難，才能通往成就的路。

3.報身：文昌星、文曲星。

▼因緣會遇時，果報還自受。

▼文昌星、文曲星的宮位是今生要經歷報應的人。

▼文昌星、文曲星的宮位是你今生最折磨的人、事、物。

▼文昌星、文曲星的宮位也是你今生養命之源。

▼文昌星、文曲星的宮位是福禍相依，也就是折磨與福報是重疊的，折磨的當下，福報已生。

（十一）華山派觀點一：

▼左輔星、右弼星、文曲星、文昌星皆有以下的現象，以左輔星爲最。

▼左右昌曲之第一關卡是先經歷劫難，第二關卡是享受上天愛的禮物。

▼左右昌曲四星在本命、本財、本官時，這是愛的禮物，表示上天在你通過第一關卡的考驗後，才會讓你財官雙美，成龍成鳳。

▼左右昌曲四星在其他宮位時，這是折磨的事，表示上天在你通過第二關卡的考驗後，才會讓你禍福相依，福壽雙美。

▼累世之劫：這是因果輪迴的報應事，一定會發生在未來人生的人事物上。

▼人生大道場：前世業，今生障，業障讓人人生無常。化解業障的心態要苦中作樂，告訴自己失敗爲成功之母。

▼歡喜心的人生：這是修行者的最高境界；面對一切之災厄，把吃苦當作吃補；面對一切惡緣，反求自己的過失。

▼眞空妙有：七世因緣之惡，你永遠看不到；七世因緣之善，你永遠也無法掌握。眞空妙有就是當你發現在意的事情用力時，表示你的福報還在遠方。

（十二）華山派觀點二：

▼祿權科忌與左右昌曲乃三世因果與七世因緣的星辰。

▼三世因果論述人的果報，七世因緣論述天的因緣。

▼三世因果的報應輪迴，祿權科忌與左右昌曲最知道。

▼觀看一世在命宮四化，觀看二世至四世在祿權科忌，觀看五世至七世在左右昌曲。

▼左右昌曲的因緣是假使千百劫，所作業不亡；因緣會遇時，果報還自受。

▼祿權科忌的因緣是萬般帶不走，只有業隨身。

▼祿權科忌或左右昌曲的因緣乃人生心想事成或感情順利或財源滾滾或事業成就或攀龍附鳳或登峰造極必須經歷的事。

（十三）前世今生：

▼前世星辰——左輔星、右弼星、文昌星、文曲星等四顆星辰。

▼左　輔　星——前世之報星，累世之劫的星辰，大富貴者必須經歷苦難的宮位。
——人生福報之鑰爲眞空妙有；不想了，富貴才會來。

▼右　弼　星——前世之因星，生命之源的星辰，上天留給衆生愛之禮物的宮位。
——人生福報之鑰爲無中生有；天給了，富貴才會來。

▼文　昌　星——前世之業星，累世之責的星辰，中富貴者必須經歷折磨的宮位。
——人生福報之鑰爲業障不亡；知命了，富貴才會來。

▼文　曲　星——前世之果星，累世之愛的星辰，中富貴者必須經歷放下的宮位。
——人生福報之鑰爲果報自受；想通了，富貴才會來。

十、刑剋父母是什麼？

刑剋父母，多麼驚悚的字言，自古以來，害死了多少小孩慘遭棄養，讓一個好好的家庭子離女散。這群不學無術的傳統命理老師總是告訴問命者，你的小孩命硬，刑剋父母，一定要送給別人家認養，否則剋父、剋母、剋全家。其實，眞正命理學上之刑剋父母只是論述下列幾種現象而已：

（一）刑剋父母的定義：

▼表示先天與父母的緣分是無緣緣分。
▼表示先天與父母的緣分是折磨的事。

（二）刑剋父母的內容：

▼小孩由別人撫養長大。
▼從小父母不在身邊。
▼從小就不聽父母的話。
▼從小常生病，讓父母擔憂。
▼年輕時不住在家，讀書在外或國外。
▼因某種因緣，對父母有很深的怨恨。
▼表示與父母常會有折磨之事發生。
▼表示八成會與父母的理念不和。
▼父母之間的折磨乃上天巧安排還債的機會。
▼假如你對父母有太多的抱怨時，表示個人的福報還在遠方。
▼刑剋父母就是要你孝順父母，這是今生必須完成的功課。

（三）刑剋父母的化解：

▼子女不聽話時。

化解：讓他出去外面住，就能化解命中排斥的現象。

▼想讓子女繼承家業。

化解：先由外人培養專業條件，再回自家公司繼承事業。

▼子女跟父母特別親近時。

化解：這是子女成就最小的現象，父母一定要放心才能成就子女。

▼跟父母有解不開的怨恨時。

化解：子女一定要放下怨恨，一是報恩的機會，二是種福田的時機。

十一、真正解盤是什麼？

傳統派解盤方式：

▼第一層最基礎最簡單之解盤。

▼例如：個性解盤、格局解盤、現象解盤。

華山派解盤方式：

▼第一層至第八層之立體重疊解盤。

▼例如：現象解盤、時間解盤、吉凶解盤、內容解盤、影響解盤、改運解盤、轉運解盤、宗教解盤。

其實，所有的命盤都有矛盾的現象，可以解答命盤上所有現象者，才是眞正的解盤高手。人生本來就充滿了許許多多無奈、無力、阻礙、失敗的折磨；但又給人夢想、利益、成功、富貴的希望，這就是人生。上天是公平的，總是在命盤背後暗藏著成功者必須經歷的考驗或必須具備的祕密成功內容。以下爲眞正解盤一定會發生的事：

*黃安是韓國台籍小天后周子瑜的貴人，讓她在短短三個月成爲家喻戶曉的明星。

*大陸首富馬雲的成功，必須用全家的健康來陪葬。

*軍人洪仲丘死亡後，卻成就了姊姊洪慈庸的事業，當選第九屆立法委員。

*感情恩愛，乃因聚少離多或分開兩地的緣分才能持續。

*必須經過一次以上不討厭的男人，才能找到眞命天子。

*把我趕走的房東卻讓我賺大錢，房東是貴人，不是小人。

*韓籍教練是楊淑君的貴人，讓她獲聘台北教育大學助理教授的職務。

*事業好是因爲我的感情帶衰，讓所有跟我在一起的男生事業衰連連。

*擴大營業必須經過員工大離職潮後，才能走上成功的路上。

*必須經歷兩次以上換科系或換學校的過程，才能讀完博士學位。

*十年不孕，因蓋房子給父母住而懷孕生子，而且連生兩名子女。

*安神明後，事業運開始轉強，讓我找到五年來的第一份好工作。

拾、各大門派「不能說」的秘密

傳統命理學千年來流傳了兩大改不掉的陋習，一、算命者大多數在中下階層討生活，二、算命者還停留在古人籠統算命的思維。這是中下階層三成以上不相信命理的主因，尤其十幾年來星座、塔羅牌……的傳統老師更淪落到每天在電視或廣播節目胡扯或鬼扯完全不準的東西；胡扯各星座每天會發生的事或配戴的東西或幸運的顏色；鬼扯永遠也找不到答案的前世今生，這是多麼悲哀的事啊！這些自稱命理老師的騙徒，眞的爲了騙錢已經達到完全不擇手段的程度，竟然胡言或亂扯連自己都不相信的事情。

時代的列車正快速進入春秋戰國時代，傳統命理學的舊思維已經不能滿足現代人複雜的想法；算命已經被算運所取代，算一種已經被算八種代替了。華山派科學命理學的算運已經快速取代傳統派命理學的地位，正掀起一波命理學的創新與革命，科學命理學的新世紀即將來臨了。

1. 算命與算運：

▼傳統派算命算一種，算現象而已。

▼華山派算運算八種，算現象、時間、吉凶、內容、影響、改運、轉運、宗教。

2. 算運論述緣分、流年、得失、因果、避災、富貴的因緣。

▼現象學轉空間學，論述每一事件的緣分。

▼空間學轉時間學，論述每一事件的流年。
▼時間學轉吉凶學，論述每一事件的得失。
▼吉凶學轉宗教學，論述每一事件的因果。
▼宗教學轉改運學，論述每一事件的避災。
▼改運學轉轉運學，論述每一事件的富貴。

3. 算運論述傳統的單一命盤提升到二盤、三盤、四盤、五盤之立體世界。

● **論述相同的現象。**

一盤論格局：乃由生年四化之雙象命盤定格局。
二盤論大限：一定要本命＋大限二種命盤形成相同現象。
三盤論流年：一定要本命＋大限＋流年三種命盤形成相同現象。
四盤論流月：一定要本命＋大限＋流年＋流月四種命盤形成相同現象。
五盤論流日：一定要本命＋大限＋流年＋流月＋流日五種命盤形成相同現象。

● **論述各種命盤的重疊。**

單一命盤：本命命盤，此單一命盤論述命中註定的現象。
二種命盤：本命命盤＋大限命盤，此兩種命盤組合論述立體的時空。
三種命盤：本命命盤＋大限命盤＋流年命盤，此三種命盤組合論述流年吉凶。
四種命盤：本命命盤＋大限命盤＋流年命盤＋流月命盤，此四種命盤組合論述富貴與貧賤。

五種命盤：本命命盤＋大限命盤＋流年命盤＋流月命盤＋流日命盤，此五種命盤組合論述改運與轉運之趨吉避凶、化險爲夷的因緣。

總之，各大門派不能說的祕密有四，一、華山派精準預測未來，二、各大門派應該知道的事，三、各大門派精準度比較與分析，四、各大門派改運項目比較與分析。從前述文章中我們就可以清楚分析傳統派命理學與華山派命理學之不同；一個還停留在古代清朝時期的論命方式，一個正快馬加鞭完成正統命理學的傳承使命。從各大門派不能說的祕密這篇文章交叉與交集分析後，就不難發現傳統的舊思維已經快淹沒在21世紀歷史的洪流中，取而代之的是公式化、系統化、科學化的華山派命理學。這獨一無二的創新與發明正是華山派命理最引以爲傲的論述，希望這股學術清流能夠快速影響整個命理界的舊思維。

一、華山派精準預測未來

命理學簡單的說就是天時、地利、人和三種總和，這是90％以上命理老師不知道的事。天時爲算命與算運，占50％；地利爲陽宅與陰宅，占25％；人和爲個人的條件，占25％。天時者，先求有錢，這是70％的人追求的東西，追求溫飽、安定、平安；地利者，再求富貴，這是30％的人追求的東西，追求名聲、成就、富貴。這是兩種完全不一樣的人，也造就了兩種不一樣的思維、個性、人生觀。人和者，乃命中應該培養的個人條件，這是個人命中具備的優勢。當然，太講究個人努力的人，讓別人知道你只是小格局而已，反而會讓自己在事業上很難順心如意。

眞正完整的命理學一定要具備天時、地利、人和等三種觀念，才能進入神秘命理學的世界，天時讓人知道命中俱足的優勢條件在那裡，後天環境應該如何選擇最有利的行業；地利讓事業加倍發展，讓企業永續經營；人和讓人提早培養專業或專技的專長。三者合一就是成就一番事業的保證。

（二）完整的命理學

完整的命理學共分天時、地利、人和三種，天時占50％，地利占25％，人和占25％。

▼天時——先求有錢。
——論述算命與算運的學問。

▼地利——再求富貴。
——論述陽宅風水與陰宅風水的學問

▼人和——個人條件。
——論述命中俱足的優勢條件，掌握優勢就是掌握成功的機會。

● **天時——占命理學50％**

天時又分算命與算運，各占25％重要性；算命算一種，算運有八種。

▼算命算一種，現象也。

▼算運算八種，現象、時間、吉凶、內容、影響、改運、轉運、宗教也。

▼精準預測人、事、物未來的結果，算命回答方式一定要跟中央氣象台一樣，精準預測世界各地的氣象與氣候變化。

▼精準掌握前因後果與來龍去脈的學問，乃一層又一層往下追問的功夫。

● **地利——占命理學25%。**

地理分陽宅與陰宅，各占12.5%重要性，也就是陽宅與陰宅占全部命理學之25%。陽宅分山川大地占60%、四周環境占30%、室內擺設占10%三種。陰宅分墓地龍位占60%，墓地點穴占30%，墓地設計占10%。由以上得知地理的全貌。

1. 陽宅吉凶：

▼山川大地——確定地理位置的吉凶，占60%。

▼四周環境——確定環境影響的吉凶，占30%。

▼室內擺設——確定居家喜好的吉凶，占10%。

2. 陰宅吉凶：

▼千里龍位——確定龍穴位置的吉凶，占60%。

▼毫米點穴——確定環境影響的吉凶，占30%。

▼墓地設計——確定家族喜好的吉凶，占10%。

3. 大樓吉凶：

▼大廳大門——確定地理位置的吉凶，占60%。

▼各棟大門——確定格局大小的吉凶，占30%。

▼住家大門——確定居家喜好的吉凶，占10%。

4. 華山派：

▼第一步驟先確定換房子的好時間，占50%。天時

▼第二步驟再確定換房子的好位置，占25%。地利

▼第三步驟最後選擇主人的好運日，占25%。人和

▼1＋2＋3步驟，三者合一，才是眞正最有利的房子，缺一不可。

●人和——占命理學25%

人和是中下階層最喜歡談論的東西，他們總是認爲凡事一定要靠自己，靠別人靠不住，錢不會自己從天上掉下來。殊不知這是小格局的想法，不依靠別人大都是因個人能力不足，欠缺人際關係、外交手腕、長遠的目標。眞正有本事的人，就會很早鎖定所有可能幫助他的人、事、物而合作、合夥、加盟，建立起自己的團隊而向前邁進。

1.小格局者——溫飽的思維，靠自己的人，想的是現在的生活，賺的是薪水。

2.中格局者——成就的思維，靠員工的人，想的是未來的發展，賺的是人脈。

3.大格局者——富貴的思維，靠團隊的人，想的是永續的經營，賺的是世界。

（二）怎麼看房子

●前言：

▼傳統命理老師不知道換房子必先確定時間點對不對。

▼傳統命理老師不知道不同的需求，一定要選擇不一樣的房屋。

● 華山派老師，看房子的順序：

1. 第一步驟先確定換房子的好時間在何時？

▼在對的時間點，才能找到好房屋。（天時）

2. 第二步驟再確定換房子的好位置在那裡？

▼在對的房屋，才能幫助主人富貴。（地利）

3. 第三步驟最後確定何時可以銜接主人的好運日？

▼在主人好運日，尋找天地出入口。（人和），1＋2＋3步驟，三者合一，才是真正最有利的房子，缺一不可。

● 看房子，怎麼問？：

▼今年搬家會發生什麼事？好或壞，我會發生什麼事？

▼現在適合換房子嗎？換房子會發生什麼事？

▼何時需要搬家，不搬家會帶來什麼災厄？衰事業、感情、健康……。

▼怎麼選擇對自己有利的房子？旺事業、感情、生子、健康……。

▼災厄持續中或好運未來前，我怎麼利用搬家來改運與轉運？

※天地出入口——乃銜接當事人天時＋地利＋旺主人之好運日。

(三) 算運的完整攻略

● 現就完整算運的八件事分析如下：

1. 現象——天生創業的命。
——傳統命理老師唯一專長的本事。
2. 時間——第一次創業賺錢時間。
——從2016年至2028年，共十二年。
3. 吉凶——在對的時間點做對的事，就能賺錢。
——吉凶時間2016年至2028年。
4. 內容——創業賺大錢。
——內容是因爲合夥的事業。
5. 影響——這是人生第一次創業賺大錢的時間。
——影響未來人生第二次賺錢的時間。
6. 改運——壞運持續中，我必須做一件事，才能讓壞運快速降低或中止。
——生小孩後，可以讓事業運開始轉強。
——傳統命理老師最會胡扯的事情，就是藉不同項目的改運而騙財騙色。
7. 轉運——好運未來前，我必須做一件事，才能讓好運加倍或快速來臨。
——搬家後，可以讓事業運開始轉強。
——傳統命理老師最會胡扯的事情，藉不同項目的轉運而騙財騙色。

8.宗教——論述前世今生之因緣果報，讓七世因緣形成討債與報恩的生肖。

——傳統命理老師最會鬼扯的事情，藉找不到的前世今生而騙財騙色。

華山派命理的傳承工作如火如荼快速進行中，正為命理界注入一股清流；希望藉此將傳統的命理從籠統的現象學提升到精準的時間學、空間學、吉凶學；從簡單的現象論述向上提升到時間、吉凶、內容、影響、改運、轉運、宗教的階段。現就算運的八種分類分析如下：

● 算命算什麼？

1.現象：我命中註定的事

▼論述命格、個性、方向、喜好、五行、數字、顏色、生肖、宗教……

▼例如星座、卜卦、八字、姓名學、塔羅牌、求神問事、生命靈數……

2.時間：我現在想問的事

3.吉凶：我會發生什麼事？

▼例如分手後，我將會遇到什麼緣分？我應該怎麼規劃未來？

▼例如換工作後，我會找到什麼公司？我應該怎麼規劃未來？

▼例如生小孩後，小孩帶財還是帶衰？我應該怎麼規劃未來？

4.內容：我應該怎麼做？

▼壞結果時，怎麼降低凶象或中止災厄或趨吉避凶？

▼好結果時，怎麼持續好運或規劃未來或創造高峰？

5.影響：對我以後有什麼影響？

▼上班或創業，對以後有什麼影響？

▼分手或不分手，對以後有什麼影響？

▼生子或不生子，對以後有什麼影響？

6. 改運：壞運持續中，我必須做那一件事，才能讓壞運快速降低或中止。

7. 轉運：好運未來前，我必須做那一件事，才能讓好運加倍或快速來臨。

8. 宗教：論述前世今生之因緣果報，讓七世因緣形成討債與報恩的生肖。

● 改運改什麼？

▼有效的改運，華山派老師堅持有效的改運，拒絕求助者無效項目的委託。

▼有效的改運，華山派老師堅持幫助求助者得到人生最大的利益。

▼在有效的時間點做陽宅、陰宅、改名、創業、換工作……等等改變。

▼在有效的時間點做結婚、生小孩、幫助娘家、傳宗接代……等等改變。

▼華山派命理只講有效的命理學，有效分數高達90％以上。

項目 體用	體	用	應
三　才	天	地	人
命理學	天時50%	地利25%	人和25%
命理學	本命60%	大限30%	流年10%
格局一	大格局	中格局	小格局
格局二	在天成象	在地成形	在人成事
命理一	命理吉凶50%	地理吉凶25%	個人條件25%
命理二	天意時間60%	選擇事件30%	生涯規劃10%
地理一	尋龍爲體60%	點穴爲用30%	墓園設計10%
地理二	山川大地60%	四周環境30%	室內擺設10%
地理三	大樓大門60%	各棟大門30%	住宅大門10%
改　運	天意時間60%	改運事件30%	人爲配合10%
轉　運	天意時間60%	轉運事件30%	人爲配合10%
富　貴	大富由天60%	中富由勤30%	小富由儉10%
算　命	命理專業60%	生涯規劃30%	算命技巧10%
宗　教	情盡緣未了	緣盡情未了	情緣皆了了

二、各大門派應該知道的事

（一）緣起、緣變、緣續、緣滅的祕密

▼好運何時緣起？何時結束？壞運何時緣起？何時結束？
▼好運何時緣變？怎麼創造高峰點？壞運何時加倍？怎麼讓它快速降低或中止？
▼好運怎麼緣續高峰期？壞運爲何會緣續？怎麼讓它快速降低或中止？
▼好運何時緣滅？怎麼準備下一波好運來臨？壞運何時緣滅？怎麼讓它快速降低或中止？

（二）好運、壞運會發生的現象

●好運分類：
▼好運的準備期——此乃升官前要準備的條件或創業前要準備的本事？
▼好運的開始期——做對一件事，可以讓好運提前開始。
▼好運的變化期——做對一件事，可以讓好運登上高峰。
▼好運的結束期——做對一件事，可以讓好運延後結束。

●壞運分類：
▼壞運的跡象期——人事物的壞運，天意皆有跡可循，讓人有時間準備因應對策。

▼壞運的開始期——做對一件事，可以讓壞運延後開始。

▼壞運的變化期——做對一件事，可以讓壞運快速降低。

▼壞運的結束期——做對一件事，可以讓壞運提前結束。

運勢的循環週期是從好運的準備期，好運的開始期，好運的變化期，好運的結束期。再到壞運的跡象期，壞運的開始期，壞運的變化期，壞運的結束期。又回到循環週期的好運的準備期……周而復始，生生不息。

(三) 現在人生什麼階段

人生壞階段：刑剋期、排斥期、冷戰期、折磨期、障礙期、衝突期、怨恨期、撞牆期、卡陰期、發病期、危險期、中斷期、無情期、緣滅期、死亡期……等壞階段。

人生轉捩點：變化期、選擇期、吉凶期、空窗期、不順期、培養期、充電期、突破期、歸零期、放下期、捨得期、失戀期、失業期、換腦袋期、被出賣期、被拋棄期、棄舊迎新期……等轉捩點。

人生好階段：穩定期、利益期、升官期、掌權期、創業期、發展期、衝刺期、擴大期、成名期、榮耀期、傳承期、恩愛期……等好階段。

(四) 生肖、吉凶、流年與個人的關係

● 論生肖：

▼個人會因遇到不同的生肖而產生不一樣的吉凶。

▼個人會因遇到不同的人事物而產生不一樣的吉凶。

● 論流年：

▼個人會因遇到不同的流年而產生不一樣的吉凶。

▼個人會因遇到不同的人事物而產生不一樣的吉凶。

● 論吉凶：

▼個人會因遇到不同的生肖而產生不一樣的人生際遇。

▼個人會因遇到不同的流年而產生不一樣的人生際遇。

▼個人會因遇到不同的人事物而產生不一樣的人生際遇。

(五) 違背天意會發生什麼現世報

1. 違背天意會報應什麼事？

▼影響新戀情的來臨與婚姻幸福。

▼影響未來感情修成正果的機會。

▼影響事業停滯不前或快速往下滑。

▼影響新事業的來臨與未來吉凶。

▼影響未來事業加倍發展的機會。

▼讓主人的衰運不斷或好運不來。

▼讓舊房屋持續災厄或傷害健康。

▼讓舊房屋繼續延後命中的壞運。

其它的影響有家運、意外、財運、子女、健康……等等。

2.每一事件之人事物的緣起、緣變、緣續、緣滅，上天都會安排天意的軌跡讓人有所遵循，這是命中註定的人生故事，福報最大。當然，也可以選擇自己決定的人生故事，只是倍加辛苦而已。

（六）改運、轉運的定義分析

1.改運定義：壞運持續中，要做對一件事，才能讓壞運快速降低或中止。

2.何時改運——感情總是遲遲不敲門或正緣總是擦身而過。

——事業持續不順心或一直找不到人生的方向。

——接二連三發生意外或家人連續發生災厄事。

3.轉運定義：好運未來前，要做對一件事，才能讓好運加倍或快速來臨。

4.何時轉運——三人感情如何選擇或正緣何時開花結果。

——事業條件已完成準備或升遷一直沒有我。

——情傷後或無預警失業後或失去親人後或……等等人生重大的規劃，都是轉運的好時機。

總之，人事物之好運與壞運皆有緣起、緣變、緣續、緣滅的因緣。好運來時，必須經過好運的準備年、開始年、變化年、結束年；壞運來時，也必須經過壞運的跡象年、開始年、變化年、結束年。我現在正處於人生什麼階段，壞階段？好階段？轉捩點？這是人生必須學會知天命，盡人事的功課。

而改運或轉運乃華山派命理學的最高階段，並非如傳統命理老師之造命、招財、符咒、補運、補財庫、補元神、斬桃花、祭嬰靈、做生基、點光明燈、祭冤親債主……等等誤解與誤用。真正的改運與轉運是命理學上最重要的學問，也是一般傳統命理老師最容易藉此誤導、胡說、鬼扯、騙錢的項目。其實，所有的改運或轉運並不需要依靠外求而解決，而是個人紫微斗數的命盤就能找到上天安排的解決方法。這就是上天有好生之德，不分貧富或貴賤，在天意之命運軌跡裡，冥冥之中早已安排了所有的化解之道，讓衆生能夠順順利利的渡過所有的不順與災厄。

現就各種緣分之應用圖表分析如下：

● 好運的緣起緣變緣續緣滅：

- 緣起—人事物【好運】的緣起（做對的事會讓好運提前來臨）
- 緣變—人事物【好運】的緣變（做對的事會讓好運登上高峰）
- 緣續—人事物【好運】的緣續
- 緣滅—人事物【好運】的緣滅（做對的事會讓好運延後結束）
- 緣起—人事物【好運】的緣又起

● 好運的緣起緣變緣續緣滅：

1. 每一事件都有好運的緣起點。
   ▼做對的事會讓好運提前開始。
2. 每一事件都有好運的緣變點。
   ▼做對的事會讓好運登上高峰。
3. 每一事件都有好運的緣續點。
   ▼做對事會讓好運持續發展。
4. 每一事件都有好運的緣滅點。
   ▼做對事會讓好運延後結束。
5. 每一事件都有好運的再緣起點。
   ▼培養新專業條件，再出發最重要。
   ▼勇敢接受新挑戰，這是未來升官或創業要學會的東西。

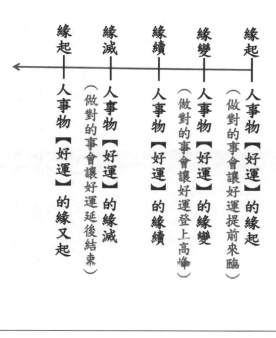

● 壞運的緣起緣變緣續緣滅：

緣起 — 人事物【壞運】的緣起（做對的事會讓壞運延後開始）

緣續 — 人事物【壞運】的緣續

緣變 — 人事物【壞運】的緣變（做不對的事會讓壞運加倍）

緣滅 — 人事物【壞運】的緣滅（做對的事會讓壞運提前結束）

緣起 — 人事物【壞運】的緣又起

● 壞運的緣起緣變緣續緣滅：

1. 每一事件都有壞運的緣起點。
   ▼做對的事會讓壞運延後發生。
2. 每一事件都有壞運的緣變點。
   ▼做不對的事會讓壞運加倍發生。
3. 每一事件都有壞運的緣續點。
   ▼做對的事會讓壞運降低或中止。
4. 每一事件都有壞運的緣滅點。
   ▼做對的事會讓壞運提前結束。
5. 每一事件都有壞運的再緣起點。
   ▼培養第二專長再出發最重要。
   ▼勇敢接受新挑戰，這是未來升官或創業要學會的東西。

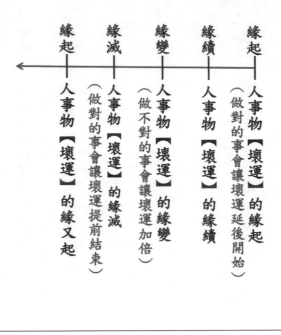

● 正緣的緣分表：

● 正緣的緣分表：

1. 上天都會給每個人三次正緣的機會。

▼不是命中有正緣，就是好運中有正緣。

2. 第一次正緣來臨前。

▼必須先經過交朋友的階段。

3. 第二次正緣來臨前。

▼必需先經過改變自己的階段。

4. 第三次正緣來臨前。

▼必須交往完全不一樣的對象。

5. 每一次緣分的緣起與緣滅會因不同的時間點或交往不同的生肖而有所不同。

● 好運的事業表：

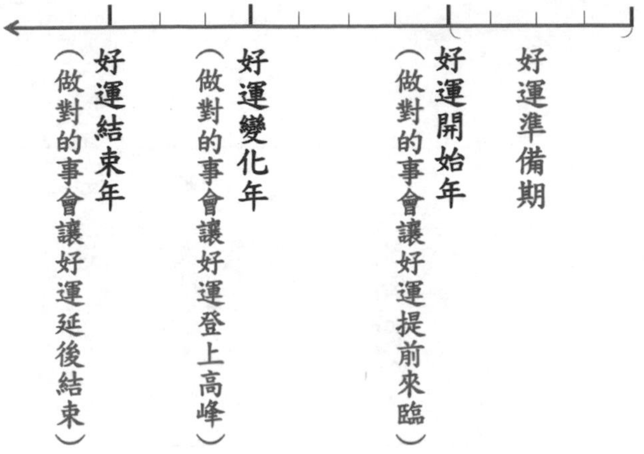

● 好運的事業表：

1. 好運來臨前，必先經歷準備期。

▼讓自己可以快速進入賺錢的階段。

2. 好運開始時。

▼做對的事會讓好運提前開始。

3. 好運變化年。

▼做對的事會讓好運登上高峰。

4. 好運結束年。

▼做對的事會讓好運延後結束。

5. 每一事件之緣起、緣變、緣續、緣滅的時間點，因人而異，完全不一樣。這是華山派最引以爲傲的專業學問。

● 人生的轉捩點：

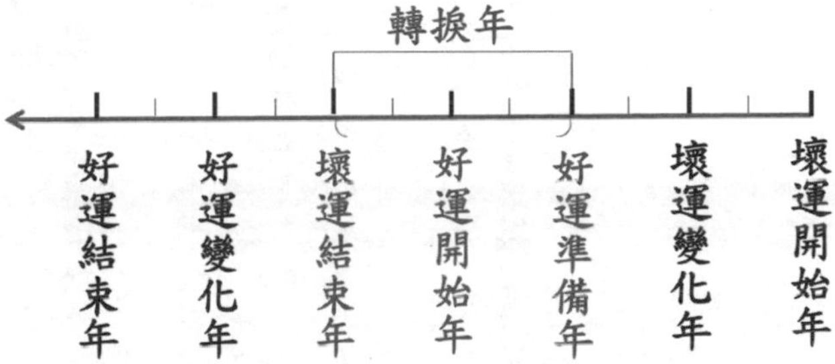

● 人生的轉捩點：

1. 何謂轉捩點：

▼它介於好運準備年與壞運結束年之間。

2. 轉捩點的名詞：

▼空窗期、不順期、培養期、充電期、突破期、選擇期、歸零期……。

3. 轉捩點要做的事：

▼先確定人生的方向與目標。

▼準備好運來臨時應該培養的條件。

▼這是未來升官時應該學會的本事。

▼這是未來創業時應該經過的歷練。

4. 每一事件之緣起、緣變、緣續、緣滅的時間點，因人而異，完全不一樣

● 壞運的事業表：

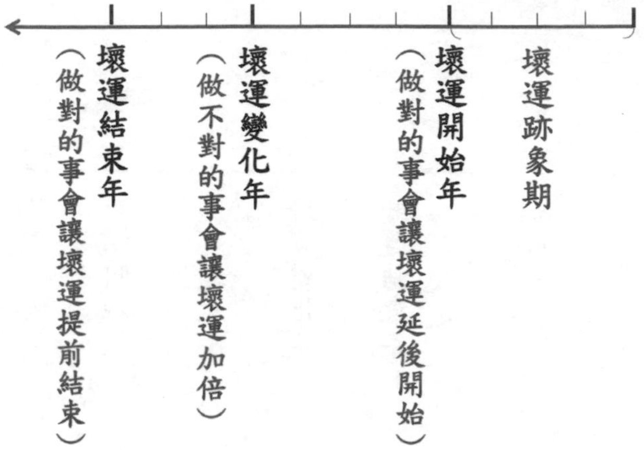

● 壞運的事業表：

1. 壞運來臨前，必先經歷跡象期。
▼ 天意有機可循，可以準備因應對策。
2. 壞運開始時。
▼ 做對的事會讓壞運延後發生。
3. 壞運變化年。
▼ 做不對的事會讓壞運加倍發生。
4. 壞運結束年。
▼ 做對的事會讓壞運提前結束。
5. 每一事件之緣起、緣變、緣續、緣滅的時間點，因人而異，完全不一樣。這是華山派最引以爲傲的專業學問。

● 擇日開運的祕密：

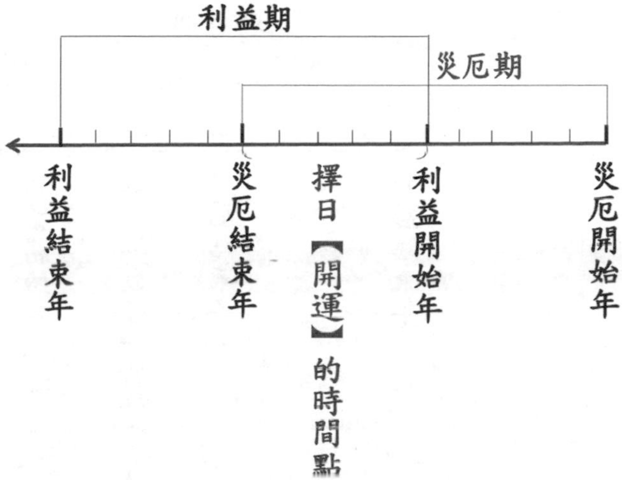

● 擇日開運的祕密：

1. 最好擇日的時間點：
   - ▼災厄一定要到了盡頭。
   - ▼利益一定要已經開始。
2. 災厄期與利益期是相互矛盾。
   - ▼太快擇日，災厄滿滿而危險。
   - ▼太慢擇日，利益又接近尾聲。
3. 專業擇日的學問：
   - ▼災厄已到尾聲，利益已經開始。
   - ▼這是雞蛋裡挑骨頭，海裡撈針的專業學問。
4. 眞正的擇日是個人量身訂做，絕非傳統命理老師以通書爲主要依據，這是心安擇日，跟個人的利益無關。

● 擇日最好的時間：

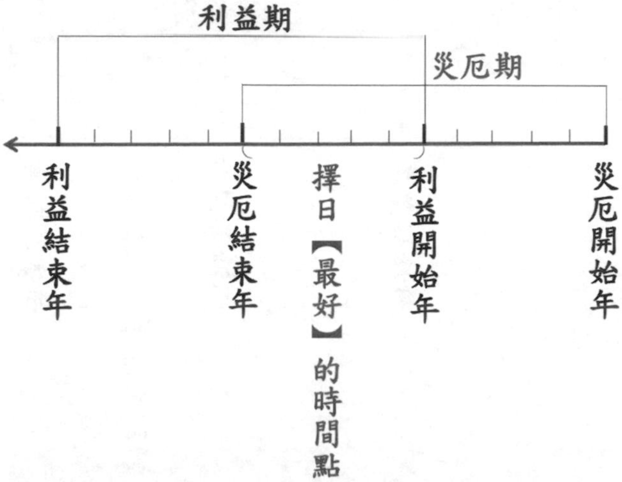

● 擇日最好的時間：

1. 最好擇日的時間點：

▼災厄一定要到了盡頭。

▼利益一定要已經開始。

2. 需要擇日的時間：

▼人生每一個大轉彎處。

▼人生每一大事件的分界點。

▼婚喪喜事最有利的時間。

▼規劃人生最大的利益與富貴。

▼面臨人事物兩種以上的選擇時。

3. 眞正的擇日是個人量身訂做，絕非傳統命理老師以通書爲主要依據，這只是心安擇日而已，跟個人的利益無關。

● 有效改運在何時？

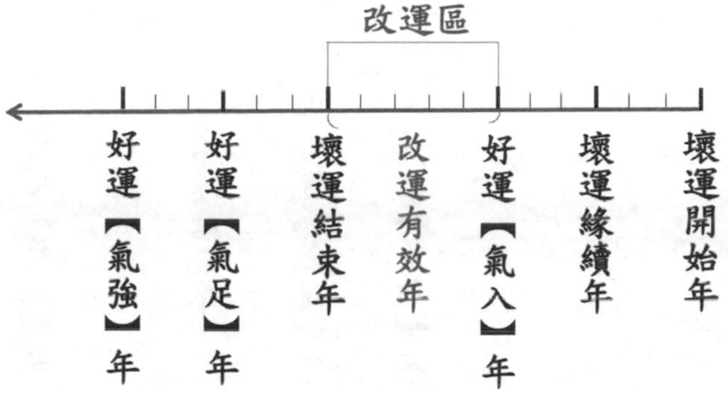

● 有效改運在何時？

1. 改運是什麼？

▼壞運持續中，必須做對一件事，才能讓壞運快速降低或中止。

2. 改運有效年在何時？

▼介於好運氣入與壞運結束年之間。

3. 改運的影響是什麼？

▼讓折磨的感情修成正果。

▼讓事業的停滯重新開始。

▼讓家人的親情久久不熄。

▼讓意外的傷害快速降低。

4. 改運─可以讓壞運提前結束。

轉運─可以讓好運提前來臨。

● 有效轉運在何時？

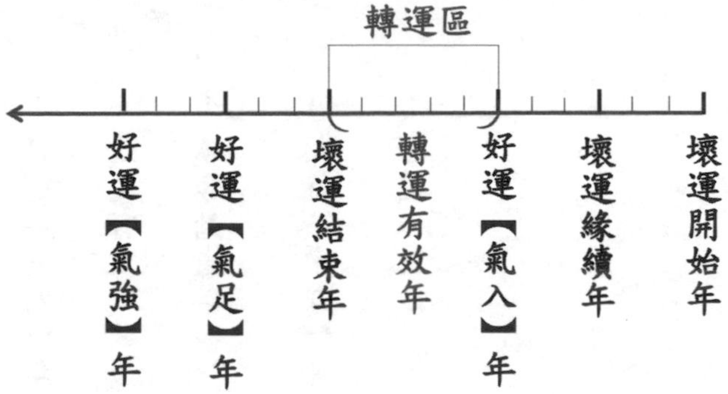

● 有效轉運在何時？

1. 轉運是什麼？

▼ 好運未來前，必須做對一件事，才能讓好運加倍或快速來臨。

2. 轉運有效年在何時？

▼ 介於好運氣入與壞運結束年之間。

3. 轉運的影響是什麼？

▼ 讓感情成熟，讓婚姻美滿。

▼ 讓事業加倍，讓企業永續。

▼ 讓團隊凝聚，讓名聲永存。

▼ 讓家人和睦，讓子女孝順。

4. 改運—可以讓壞運提前結束。

轉運—可以讓好運提前來臨。

● 感情緣盡情未了有報應嗎？

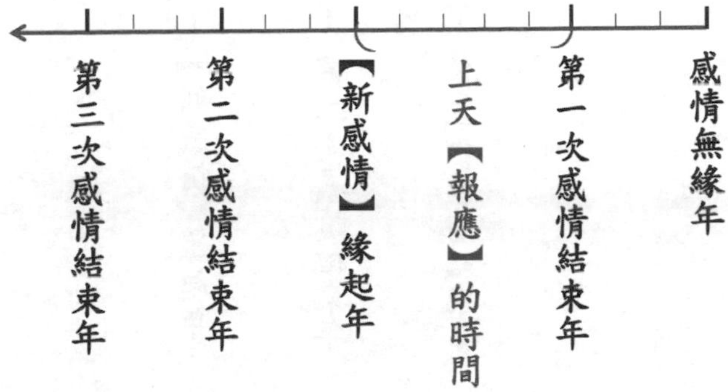

● 感情緣盡情未了有報應嗎？

1. 上天會給人三次結束感情的機會。
▼ 感情經過無緣年後，就會有跡可循讓人感覺感情已經進入無情期。
2. 第一次感情結束年後。
▼ 才會正式進入上天報應期，時間約兩、三年之久。
3. 感情無緣年或上天報應期。
▼ 上天都會給人新感情緣起的機會。
4. 應該結束的感情，強求也無濟於事。
▼ 上天還會有第二、三次的結束年。
5. 每一次緣分的緣起與緣滅會因不同的時間點或交往不同的生肖而有所不同。

● 感情緣盡情未了報應什麼事？

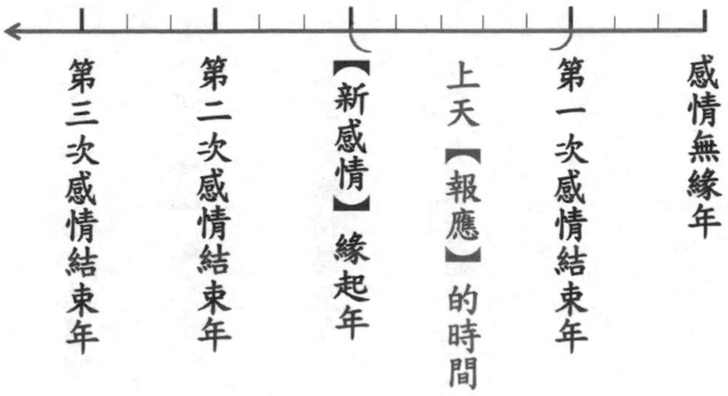

● 感情緣盡情未了報應什麼事？

1.感情進入上天報應的時間。

▼乃因個人違背天意所造成的結果。

2.違背天意，感情會報應什麼事？

▼影響新戀情的來臨與婚姻幸福。

▼影響未來正緣修成正果的機會。

▼影響事業停滯不前或快速往下滑。

▼影響家運、事業、財運、子女、健康……等上天給的福報機會。

3.每一事件之人事物的緣起、緣變、緣續、緣滅，上天都會安排天意的軌跡讓人有跡可循，這是命中註定的人生故事，福報最大。當然，也可以選擇自己決定的人生故事，只是倍加辛苦而已。

● 事業緣盡情未了有報應嗎？

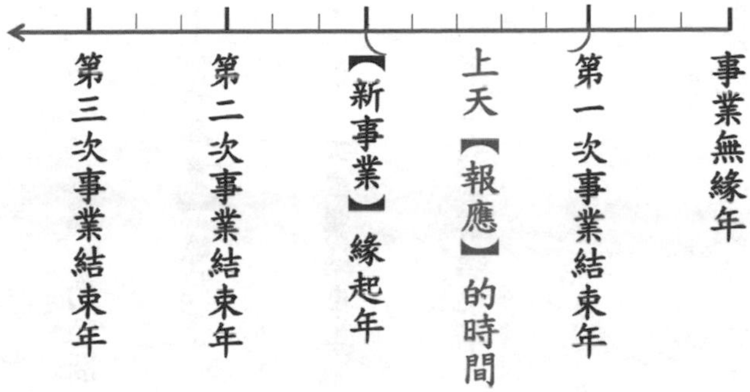

● 事業緣盡情未了有報應嗎？

1. 上天會給人三次結束事業的機會。

▼事業經過無緣年後，就會有跡可循讓人感覺事業已經進入無情期。

2. 第一次事業結束年後。

▼才會正式進入上天報應期，時間約兩、三年之久。

3. 事業無緣年或上天報應期。

▼上天都會給人新事業緣起的機會。

4. 應該結束的事業，強求也無濟於事。

▼上天還會有第二、三次的結束年。

5. 每一次事業的緣起與緣滅都會因不同的時間點或遇到不同的老闆而有所不同。

● 事業緣盡情未了報應什麼事？

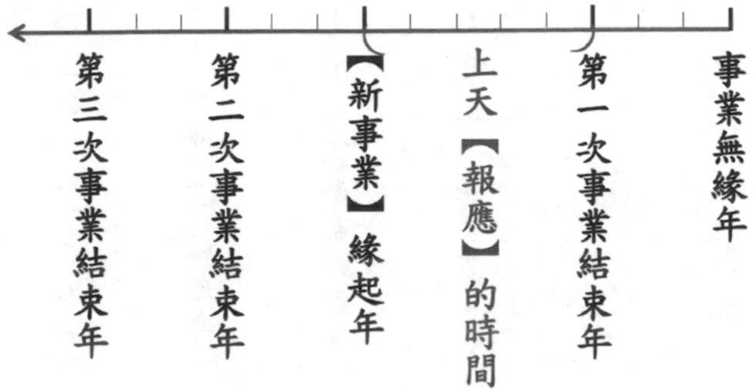

● 事業緣盡情未了報應什麼事？

1. 事業進入上天報應的時間。

▼乃因個人違背天意所造成的結果。

2. 違背天意，事業會報應什麼事？

▼影響新事業的來臨與未來吉凶。

▼影響未來事業加倍發展的機會。

▼影響事業停滯不前或快速往下滑。

▼影響家運、財運、感情、子女、健康……等上天給的福報機會。

3. 每一事件之人事物的緣起、緣變、緣續、緣滅，上天都會安排天意的軌跡讓人有跡可循，這是命中註定的人生故事，福報最大。當然，也可以選擇自己決定的人生故事，只是倍加辛苦而已。

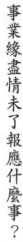

● 房屋緣盡情未了有報應嗎？

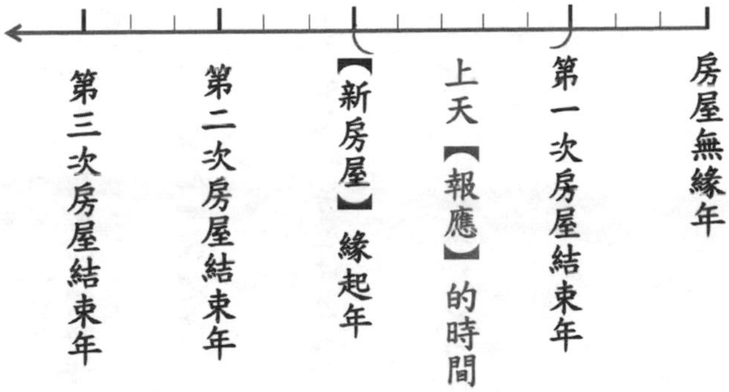

● 房屋緣盡情未了有報應嗎？

1. 上天會給人三次結束房屋的機會。

▼房屋經過無緣年後，就會有跡可循讓人感覺房屋已經進入無情期。

2. 第一次房屋結束年後。

▼才會正式進入上天報應期，時間約兩、三年之久。

3. 房屋無緣年或上天報應期。

▼上天都會給人新房屋緣起的機會。

4. 應該結束的房屋，強求也無濟於事。

▼上天還會有第二、三次的結束年。

5. 每一次房屋的緣起與緣滅都會因不同的時間點或遇到不同的屋主而有所不同。

● 房屋緣盡情未了報應什麼事？

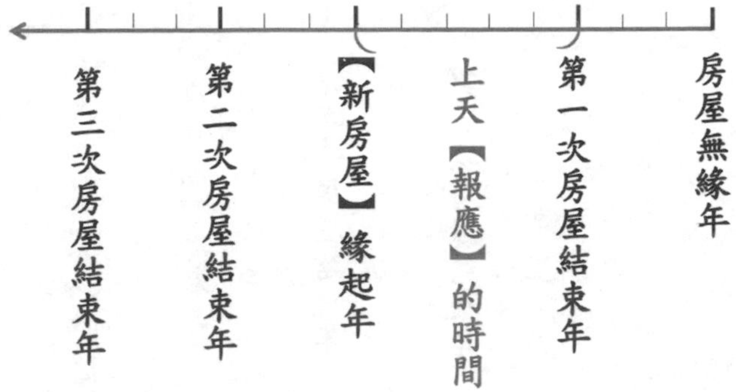

● 房屋緣盡情未了報應什麼事？

1. 房屋進入上天報應的時間。

▼乃因個人違背天意所造成的結果。

2. 違背天意，房屋會報應什麼事？

▼讓主人衰運不斷或好運不來。

▼讓舊房屋持續災厄或傷害健康。

▼讓新房屋遲遲延後命中的福報。

▼影響家運、感情、事業、子女、健康……等上天給的福報機會。

3. 每一個人之人事物的緣起、緣變、緣續、緣滅，上天都會安排天意的軌跡讓人有跡可循，這是命中註定的人生故事，福報最大。當然，也可以選擇自己決定的人生故事，只是辛苦加倍而已。

三、各大門派精準度比較與分析

● 前言：

▼傳統派算命——算一種，論述每一個人一生都會發生的現象而已。

▼華山派算運——算八種，論述現象、時間、吉凶、內容、影響、改運、轉運、宗教。

▼幸運數字——對一般人只有心理安慰而已，對命理老師只能說謊話連篇。

▼幸運顏色——對一般人只有心理安慰而已，對命理老師只能說謊話連篇。

▼幸運飾品——對一般人只有心理安慰而已，對命理老師只能說謊話連篇。

（一）傳統派命理學的特色

● 算一生的命格：

▼傳統派命理老師最擅長的本事，只是算現象，不同派系各有各的特色。

▼所有命理老師80％以上都會的本事，只是算現象，因不會時間與吉凶，故沒有準不準的問題。

▼籠統的算出大家都會發生的事，只是算現象，算命準確度都有七十分。

● 算命實例：

▼你本性善良，心地很好，但有一點固執。籠統的是誰不善良？誰不固執？

▼命中與六親無緣，祖父母有人不在或不與父母同住。籠統的是多數人都是如此。

▼欠家人的債，家人互相欠債。籠統的是誰不幫助家人？有幾個人不跟親人衝突？

▼先天晚婚的命。籠統的是現在社會有幾個人二十五歲前結婚？

▼天生讀書命，至少可以讀到大學。籠統的是現在誰沒有讀大學呢？

● 算十年的運勢：

▼這是傳統派老師也會的本事，這是籠統的算現象，不同派系各有各的特色。

▼傳統老師60％以上都會的本事，這是籠統的算現象，因不會時間與吉凶，故沒有準不準的問題。

▼籠統的算出大家都會發生的事，這是籠統的算現象，算命精準度有五十分。

● 算命實例：

▼籠統算出這十年適合從事屬金、木、水、火、土的行業。矛盾的是每一種行業都有金、木、水、火、土的屬性，傳統老師可以胡扯鬼扯，因不會時間與吉凶，故沒有準不準的問題。

▼籠統算出這十年適合的方向是往東、往西、往南、往北走。矛盾的是住在台中市梧棲區的人，老師再告訴他往西走時，本人就要跳海了。

▼籠統算出這十年什麼生肖最適合你，什麼生肖是你的小人或貴人？矛盾的是所謂小人常常是

你的貴人，例如：把你趕走的房東卻讓你賺大錢，房東就是貴人。

▼籠統算出這十年會賺到錢。矛盾的是誰十年內不會賺到錢？

▼籠統算出這十年中會結婚，矛盾的是大部分人都想結婚，只是某種原因遲延了。

●算一年的吉凶：

▼這是傳統派命理老師最不會的事，只能東扯西扯一些無關的東西來搪塞。

▼30％以下的傳統派命理老師會的本事，只有不準的問題。

▼籠統回答問命者的問題，其中只有不準的問題。

●算命實例：

▼問感情時：籠統算出今年會有桃花出現，傳統命理老師都用直覺、經驗算命。

▼問桃花時：籠統算出可以藉斬桃花儀式，傳統命理老師都用直覺、經驗算命。

▼問事業時：籠統算出可以創業，但有小人，傳統命理老師都用直覺、經驗算命。

▼問子女時：籠統告知做善事或求神明有效，傳統命理老師都用直覺、經驗算命。

▼問學業時：籠統算出不能休學，因要趁年輕，傳統老師都用直覺、經驗算命。

▼問健康時：籠統告知需注重健康與養身，傳統命理老師都用直覺、經驗算命

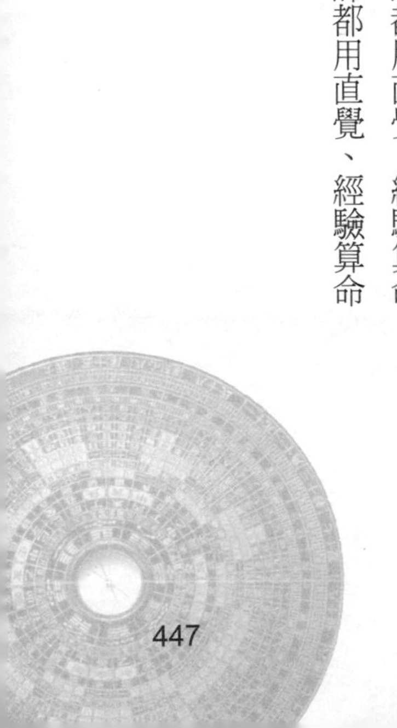

（二）華山派命理學的特色

●精算一生的命格：

▼華山派老師100%都會的本事，這只是算命國小的程度而已。

▼精準掌握個人命中的優勢，創造人生的最大利益。

▼每一個人都有不同的富貴命格，命格絕對沒有貴賤或高低之分。

●算命實例：

▼祿權命格：當別人說你奸巧、能幹時，表示已經在成功的路上。

▼權忌命格：當環境出現是非、爭執、衝突時，表示已經在成功的路上。

▼權科命格：天生追求夢想的人，當你興趣出現後，表示已經在成功的路上。

▼祿忌命格：兩段不一樣的人生，當個性變、變、變時，表示已經在成功的路上。

●精算十年的運勢：

▼這是華山派老師最基礎的本事，可以區分不同人、事、物的問題。

▼華山派老師90%以上都會的本事，這是算命國中的程度而已。

▼精準算出人、事、物的吉凶，命理學習者三個月內就能學會的本事。

● 算命實例：

▼精準算出十年事業的好運或壞運，好運時，怎麼掌握？壞運時，怎麼規劃？
▼精準算出十年感情的正緣或三角，好運時，怎麼掌握？壞運時，怎麼規劃？
▼精準算出十年投資的好運或壞運，好運時，怎麼掌握？壞運時，怎麼規劃？
▼精準算出十年子女的好運或壞運，好運時，怎麼掌握？壞運時，怎麼規劃？
▼精準算出十年健康的好運或壞運，好運時，怎麼掌握？壞運時，怎麼規劃？

● 精算一年的吉凶：

▼算命不可出現大概、也許、可能是……的字眼，表示還不會算運。
▼這是華山派老師最擅長的事，精準掌握未來一年人事物的吉凶。
▼華山派老師70％以上都會的本事，這是算命高中的程度。

● 算命實例：

▼今年進入正緣的時間，出現的是條件好的男人。
▼今年交往不討厭的男人後，才能進入第一次正緣的時間。
▼今年的感情建立在利害關係上，有目的的感情才能長久。
▼今年換工作後，才會進入升官或創業的好時機。
▼今年換兩次工作後，才能找到人生的方向。

●精算每一事件的吉凶：

▼這是華山派最引以爲傲的專業，也是學員最想突破的本事。
▼華山派老師40%以上都會的本事，這是算運大學的程度。
▼精準掌握未來每一事件之人、事、物的時間與吉凶。

●算命實例：

▼現在沒有感情，我應該怎麼規劃？才能找到有情的人。
▼下一段感情是正緣或過客？時間從那一年至那一年？
▼折磨的感情應該怎麼規劃？才能修成正果。
▼今年創業會賺錢或賠錢？吉凶時間從那一年至那一年？
▼今年生的子女帶財或帶衰？吉凶時間從那一年至那一年？

●精算改運與轉運的時機：

▼這是華山派最引以爲傲的專業，也是同學最想突破的本事。
▼華山派老師30%以上都會的本事，這是算運研究所的程度。
▼精準掌握改運與轉運的最好時機，這華山派命理的最高階段擇日學。

●算命實例：

▼改運：壞運持續中，我必須做那一件事，才能讓壞運快速降低或中止。

▼轉運：好運未來前，我必須做那一件事，才能讓好運加倍或快速來臨。

總之，傳統命理老師算不準？這是大家都知道的事，但爲什麼他們自己不知道呢？原因有二，一是誤認最初級的算現象就是算吉凶，二是誤認最初級的算現象就可以幫別人改運。其實，眞正完整的命理學是天時、地利、人和三者合一，完整的命理學是精論每一事件之人事物；完整的命理學是精準掌握每一事件之吉凶與時間。

●各門派精準度分析表

項目 命理	一生的事	十年的事	流年的事	決定的事 發生何事	每一事件 長久規劃
華山派 紫微斗數	最高級	最高級	最高級	問：搬家 1. 我會發生什麼事？ 2. 怎麼做？ 3. 我會影響什麼事？ 4. 繼續問…	問：學算命 1. 何時學？ 2. 何時學成？ 3. 有幾年可以教算命？ 4. 怎麼規劃賺大錢？ 5. 繼續問…
傳統派 紫微斗數	中高級	中高級	中級	中級	中級
八字	中高級	中高級	中高級	中級	中級
卜卦	中高級	中高級	中高級	中級	中級
星座	中高級	中高級	中級	中級	中級
塔羅牌	中級	中級	中高級	中級	中級
手相	中高級	中高級	中級	中級	中級

● 各門派精準度分析表

項目 命理	一生的事	十年的事	流年的事	決定的事 發生何事	每一事件 長久規劃
華山派 面相	高級	高級	高級	高級	高級
姓名學	中高級	中高級	中級	中級	中級
生命靈數	中級	中級	中級	中級	中級
求神問卜	中級	中級	中級	中級	中級
色彩算命	中級	中級	中級	中級	中級
動物算命	中級	中級	中級	中級	中級
其他算命	中級	中級	中級	中級	中級

四、各大門派改運項目比較與分析

前言：傳統命理老師對改運或轉運兩者之間的關係，還是傻傻分不清楚，當求助者有困難找上傳統老師時，就會陷入他們騙錢的圈套。切記，改運與轉運乃命理學的最高階段，不是一般傳統命理老師擅長的本事；在對的時間點做對的事，才是眞正的命理學。

1. 改運——壞運持續中，面對的是改運的問題。

——我必須做那一件事，才能讓壞運快速降低或中止。

2. 轉運——好運未來前，面對的是轉運的問題。

——我必須做那一件事，才能讓好運加倍或快速來臨。

（一）各大門派有效改運的分析

1. 華山派改運項目：

▼包含結婚、生子、改名、創業、換工作……等。

▼包含陽宅、陰宅、幫助娘家、傳宗接代……等。

2. 傳統派改運項目：

▼包含祭嬰靈、祭冤親債主、做生基……等

▼包含收驚、符咒、斬桃花、點光明燈……等。

▼包含招財、造命、補運、補財庫、補元神……等。

3. 有效改運的分析：

▼一般人的災厄期都有2～3年之久，不理它，也會自然的結束。

▼一般人的準備期都有2～3年之久，不理它，好運會自然順延。

▼命中註定的因緣果報，並不是一般人口中什麼因，有什麼果。而是人生遇到什麼緣，才會有什麼果，

▼命中註定人事物的定數，所指的緣分是時間＋數目。時間在何時？數目需幾次？才能成就此定數因緣。

▼有效改運一定要在六個月內發生效果，老師不專業，但爲了賺錢餬口而無知的想幫助別人，讓別人帶來更大的傷害，這是不道德的行爲。

▼上天有好生之德，所有的改運並不需要依靠外求，紫微斗數的命盤早已清楚顯示出應該做那一件事才能快速降低災厄或中止傷害。

●傳統派：

▼傳統派有效改運：只是心理安慰而已，有效分數只有20%以下。

▼傳統派有效改運：常常因求助者已過了災厄期，並不是真的有效。

●華山派：

▼華山派有效改運：堅持在對的時間做對的事，有效分數高達90%以上。

▼華山派有效改運：壞運快速降低，好運提前來臨，這是真正的改運。

（二）各大門派有效改運的比較

1. 華山派命理：強調在對的時間點做對的事才會有效。

▼有效的改運：華山派老師堅持有效的改運，在不對的時間不做改運。

▼有效的改運：華山派老師堅持幫助求助者得到人生最大的利益。

▼有效的時間：改變陽宅、陰宅、改名、創業、換工作……就能改運。

▼有效的時間：改變結婚、生小孩、幫助娘家、傳宗接代……就能改變。

2. 傳統派命理：強調有心想幫助眾生，只是不知道有沒有效果而已。

▼無效的改運：大部分傳統老師誤用或誤解改運的東西，害人也害己。

▼無效的改運：傳統老師也想幫助求助者，雖不專業，但賺錢餬口更重要。

▼無效的改運：造命、收驚、符咒、念經、祭嬰靈、祭冤親債主……等等。

▼無效的改運：招財、補運、斬桃花、補財庫、補元神、拜主神……等等。

（三）各門派改運項目分析表

各門派改運項目分析表

項目 / 命理	物品種類	對的時間	不對時間	最高指導	決定的事發生何事
華山派陰陽宅	結婚、生子、改名、事業、陽宅、陰宅、安公媽……的變動	最高級	分數：0% 心理分數10%	1. 只限個人 2. 個人專屬量身訂做	問：搬家 1. 我會發生什麼事？ 2. 怎麼做？ 3. 我會影響什麼事？ 4. 繼續問…
傳統派陽宅	1.設神明廳 2.擺放東西 3.配戴飾品	中高級	分數：0% 心理分數10%	1. 眾生適用 2. 利用通書	無法精準預測
傳統派陰宅	1.墓地葬法 2.墓地造法 3.墓地擺設	中高級	分數：0% 心理分數10%	1. 眾生適用 2. 利用通書	無法精準預測
傳統派命理	1.擺放東西 2.擺放植物 3.配戴飾品	中級	分數：0% 心理分數10%	1. 眾生適用 2. 利用通書	無法精準預測
塔羅牌	1.擺放東西 2.擺放植物 3.配戴飾品	中級	分數0% 心理分數10%	1. 眾生適用 2. 利用樸克牌	無法精準預測
生命靈數	1.擺放東西 2.擺放植物 3.配戴飾品	中級	分數：0% 心理分數10%	1. 眾生適用 2. 利用通書	無法精準預測
宗教祭祀	1各種祭典 2.擺放東西 3.配戴飾品	中級	分數：0% 心理分數10%	1. 眾生適用 2. 利用通書	無法精準預測
其他派命理學	1各種祭典 2.擺放東西 3.配戴飾品	中級	分數：0% 心理分數10%	1. 眾生適用 2. 利用通書	無法精準預測發生何事

論命、陰陽宅鑑定、開館職業班招生

●算命怎麼問？

1. 我現在想問的事

問一：我會發生什麼事？

問二：我應該怎麼做？

問三：對我以後有什麼影響？

2. 何謂改運？就是壞運持續中，必須做對一件事，才能讓壞運快速降低或中止。

3. 何謂轉運？就是好運未來前，必須做對一件事，才能讓好運加倍或快速來臨。

4. 「算命一次」：新台幣參仟元起，只接受現場或電話論命。

●陽宅風水怎麼問？

1. 「問」：現在換房子會發生什麼事？

2. 「問」：換房子的心願能不能夢想成真？

3. 「問」：現在房子的風水如何？

4. 「問」：壞結果，我應該怎麼補救壞運？好結果，我應該怎麼持續好運？

5. 「陽宅一間」：新台幣貳萬肆仟元起，外縣市＋交通費。

● 華山派命理研究學院

預約專線：0937-295555.0909-195555

網路網址：praygod999@yahoo.com.tw

華山地址：台中市南區柳川西路一段39號

【算命】命中會發生的事

【現象】—[算]一種.

—[算]命格.個性.喜好.方向.五行.數字.顏色.生肖.宗教……

—星座.卜卦.八字.姓名學.塔羅牌.求神問事.生命靈數……

—傳統派老師.

【算運】我現在想問的事

【現象】--[算]八種.

--[算]富貴的命格.成功的個性.命中的優勢.

--改名.擇日.陽宅鑑定.陰宅風水.紫微斗數.

--華山派老師.

【時間】問 我現在想問的事？

【吉凶】答 我會發生什麼事？

--現任男友是不是正緣？

--下一段感情是什麼緣份？

【內容】答 我應該怎麼做？

--[壞結果]，我應該怎麼做？

--[好結果]，我應該怎麼做？

【影響】答 對我以後有什麼影響？

--換工作後會不會更好？會影響未來什麼事？

--新歡與舊愛怎麼選擇？會影響未來什麼事？

【改運】壞運持續中，[我必須做一件事].才能讓壞運快速降低或中止.

【轉運】好運未來前，[我必須做一件事].才能讓好運加倍或快速來臨.

【宗教】論述前世今生之因緣果報，讓七世因緣形成討債報恩的生肖.

附表二：算命與算運的分析二：

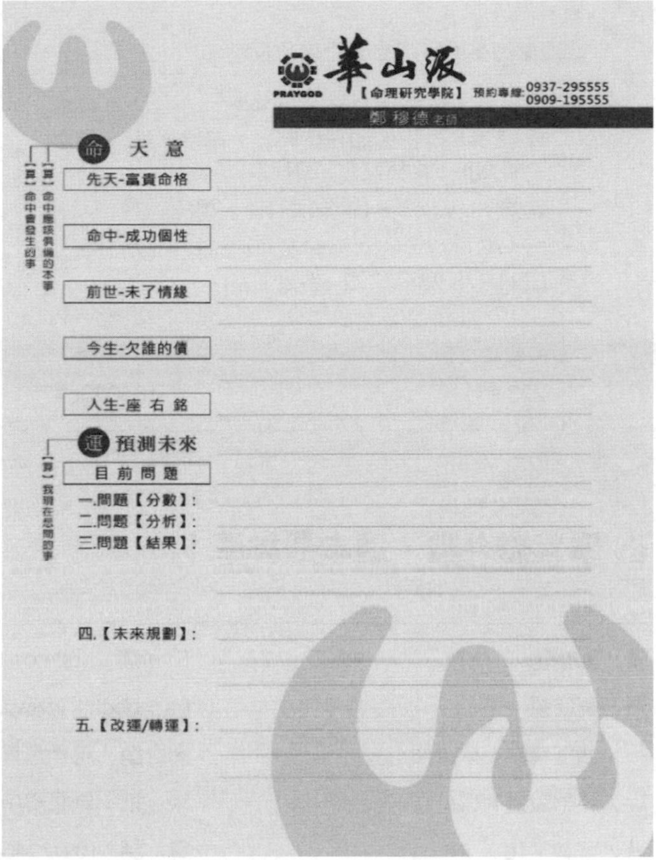

華山派
PRAYGOD
【命理研究學院】 預約專線: 0937-295555
0909-195555
鄭穆德老師

命 天意

【算】命中應該具備的本事

【算】命中會發生的事

先天-富貴命格

命中-成功個性

前世-未了情緣

今生-欠誰的債

人生-座右銘

運 預測未來

【算】我現在想問的事

目前問題

一.問題【分數】:

二.問題【分析】:

三.問題【結果】:

四.【未來規劃】:

五.【改運/轉運】:

國家圖書館出版品預行編目資料

學紫微斗數,這本最神準!：飛星四化突破傳統命理,精準預測吉凶和正確時機 / 鄭穆德著. -- 初版. -- 新北市：智林文化, 2017.01
面； 公分. -- (新生活視野；28)

ISBN 978-986-7792-66-2(平裝)

1.紫微斗數

293.11 105023647

書　名 / **學紫微斗數，這本最神準！**

系　列 / 新生活視野 28

作　者 / 鄭穆德

編　輯 / 黃懿慧

排　版 / 弘道實業有限公司

設　計 / 亞樂設計有限公司

出版者 / 智林文化

地　址 / 新北市中和區中正路872號6樓之2

電　話 / (02) 2222-7270

傳　真 / (02) 2222-1270

網　站 / www.guidebook.com.tw

E- mail / notime.chung@msa.hinet.net

Facebook / www.facebook.com/bigtreebook

總經銷 / 旭昇圖書有限公司

地　址：新北市中和區中山路2段352號2樓

電　話：(02)2245-1450

傳　真：(02)2245-1479

本版印刷 / 2023年01月

本書如有缺頁、破損、裝訂錯誤，請寄回本公司更換

◆版權所有 · 翻印必究◆

ISBN / 978-986-7792-66-2　　定價 / 360元

Printed in Taiwan

智林文化

請貼
5元郵票

智林文化
大樹林出版社
BIG FOREST PUBLISHING CO., LTD.

地址：235新北市中和區中山路2段530號6F之一
讀者服務電話：(02)2222-7270
郵撥帳號：18746459 戶名：大樹林出版社

★填好資料後請沿線裝訂，即可成為智林文化會員，並不定期收到e-mail新書快訊！

請沿虛線折下裝訂，謝謝！

新生活視野 ㉘

學紫微斗數，這本最神準！

智林文化

書　　名：	學紫微斗數，這本最神準！
姓　　名：	（必填）
性　　別：	□男　□女　（必填）
出生日期：	□國曆　□農曆〔請擇一，並打勾〕（必填）※免費運勢分析，需正確的。
	___年___月___日___時辰（必填）
電　　話：	室內電話：________　手機：________
E-mail：	（必填）
通訊地址：	□□□
學　　歷：	□研究所　□大學　□專科　□高中（職）　□國中
職　　業：	□商　□工　□學生　□公家機關　□自由業　□其他

請沿虛線折下裝訂，謝謝！